企业税务风险
管控与策划
从入门到精通

王作君 著

机械工业出版社
CHINA MACHINE PRESS

本书倡导企业应遵循全面税务风险管理，涵盖全员、全流程、全要素，落实到具体的管理实践上，包括税务风险管控、税收业务策划和税务危机管理。税务风险管控逻辑帮助企业三维定风险，四象分要急，事事有流程，税税有管理。税收业务策划逻辑告诉我们，税务策划并不难，设定目标找条件，条件不足会创造，十三技法能变换。税务危机管理的精髓是剥茧抽丝笋去皮，拔出萝卜带出泥，原本以为分量足，上秤称称没东西。围绕这三方面管理实践的口诀，详解了企业税务风险管控与策划所需要的思想体系与知识体系，力求去伪存真，简单直接，全面系统，为读者诠释风险管控、税务策划、危机公关的实务方法。

图书在版编目（CIP）数据

企业税务风险管控与策划：从入门到精通／王作君著. —北京：机械工业出版社，2020.3
ISBN 978-7-111-65345-5

Ⅰ.①企… Ⅱ.①王… Ⅲ.①企业管理-税收管理-风险管理 Ⅳ.①F810.423

中国版本图书馆CIP数据核字（2020）第061770号

机械工业出版社（北京市百万庄大街22号　邮政编码100037）
策划编辑：曹雅君　　责任编辑：曹雅君
责任校对：郭明磊　　封面设计：马书遥
责任印制：张　博
三河市宏达印刷有限公司印刷
2020年5月第1版　第1次印刷
170mm×242mm・21印张・1插页・307千字
标准书号：ISBN 978-7-111-65345-5
定价：88.00元

电话服务　　　　　　　　　　网络服务
客服电话：010-88361066　　机 工 官 网：www.cmpbook.com
　　　　　010-88379833　　机 工 官 博：weibo.com/cmp1952
　　　　　010-68326294　　金 书 网：www.golden-book.com
封底无防伪标均为盗版　　机工教育服务网：www.cmpedu.com

前言
Preface

尊敬的纳税人，税务风险管理时代已经来临，您准备好了吗？

税务风险是由于纳税人业务操作失当给纳税结果带来的不确定性，这种不确定性会给企业带来经济上的、名誉上的、信用上的，甚至刑事上的损害。通常的税务风险包括：少缴税款被税务稽查处罚、多缴税款给股东造成经济损失、被税务机关误判造成或有损失。

您的企业有没有以上税收风险隐患呢？

2005年，国家税务总局出台了《纳税评估管理办法（试行）》的通知（国税发〔2005〕43号），这个办法的试行，标志着国家开始以风险为导向进行税收管理。经过十多年的推进，税务风险管理已经涵盖了税收征收管理的各个方面，无论是税收征收管理，还是税务检查监督，都以风险预警为先导。

而纳税人熟知的"金税三期"，只是风险管理的工具。它借助互联网和大数据，建立了一个庞大的税务风险评估预警系统，以此实现对"重点"纳税人和纳税的"重点"涉税事项的全程监控、实时监控。

今天，纳税人的所有涉税信息都会在"金税三期"中永久保存，无论这个信息是纳税人自行申报的，还是税务机关基于管理需要而添加的。并且随着税收征管的需要，更多的涉税信息，包括政府、金融、中介组织等第三方的信息，会越来越多地纳入"金税三期"的数据系统中，随时为税务机关所调用。因此，纳税人出现"税务风险"将会成为一种常态，没有人可以幸免。

如果出现税务风险预警，企业不合法的、不规范的纳税操作将会暴露无遗。未来，如果纳税人不从根本上控制税务风险，受到经济的、名誉的、信用的损失，甚至导致刑事责任，必将在所难免。所以如何管控自身的税务风险，对每个纳税人而言，不是你想不想做的问题，而是必须做的问题。

但遗憾的是，更多的纳税人还没有与税收征管改革合拍。有一些纳税人，至今尚无风险管控的意识，他们感觉国家减税降费了，税务机关也很少上门了，自认为税务环境比以前宽松了。岂不知税务风险预警与核查，给企业带来的影响只会更大不会更小。还有一些纳税人，他们已经意识到税务风险管理是大势所趋，但苦于没有更好的应对之法，面对税务风险的问题，只能被动地应付，得过且过。岂不知没有从根本上控制风险，在税收上麻烦不断，稍不留神就落入了风险的陷阱。

君不见，众多中小企业面对税务风险预警，束手无策？君不见，即使是上市公司和国有企业面对税务风险，也是诚惶诚恐？在税务风险面前表现的惊慌失措与孤立无援，是纳税意识有问题？是实施了偷税行为？还是纳税操作有问题，出现了失误？

我们经过对众多纳税人出现的税务问题进行总结发现，因税务操作存在问题，导致税务风险发生，才是税务风险的主要矛盾。它不仅困惑着税务机关，也困惑着纳税人。尽管有国家税务总局关于印发《大企业税务风险管理指引（试行）》的通知（国税发〔2009〕90号）的跟进，但企业实行起来，尚未达到理想目标。

首先，进行税务风险管理，要求征纳双方将矛盾指向税务风险，而不是指向彼此。显然，这需要有个过程。其次，进行税务风险管理，纳税人与税务机关需要共同建立风险的防控机制。显然，这个机制的效能尚需提升。最后，进行税务风险管理，需要理论与实践的研究，从而找到其中的规律，以便于向更多的纳税人复制。显然，这尚在起步阶段。

为了解除税务风险的困扰，我们将税务风险管理服务的实践经验总结提炼，编写了本书供纳税人和税务机关借鉴、参考，希望能够起到抛砖引玉的作用。如果读者能够运用其中的理念和方法，提前管控税务风险，解除税务风险之忧患，则笔者不胜荣幸之至。

我国的税法体系不仅庞大繁杂，而且税收政策变动频繁，即使专业的税务人员，想精通全部税法，也是非常难的。所以，仅凭企业的财务会计来控制风险，不出问题，显然是做不到的。如果再将税务策划的任务压在财务会计身上，用不堪重负来形容，并不为过。因为财务会计是技术工作，而风险控制与税务策划是管理工作。你的财务会计是管理岗位还是技术岗位呢？

作为专业的税务服务工作者，我深知纳税人的困惑，总想从繁杂的税务

前言

风险管理中总结出一点规律性的东西，呈现给企业的老板和会计们。因为我深信，越是复杂的问题，越有规律性。只要有规律性，就可以将规律进行复制。

全书共 12 章，力争全面、系统地在思想方法和技术方法上为读者阐述税务风险的根源，解析税务策划的机理，告知危机公关的方法，具体内容为：①创新 13 大纳税理念；②设计 13 大业务流程；③理顺 13 大证据关系；④锁定 13 大合同条款；⑤评估 13 大税法要素；⑥总结 13 大纳税模式；⑦挖掘 13 大纳税条件；⑧把握 13 大时机坐标；⑨搭建 13 大策划模型；⑩研究 13 大策划技法；⑪植入 13 大危机管理；⑫解析 13 大税务规律。

本书将复杂的税务问题总结归纳为税务风险控制、税收业务策划、税务危机公关三件事。围绕这三件事，系统地展开思维方法与知识体系的论述。在论述中始终坚持以管理的思维理念为主，以专业的技术知识为辅；强调国家税法是税务管理学，需要在企业生产经营实践中，灵活运用税法，而不是将精力放在单纯的法条学习上。

本书可供企业设计税务风险内控制度之参考，可供税务师规划税务策划方案之参考，可供大专院校税务专业学习之参考，可供税务干部研究风险核查之参考。相信此书能够有助于财务会计人员提升纳税技术，有助于企业财务总监提升纳税管理能力，有助于税务咨询机构提升市场拓展能力，有助于税务稽查人员提升风险评估能力。

书中的理念创新、方法总结、规律研究均来自于我的业务实践，属于独家原创。但我坚信，书中的理念方法，虽然不一定完全适合您，但总有一点能够启发您。熟读此书，必定会使你茅塞顿开，成为税务风险管控、税收业务策划和税务危机管理的高手！

王作君
2020 年 1 月 1 日

目 录
Contents

前 言

第 1 章　创新 13 大纳税理念 / 001

1.1　风险的理念 / 002
1.2　管理的理念 / 004
1.3　策划的理念 / 007
1.4　负税的理念 / 009
1.5　诚信的理念 / 011
1.6　成本的理念 / 013
1.7　权利的理念 / 015
1.8　义务的理念 / 017
1.9　规范的理念 / 018
1.10　交易的理念 / 020
1.11　依据的理念 / 022
1.12　合同的理念 / 023
1.13　反制的理念 / 024

第 2 章　设计 13 大业务流程 / 026

2.1　业务发起 / 027
2.2　税务目标 / 029
2.3　业务模式 / 031
2.4　签订合同 / 033
2.5　税种税事 / 034
2.6　业务承办 / 037
2.7　业务交割 / 039
2.8　资金结算 / 041
2.9　财务处理 / 042
2.10　税会差异 / 044
2.11　审核修正 / 046
2.12　纳税申报 / 048

2.13　危机应对 / 050

第 3 章　理顺 13 大证据关系 / 053

3.1　税务证据关系 / 054
3.2　全面的证据关系 / 057
3.3　全面的平衡关系 / 059
3.4　与执法机关（包括海关）的关系 / 062
3.5　与立法机关的关系 / 065
3.6　与司法机关的关系 / 065
3.7　与国家机关的关系 / 069
3.8　与业务相对方的关系 / 070
3.9　与企业内部的关系 / 073
3.10　与集团内企业的关系 / 074
3.11　与协会、商会的关系 / 075
3.12　与媒体舆论的关系 / 075
3.13　与间接利益人的关系 / 076

第 4 章　锁定 13 大合同条款 / 077

4.1　交易对象 / 077
4.2　交易金额 / 079
4.3　交易时间 / 081
4.4　交易方法 / 083
4.5　结算方式 / 086
4.6　付款约定 / 089
4.7　交割方式 / 090
4.8　运输费用 / 091
4.9　争议解除 / 093
4.10　违约金 / 095

4.11 保证金 / 096
4.12 发票要求 / 098
4.13 业务协同 / 099

第 5 章　评估 13 大税法要素 / 102

5.1 纳税人 / 102
5.2 纳税基数 / 104
5.3 适用税目 / 106
5.4 适用税率 / 107
5.5 纳税环节 / 109
5.6 纳税地点 / 110
5.7 纳税期限 / 112
5.8 税收优惠 / 113
5.9 违章处理 / 115
5.10 特定条款 / 118
5.11 法律级次 / 120
5.12 效力期间 / 123
5.13 义务追溯 / 125

第 6 章　总结 13 大纳税模式 / 127

6.1 抵 / 128
6.2 免 / 130
6.3 加 / 132
6.4 减 / 135
6.5 点 / 137
6.6 补 / 138
6.7 退 / 140
6.8 追 / 142
6.9 延 / 144
6.10 核 / 147
6.11 差 / 149
6.12 非 / 150
6.13 全 / 153

第 7 章　挖掘 13 大纳税条件 / 155

7.1 条件的有用与无用 / 156

7.2 条件的主要与次要 / 159
7.3 条件状态 / 161
7.4 条件符合 / 162
7.5 条件瑕疵 / 164
7.6 条件缺失 / 165
7.7 条件多余 / 167
7.8 条件冲突 / 168
7.9 条件限制 / 171
7.10 条件衍生 / 172
7.11 条件创造 / 173
7.12 条件预设 / 175
7.13 条件利用 / 177

第 8 章　把握 13 大时机坐标 / 180

8.1 可行性研究的策划机会 / 181
8.2 企业设立的策划机会 / 183
8.3 产品设计的策划机会 / 185
8.4 资产交易的策划机会 / 188
8.5 经营变化的策划机会 / 190
8.6 业务合作的策划机会 / 192
8.7 税收调整的策划机会 / 193
8.8 经济调整的策划机会 / 195
8.9 会计调整的策划机会 / 196
8.10 清产核资的策划机会 / 198
8.11 企业重组的策划机会 / 200
8.12 企业注销的策划机会 / 202
8.13 评估检查的策划机会 / 204

第 9 章　搭建 13 大策划模型 / 206

9.1 守理念 / 207
9.2 选业务 / 209
9.3 抓机会 / 211
9.4 凑条件 / 213
9.5 找交易 / 215
9.6 设模式 / 217

9.7 拟税态 / 219
9.8 评风险 / 221
9.9 写方案 / 223
9.10 做指导 / 225
9.11 过申报 / 227
9.12 办过户 / 228
9.13 应危机 / 230

第10章 研究13大策划技法 / 233

10.1 子鼠想转嫁 / 233
10.2 丑牛会调整 / 236
10.3 寅虎擅假借 / 238
10.4 卯兔欲规避 / 240
10.5 辰龙信有无 / 243
10.6 巳蛇巧分合 / 246
10.7 午马求关联 / 248
10.8 未羊学补救 / 251
10.9 申猴知变换 / 253
10.10 酉鸡懂修正 / 255
10.11 戌狗要选择 / 257
10.12 亥猪来增减 / 259
10.13 人人能创造 / 261

第11章 植入13大危机管理 / 264

11.1 定问题 / 265
11.2 判性质 / 267
11.3 察权责 / 269
11.4 找渠道 / 271
11.5 辨混淆 / 272
11.6 知程序 / 274
11.7 链风险 / 277
11.8 提主张 / 278
11.9 能救济 / 280
11.10 求豁免 / 282
11.11 行义务 / 283
11.12 做调整 / 284
11.13 懂切割 / 286

第12章 解析13大税务规律 / 288

12.1 解析13大税法原则 / 288
12.2 解析13大易混淆事项 / 291
12.3 解析13大企业身份 / 294
12.4 解析13大出资标的 / 297
12.5 解析13大报表项目 / 300
12.6 解析13大分配方式 / 303
12.7 解析13大重组行为 / 305
12.8 解析13大客观因素 / 308
12.9 解析13大发票风险 / 310
12.10 解析13大不罚情形 / 314
12.11 解析13大异常事项 / 316
12.12 解析13大注销事项 / 319
12.13 解析13大税收时态 / 321

后　记 / 325

第 1 章
创新 13 大纳税理念

> 创新的纳税理念包括以下 13 种：①风险的理念；②管理的理念；③策划的理念；④负税的理念；⑤诚信的理念；⑥成本的理念；⑦权利的理念；⑧义务的理念；⑨规范的理念；⑩交易的理念；⑪依据的理念；⑫合同的理念；⑬反制的理念。

有形产品讲质量，质量越高，越能体现出大国工匠的精神；无形服务讲理念，理念越先进，越能体现出中国智造的能量。在税收的征管实践中，我一直强调税收不仅是技术活动，更是管理活动。说税收是管理活动，强调的是税收要以管理为导向，以技术为保障。只有思想与技能并重，征纳双方才能同频同向。

当下，税收工作由技术型向管理型转型升级是大势所趋。税务机关的监管已经升级，企业内部管理也要升级，社会上的税务服务更要升级，如此才能跟上税收征管改革的步伐。而要跟上税收征管改革的步伐，唯有思想创新、理念创新、管理创新。

本书开篇就讲纳税理念创新，目的就是引导纳税人以新的视角看待税务问题，启用新理念、新思维、新模式、新方法，顺应形势，"规避风险、合理策划、化解危机"。

今天，我们的纳税人如果还将纳税管理滞留在财务环节，还在被动地应对"金税三期"大数据的风险预警，实际上已经落伍了。电脑需要格式化，人脑也需要格式化。摈弃旧思维，接受新理念，变被动应对为主动挑战，变事后补救为事前管理，才是解决税务风险的最佳路径。

本篇提出 13 大纳税管理的"新"理念，相信这些理念必将根植于纳税人的脑海。本书将风险管控、税务策划、危机管理作为三大课题来研究，也是这 13 大纳税管理"新"理念的吸收、创新与应用。"三维定风险,四象分要急,事事有流程,税税有管理"是贯穿本书的脉络主线。

1.1 风险的理念

2005 年,国家税务总局在《纳税评估管理办法(试行)》(国税发〔2005〕43 号)中提出用纳税评估的技术发现税务风险,以风险为导向进行税收征收管理实践,开始对"征、管、查"的税收征管模式进行改革。

2009 年,《国家税务总局关于印发〈大企业税务风险管理指引(试行)〉的通知》(国税发〔2009〕90 号),引导大企业建立税务风险管理制度,防范税收风险,并将税务风险定义为"防范税务违法行为,依法履行纳税义务,避免因没有遵循税法可能遭受的法律制裁、财务损失或声誉损害"。

2000 年,"金税三期"系统的推出,实现了全国税收数据的大集中,进一步规范了全国税收执法,优化了纳税服务,"降低了税务机关的征纳成本和执法风险,提高了纳税人的遵从度和满意度"。

自此,税务机关率先完成了新旧征管模式的转换。以风险为导向,以互联网为工具的模式,完全取代了以人工监管为主体、以计算机为辅助的"征、管、查"模式。

1. 风险的概念

税务风险是指"因没有遵循税法可能遭受的法律制裁、财务损失或声誉损害",这个定义主要是从税务机关征收管理的角度上做出的。实践中,纳税人没有遵循税法,既包括少缴税款的情形,还包括纳税人因没有正确应用税法、多缴了税款而造成的资金损失。

因此,本书从纳税人的角度将税务风险重新定义为:税务风险是指纳税人涉税业务操作失当,造成了税收结果的不确定。这种不确定可能会给纳税人带来经济或信用上甚至刑事上的损害。

如此定义,纳税风险其实包括了三个方面的内容:一是少缴税的风险;二是多缴税的风险;三是被误判的风险。第一种风险比较直观,显而易见,但第二种风险和第三种风险就比较隐蔽了,需要专业的学习与指导。

2. 风险的来源

税务风险的来源主要有以下三个方面：

第一，税收立法。我国税收法制繁杂。既有人大立法，又有国务院条例，还有部门规章；既有中央法规，又有地方法规。法规上的漏洞较多，法律间的协调性较差，以及政策变化频繁等法制问题，都可能导致纳税人做出错误的决定，从而形成纳税风险。

第二，税收执法。目前税务机关整体的执法水平正在提高，但个别地区的管理水平、个别税务人员的执法素质还有待提高。这些导致税务机关存在执法风险的因素，会给纳税人造成纳税风险。

第三，税法应用。纳税人对税法还停留在被动适应的阶段，对税法缺乏应用的意识，导致纳税操作不规范，留下风险隐患，或者误用税法导致多缴税款。本书主要研究解决纳税人的税法应用风险。

3. 风险的表现形式

税务风险主要有三种表现形式。

（1）少缴税，被税务机关处罚。这种情况是常规的风险，很容易被感知到，因为这种风险在税务检查中马上就会被发现。

（2）多缴税，给企业造成损失。这种风险比较隐蔽，很不容易被发现。一个税收业务，如果没有经过税务策划，没有进行多种方案的对比，是很难发现多缴税的。

（3）税收业务操作不规范，税务机关误判为少缴税。经常会有纳税人很委屈地说："我们主观上没有想偷税，为什么客观上造成了偷税的事实呢？"其实他不知道，就是因为业务操作不规范，被税务机关误判了。

我们为纳税人讲解企业税务风险管控与策划，就是要解决以上三种税务风险。发现问题，解决问题，从源头上管控税务风险。

4. 风险忧患意识

纳税人必须要有税收风险的忧患意识。国家用"金税三期"大数据，通过风险预警、风险排查来对企业进行税收征收管理，如果纳税人还停留在"以财务管税"这种状态，在强大的税收征管手段面前，将会"衣不遮体"。

纳税人如果少缴纳了税款，且先不说企业对社会的责任感，也不说企业对国家的诚信度，单说被税务机关发现并进行处罚，就足以使人汗颜了。

许多纳税人一方面做着少缴税的事情，而另一方面却做着多缴税的事情，留下双重的税务风险隐患。这是对税法的无知。他们不知道利用税收法律法规为自己争取利益，而是用野蛮的方式巧取豪夺，"机关算尽太聪明，反误了卿卿性命"，最后落得个鸡飞蛋打，声名扫地。

税法其实有两种功能：一种是用来规范纳税；另一种是用来规范不纳税或少纳税。这两种功能都属于合法的功能，关键是纳税人的纳税意识跟没跟上，纳税人的管理方法跟没跟上。

1.2 管理的理念

以前我们做税务管理工作时受传统思维的影响，认为就是计算税款、缴纳税款，将纳税的职责全部交给了财务。这在"征、管、查"的征收管理模式下是可以的，但是在以风控为导向的税收征管时代，可就有问题了。税务工作必须与时俱进，从计算缴纳的技术型工作提升为控制风险的管理型工作。

风险管理型税务工作的特点是：将税务工作由财务部门拓展到企业的所有部门（环节），实现全员的税务风险控制。这是税务风险管理的时代要求，是企业不得不选的"命题作文"。

税法的税制要素捆绑了企业的经营要素，而企业的经营要素包括人、财、物、供、产、销。这些要素分布在企业的各个部门（环节），它们都与税收有关，都应该得到重视，在税收上有所作为。

业务部门在前端，财务部门在后端，前端业务做完了，后端财务改不了，风险隐患就留下了。即使是财务管理延伸，也解决不了这个问题。财务部门和其他部门都是平级单位，管理延伸会导致其他部门有想法，反而不利于税务风险管理。

为此，我们强调：在税收上应该实施以风险为导向的企业治理，全员参与，各负其责。企业治理要求制订《税务风险管理的内部控制制度》体系，以企业的名义来推动税务风险治理。

1. 风险导向

适应国家税务总局税收征管模式的改革，企业要以风险为导向来进行纳税风险的管理。否则，税务风险无法管控，企业必将陷入风险爆发、危机四伏的尴尬境地。

风险为导向的税务风险管理要求将企业的风险管理前置，从财务环节前置到业务发起环节。在整个业务流程中，多点布防，十面埋伏，各部门（环节）齐抓共管，税务风险管理才会取得实效。

现在，税务机关的核查、检查、稽查或者风险评估都是以风险为导向的。如果没有风险预警，税务机关就很少到企业去。但是如果风险预警了，那么风险或被推送到主管税务机关，或被推送到风险评估部门，或被推送到税务稽查部门。

税务机关既然已经转变到用风险导向来监管税收了，纳税人不得不顺应形势，用税务风险管理来应对税务风险。

2. 风险评估

"金税三期"就是一个庞大的税务风险评估系统，利用大数据指标分析、对比来发现异常，从而确定风险、推送风险、核查风险。

相应的，纳税人也应该有提前发现风险的意识，利用社会上的纳税评估软件或者第三方的税务服务，事先发现风险、改变风险、修正风险、消除风险，提前于"金税三期"发现企业自身的风险，做好风险的应对措施。

3. 风控升级

"金税三期"基于大数据对比发现风险，是事后的，而企业利用风险评估技术发现风险，也是事后的。事后发现风险对税务机关有着特别的意义，但对纳税人而言，绝不是什么好事。尽管纳税人事后发现风险，可以部分地修正风险，但并不是所有的风险都能在事后找到解决方案。

这就要求企业必须提前控制风险，而不是事后去发现风险。风险控制必须换挡升级，将税务管理由风险发现型向风险控制型转变。

4. 内控制度

企业有各种各样的内部控制制度，如质量管理制度、安全生产制度、财务制度等。税务的风险管理制度也应该尽快建立起来，不再由财务制度代替税务制度。税务制度应该从财务制度中独立出来，形成一个独立于财务制度的制度，税务制度应该覆盖企业经营的全部。

这种税务制度的好处是，可以把税收管理由财务管理提升到企业管理的层面，实现企业全面的税务风险管理。

5. 全面管理

企业全面税务风险管理就是全员、全要素、全流程的税务风险管理。它要求企业的各个层面、各个部门、各个环节以及所有人员——包括企业业务的相对方、税务机关的共同参与。

以上所有的参与者，既是税收风险的控制者，也是被控制的风险因素。通过单一企业的风险管理影响到整个产业链条的风险管理，实现企业经营生态无风险，才是真正的全面税务风险管理。

6. 风险切割

税务风险管理的目的：第一，研究税务风险的防范；第二，研究税务风险的规避；第三，研究税务风险的切割。防范税务风险的发生很重要，规避税务风险也很重要，切割税务风险同样重要。从风险的特性上讲，风险是必定有的，只是风险大和风险小、风险多和风险少、性质轻和性质重的区别。风险既然必定有，那么必然会爆发。

风险爆发后已经变成危机。要消除风险的影响，应该控制风险的扩展，使它不衍化成新的风险，于是就需要风险切割。利用风险切割技术，将风险的影响限定于固定范围，然后大化小、重化轻、有化无，不使其"城门失火，殃及池鱼"。

企业纳税风险切割是指将风险的影响限定在固定的范围内，减少企业的损失，减轻不良的影响。

税务执法风险切割是指将风险的影响限定在固定的范围内，减轻对组织的影响，减轻对执法个人的影响。

学会风险切割之法，会让我们解放思想，放下包袱，积极作为，不因风险而束缚头脑，不因风险而缩手缩脚。

7. 执法风险

税务机关的不作为、乱作为都会形成执法风险。执法风险的形成，除了素质觉悟、技术能力外，因害怕风险而自己吓唬自己、却吓唬出风险的事例也不少。

比如：社保费归税务机关代收，有些税务人员就要对以前的欠费进行追缴。但以前的不归税务局管，国家又没有授权追缴。好在国务院及时明确"对历史形成的社保费征缴参差不齐问题，严禁自行集中清缴"。可见，法无授权不可为。如不可为而为之，就会酿成风险。

税务上本无风险而自造风险，破坏干扰他人的事不少。这些乱象的起因是对风险的无知，由于无知又自以为是，反而成为麻烦的制造者。

1.3 策划的理念

税务策划问题一直是社会所关注的热点。税务策划的理念多种多样，税务策划的方法各有不同。本书追根溯源，找到税务策划在法律上的合法性、在业务上的可行性。

我们首先确认：税务策划是合法的。其根源在于税务策划是企业的决策权，是纳税方案的选择权，而企业的决策权源自于企业生产经营的自主权。从这个意义上讲，谁限制企业的税务策划，谁就干涉了企业的经营自主权。既然企业的经营自主权是任何单位、任何个人都不能横加干预的，那么限制税务策划的行为就是违法的或是不当的。

税务策划的功能应该有两个：一个是风险控制的策划；另一个是节税额的策划。那种仅仅将节税作为税务策划目标的思想是片面的，节税额固然很重要，但风险控制更重要。

1. 策划的目的

企业为什么要进行税务策划呢？就是要实现纳税无风险，不多缴税。

（1）纳税无风险。在纳税无风险方面，征纳双方是达成共识的。如果企业存在税收风险，那么这个风险就有可能传导到税务机关，导致执法风险；如果税收执法存在风险，也可能会传导到企业，给企业造成税务伤害。所以征纳双方从本质上讲，对税务风险的控制目标是一致的。《大企业税务风险管理指引（试行）》文件的下发就印证了这点。

（2）不多缴税。关于这点，征纳双方的思想还在磨合中。个别税务机关的人员认为税务策划是将税款"筹划没了"，所以在心理上是抵触的，原因是其片面地理解了税务策划的功能。税务策划不仅具有"节省"税款功能，而且还有风险控制功能。

税务策划是企业的经营权利，企业为什么要多缴税款呢？多缴税款表面上对国家有利，国家增加了财政收入，但是却破坏了税收法治。同时，多缴税款对企业的股东是不利的，严重侵犯了股东的利益。企业经营者需要用税法来平衡国家与股东的双重利益。

2. 策划的方法

税务策划的方法有很多，每个人都有自己的方法。将税务策划的方法进行概括、总结并用于教学或者实践的也有很多。这些方法都具有一定的效果，不同程度地帮助了纳税人。

我们将税务策划方法归纳为13种，即：转嫁、调整、假借、规避、有无、合分、关联、补救、变换、修正、选择、增减、创造。这13种税务策划技法，在本书第10章"研究13大策划技法"中会进行详细描述。

很显然，我们的策划方法不仅是技术上的，更多还是理念和思维上的。是在用中国人的思维来考虑税收策划。中国人的思维是多维、开放、包容的。税收策划既然是一个思维过程，就需要中国人的思维、中国人的智慧来支持。

本书中，税务策划的目的不是为纳税人"节省"税款，而是避免纳税人多缴税款。

3. 权利论与阴谋论

关于税务策划，有两种论调：一种认为税务策划是企业的权利，这是我们所坚持的观点；还有一种认为税务策划是一种阴谋，就是为了逃避国家税款。

那些认为税务策划是企业权利的，做税务策划时，都是心底无私天地宽、光明正大的；而那些认为税务策划是节省税款、逃避纳税义务的，做起税务策划来都是偷偷摸摸、神秘兮兮的。

我们坚持认为：税务策划就是提前预设纳税模式并按照这个模式去完成业务，缴纳税收。预设的模式完成后，该缴多少税是设定好的，是经过风险控制的。

我们坚决反对：不经策划，随意承办业务，最后去被动地适应纳税模式。业务完成后，发现多缴税了，再回过头来"调整"业务，以"适应"低税负的纳税模式，还美其名曰"纳税筹划"。

4．高级的管理形式

策划是一种思想活动，管理也是一种思想活动。策划是管理的高级形式。"凡事预则立，不预则废""运筹于帷幄之中，决胜于千里之外"，说的就是这个道理。

我们一定要将税务策划提升到管理层面上。要在管理层面进行策划，而不是在个别环节进行小打小闹，修修补补。那种"点子式"的税务策划虽然也有一定的效果，但它是随机、没有规律的，不能复制。

本书中，我们尝试研究策划的模式，使它成为一种有效的税务风险控制方法。

1.4　负税的理念

在负税的理念中，我们要向纳税人灌输以下三种原则：第一，实际税负的原则；第二，税负合理的原则；第三，合理税负的原则。

企业只要生产经营就会产生税收，实际负担的税收在比较时采用税负率比税额更有意义。税负率有单一税种的，也有综合的，有时还考虑政府规费的社会贡献率。而要切实理解实际负税的原则，我们还要知道纳税人和负税人的区别，才能有更深刻的体会。

1．纳税人与负税人

纳税人就是实际纳税的人，负税人就是实际承担税款的人。这两个"人"的概念是不一样的，实际税收负担者可能是同一人，也可能不是同一人。纳税人可能不是负税人，如果它能够转嫁全部税收的话。负税人也可能不是纳税人，如果它没有纳税义务发生的话。但纳税人本身可能既是纳税人又是负税人，毕竟税收虽然有抵扣链条，虽然有策划转嫁，但实际上并不能将税负全部转移给他人。

比如：房地产企业的增值税可以通过抵扣链条向下转移，房地产企业的土地增值税也可以通过价格向买房人转移。但是纳税人想达到转移全部税负的目的，而不成为负税人，是根本不可能的。

理论上讲，不成为纳税人很容易，就是不办企业，不要高收入；不成为负税人也很容易，就是不购买产品或服务。但现实中这是不可能的。

2. 从合理税负到税负合理

税负合理是企业在现实状态下应该承担的税收。每个企业的税负是不一样的，即使是同行业。税收的产生与业务模式有关，企业不同，生产经营条件不同，业务模式自然不同，税收结果也就不同。同行业有个平均税负率，可以拿来做参考。

但是它仅做参考，而不能机械套用。有的企业是按行业平均税负来交税的，有的税务机关要求企业不能低于行业平均税负率，这是错误的理解，必将造成错误的后果。

如果说税负合理是目标，那么合理税负就是过程。实现税负合理，企业要用到风险控制的方法、税收策划的方法、危机公关的方法，这些方法的落实就是合理税负。它是个动态的管理过程，通过合理税负的管理过程达到税负合理的预期效果。

3. 税负的环节

税负的环节既可能是在本企业，也可能是在外企业。比如：消费税在生产企业缴纳，就是在本企业；契税由不动产承受人缴纳，就是在外企业。在本企业缴纳，纳税环节后移，就是递延纳税，如企业折旧年限影响到企业所得税的缴纳期间。在外企业缴纳，纳税环节外移，就是税负转嫁，如通过关联方交易将税款移至关联企业。

研究税负的环节在策划中有着特别的意义。通过纳税环节的后移实现递延纳税，或者通过纳税环节外移实现税负转嫁，都是税务策划常用的方法。

4. 负负得正

税负、税收负担、纳税人、负税人……大家都想刻意回避。在税务策划的实践中，这种想法有助于税务策划的实现。其实换个角度，主动成为这些"人"，有时具有特别的现实意义。一个人如果不想成为负税人，那么他的生活水准一定是不高的；一个人如果不想成为纳税人，那么他的社会价值也一定是不大的。

我们在辅导纳税人做好税务策划、降低税负的同时，也应该合理引导纳税人积极承担纳税义务，获得社会认同，从而提升人生的自我价值和社会价值。

1.5 诚信的理念

未来的社会是信用的社会，我们国家正在大力推进社会诚信体系建设。而纳税信用作为社会诚信体系建设的一部分，已经越来越多地发挥着它独特的作用。

从2003年开始，国家税务总局就开始用纳税信用管理税收。2014年，《国家税务总局关于发布〈纳税信用管理办法（试行）〉的公告》（国家税务总局公告2014年第40号），将纳税信用的作用拓展到：将纳税信用评价结果通报相关部门，建议在经营、投融资、取得政府供应土地、进出口、出入境、注册新公司、工程招投标、政府采购、获得荣誉、安全许可、生产许可、从业任职资格、资质审核等方面予以限制或禁止。

纳税人不仅要注重税务风险的管理问题、纳税策划的节税问题，还要重视与自己纳税行为密切相关的纳税信用问题，将纳税信用的管理作为企业税务管理的重要组成内容，发挥其积极的作用，为企业获取税收利益。

曾经有这样一位纳税人，他要儿子继承他的企业，可儿子坚决不要。儿子认为他在经营期间可能存在税收违法行为，所以儿子宁可自己创业，也不要他的企业。

1. 纳税信用

根据《国务院关于促进市场公平竞争维护市场正常秩序的若干意见》（国

发〔2014〕20号）和《国务院关于印发社会信用体系建设规划纲要（2014—2020年）的通知》（国发〔2014〕21号），国家税务总局制订《纳税信用管理办法（试行）》，按照守信激励、失信惩戒的原则，对不同信用级别的纳税人实施分类服务和管理。

从此，税务监督管理除了税务检查、税务稽查、纳税评估、纳税服务之外，又增加了一个更有效的管理工具。如果说原来的税务管理工具只是事后的重点打击，纳税信用管理工具就是事前、事中、事后的全面监督。税收的征收管理实现了税务机关稽查的硬性监管与纳税人信用的软性自律。

2. 纳税信用等级

《关于纳税信用评价有关事项的公告》（国家税务总局公告2018年第8号）进一步明确，纳税信用级别新增M级。2018年4月1日起，增设M级纳税信用级别，纳税信用级别由A、B、C、D四级变更为A、B、M、C、D五级。

3. 纳税信用等级评定

纳税信用等级的评定内容包括：纳税人遵守税收法律、行政法规的情况，以及接受税务机关依据税收法律、行政法规的规定进行管理的情况。具体指标包括以下五类：①税务登记情况；②纳税申报情况；③账簿、凭证管理情况；④税款缴纳情况；⑤违反税收法律、行政法规行为处理情况。

纳税人的纳税信用等级评定后，主管税务机关应当实施动态管理；纳税人对税务机关做出的纳税信用等级评定有异议的，可以依法申请行政复议；未按规定权限和程序评定完毕，各级税务机关不得擅自将纳税信用等级的评定情况和有关评定资料向社会公布或泄露给他人；税务人员徇私舞弊或者滥用职权，致使纳税人信用等级评定结果失真，给纳税人造成损失的，由税务机关依法给予行政处分。

根据以上规定判断，专业的注册税务师、信用管理师又会增加一项新的业务，那就是帮助纳税人进行税务等级管理和提请纳税信用等级评定的行政复议。

4. 诚信纳税

依法纳税、诚信纳税会成为纳税意识的主流。随着征管手段的提高和"金税三期"功能的升级,不依法纳税的行为已经不可持续。随着纳税人意识的提高,对国家的责任、对股东的责任、对管理者的责任都将在依法诚信纳税中得到体现。

企业自成立伊始就具有天然的社会属性。这并不是说私人的企业完全归属于私人。企业的财产权虽是归属于私人的,但企业的经营行为具有社会属性。纳税行为是企业经营行为的一种,它当然具有社会属性。税收作为国家参与企业分配的一种形式,会逐渐由国家单方的强制转向国家强制与纳税人自觉合作。

其实,我们应该明白:私人的钱最终都是社会的。我们用钱消费时,钱归属于社会;我们用钱投资时,钱归属于社会;我们将钱留给子女,其实也是归于社会……主动纳税,将国家税收颗粒归仓,既是对国家负责,也是对自己负责,更是对后代负责。

1.6 成本的理念

我们坚持认为,税收是企业的成本,节约税收就是节省企业的成本开支,合理的税收节约是对股东负责。国家的税收利益很重要,但股东的权益也很重要,实现国家利益和股东利益的兼顾更重要。既然税收是成本,那么成本的支出就应该是合理的。对税收成本的控制是企业成本控制的一部分。

我们强调,税收既然是成本,就要节约税收成本开支。但税收成本的节约和其他成本的节约是一样的,就是要有限度。产品成本过度节约会导致质量问题,税收成本过度节约成本就会形成纳税风险。

1. "税"本身是成本

税的本身是成本,如房产税、土地使用税、印花税、车辆购置税、车船税、契税等各种费用性的税金。但增值税是价外税,除外,企业所得税和个人所得税是收益税,也除外。

特别说明的是,小规模纳税人因购进而支付增值税也是视同成本的,但一般纳税人购进所支付的增值税不可以视同成本管理。

有个别纳税人误解成本的含义，将企业所得税和个人所得税也视同成本。为了降低成本竟然要求对方支付这项成本，显然是不合理的。比如签订的包税合同中约定"发生的一切税费由对方承担"的，都是错误地运用了税收是成本的理念。

2. 税收的或有成本

税收的或有成本是指税收的罚款、滞纳金或罚金等。这些违反税收法律法规所产生的处罚性支出，可以视同为或有成本。它们的发生具有不确定性，也就是风险性，需要进行特别的管理与控制。"税"本身这个成本的控制很重要，与之密切相关的这些或有成本支出更加重要。

3. 税收的管理成本

与"税"这个成本本身和税的或有成本相比，税收的管理成本其实是微不足道的。管理成本是一项必要的支出，但金额并不是很大，如设置税收管理岗位的工资支出、税法培训支出、外聘专业税务机构所发生的咨询费用支出。这些管理性支出的金额并不大，但是一些纳税人却舍不得支付该成本，完全没有意识到这些支出的重要性。这个问题很严重，没有这些支出，税收风险控制的效果是很难保证的。仅凭企业内部管理，不借助于第三方的力量，多缴税款、产生罚款或滞纳金甚至罚金的可能性会大增。

4. 纳税资金管理

既然税是成本，就应该留有足够的预算资金。在企业的资金预算管理方面，每月预留足够的纳税资金是非常有必要的。有的企业对纳税还是很重视的，但由于未做资金预算，到缴税时没钱了，就将纳税时间后移，人为地推迟纳税义务，形成税收风险。

增值税已经包括在合同的价款中了，对方付款时，税款已经支付了，为什么没钱纳税呢？所得税等收益税在利润中产生，对方的付款也是包括其中的，以没钱为由推迟纳税，将税款资金挪用它处，是挤占国家税款的行为。

有税不缴，轻者是推迟纳税义务，重者是在逃避缴纳税款。

5. 税收与利润

认为税是成本，这是从管理角度讲的，可千万不要理解为多缴一分钱税、企业就少一分钱利润。费用性的税金对利润的影响是应纳税额×（1－企业所得税税率）；增值税是间接影响企业的利润；企业所得税与利润关系密切。

有些税影响利润，有些税仅影响资金流。比如：房地产企业重组环节要缴纳土地增值税，貌似政策对房地产行业有"歧视"，其实仔细品品，这哪里是"歧视"，分明就是"照顾"。

在重组这个环节缴了土地增值税，土地成本就高了，以后清算土地增税时可以加计20%扣除，开发产品销售环节的土地增值税就少了，到底谁合适？其实是先占用企业资金缴了税，巨大的利益还不是企业"笑纳"了嘛。

这时的土地增值税看似侵蚀了企业前期的利润，实则扩大了企业后期的利润。

1.7 权利的理念

在策划的理念中，我们提出税务策划是基于企业的经营自主权。放大到本书的体系中，权利的理念应该有更大的格局。那就是我们把企业在税收上的权利分三种：第一，企业税务风险的管理权；第二，企业的税务策划权；第三，企业的税收申辩权。

这三种权利，究其根本都是企业的经营自主权。把它分开来讲，目的是让纳税人明白，在具体税收的事务中，到底什么是经营自主权，以及如何运用这些权利来维护企业的税收利益。

1. 纳税的权利

国家税务总局发布《纳税人权利与义务公告》（2009年1号），明确纳税人在履行纳税义务的过程中依法享有14项权利。

具体包括：知情权、保密权、税收监督权、纳税申报方式选择权、申请延期申报权、申请延期缴纳税款权、申请退还多缴税款权、依法享受税收优惠权、委托税务代理权、陈述与申辩权、对未出示税务检查证和税务检查通知书的拒绝检查权、税收法律救济权、依法要求听证的权利以及索取有关税收凭证的权利。

概括以上14种权利，其实就是还企业的经营自主权。经营自主权不是别人给的，是企业本来就该拥有的，现在明确还给企业了。

2. 权利的界限

企业在税收上的权利有多大，税务机关在税收上的权利有多大，企业和税务机关的税收权利该如何划分，是征纳双方都特别关心的问题。我们知道，税务机关行使检查权，表面看似针对企业，其实是针对企业的业务。所以必须好好地研究企业的税收业务。现在，我们将企业的税收业务从税收管理上细划为12个环节：

业务发起→税务目标→业务模式→合同签订→税种税事→业务承办→业务交割→资金结算 →会计处理→税会差异→纳税申报→危机公关。

通过以上设置的业务流程和细分的涉税环节，我们分析认为有以下几种观点。

（1）企业的税收权利范围应该包括但不限于以下方面：第一，企业合同签订前的税务策划权；第二，整个税收业务操作的风险控制权；第三，税务机关检查发现问题的危机管理权。

（2）税务机关税收权利的范围应该限定在从税种税事的认定到纳税申报期间，不得干涉从合同签订向前推至业务发起，也不得干涉危机公关。

从上述细分可以看出，原来纳税人的权利和税务机关的权利是有界限的。

3. 权利的维护

最好的税收权利维护不是在税务检查环节与税务机关进行抗辩，而是在业务操作环节做好纳税的自我管理规范。

在企业的税收策划阶段，"我的地盘我做主"，必须用好税收策划权，做到不多缴税。在企业的税收业务操作阶段，"我的地盘我做主"，必须用好风险的管理权，做到业务规范、不出瑕疵。至于税务检查时发现问题，我们去向税务机关听证、复议、诉讼，已经是事后的弥补之法，胜算概率输赢各半。

所以说，要想得到税收的权利，关键还是"做最好的自己"。

1.8 义务的理念

纳税义务第一需要法定,第二需要诚信。纳税义务确定的依据是税收法规,而纳税义务的履行则需要诚信。纳税义务既已确认,就要及时、足额、全面地履行,不能打折扣、讲代价。那种推迟纳税义务,打所谓的"擦边球",变相占用国家税款,或者不忠实地向税务机关申报,或者提供虚假信息的行为,应该及时纠正。

经常有纳税人没有补税却补交滞纳金的情况,就是因为其不按时履行纳税义务。

1. 纳税的义务

国家税务总局发布《纳税人权利与义务公告》(2009年1号),明确纳税人在纳税过程中应切实履行以下义务:依法进行税务登记的义务,依法设置账簿、保管账簿和有关资料以及依法开具、使用、取得和保管发票的义务,财务会计制度和会计核算软件备案的义务,按照规定安装、使用税控装置的义务,按时、如实申报的义务,按时缴纳税款的义务,代扣、代收税款的义务,接受依法检查的义务,及时提供信息的义务和报告其他涉税信息的义务。

这里,我们要提醒的是,税法列举的义务必须履行,未列举的义务不是税收法定的。不是税收法定的义务,从税务证据关系上讲是可以做的,但不是必需的。如税收指标完不成,预缴税款就不是法定义务了。

2. 义务履行时限

(1) 分税种的纳税义务:在规定的申报期内如实申报税款,缴纳税款。无应纳税额的,需要"0"申报。不能及时缴纳税款的,向税务机关申请延期缴纳。

(2) 纳税信息申报义务:会计报表、备案信息、税务变更登记信息、企业重大业务信息、聘请专业服务机构的专项服务信息等,需要在规定的时限内如实申报。

(3) 纳税申报更正:如果纳税申报错误,应及时向主管税务机关申请,进行更正申报,并按规定要求提交相关资料。如果涉及多缴税款的,根据

《中华人民共和国税收征收管理法》（以下简称《税收征管法》）第五十一条规定："纳税人超过应纳税额缴纳的税款，税务机关发现后应当立即退还；纳税人自结算缴纳税款之日起3年内发现的，可以向税务机关要求退还多缴的税款并加算银行同期存款利息。"

3. 法律责任

（1）纳税义务履行不全面、不完整，会受到征管法的行政处罚。比如《税收征管法》第六十二条规定，纳税人违反纳税申报管理规定，由税务机关责令改正，可以处2 000元以下罚款，情节严重的可处2 000～10 000元罚款。

（2）故意推迟纳税义务的处罚。个别纳税人因资金原因，推迟申报缴纳纳税，是错误的，不要以为税款总额没有错就完事大吉，其实可能已经违法了。

比如企业增值税的纳税义务发生时间是有明确规定的，申报和缴纳的期限在次月（季）的15日内。纳税义务已经发生，申报不缴的加收滞纳金。但如果不申报造成未缴纳税款或者少缴纳税款，其实已经造成月（季）的当期少缴税款了，这是什么行为？至少是虚假申报。

法律要求次月（季）15内日申报，这是法律通知申报，拒不申报或者进行虚假申报，造成当期不缴或者少缴税款了，按《税收征管法》第六十三条或者第六十四条的规定，就要处0.5～5倍的罚款。

1.9 规范的理念

国家税务总局为了加强税收征收管理，规范税收管理、税收执法和纳税服务行为，先后编制了《全国税收征管规范》《全国税收稽查规范》《全国税务机关纳税服务规范》和分税种的管理工作规范，这些规范主要是规范税务机关执法行为的，纳税人也可以借鉴使用。

以上规范虽然可以借鉴，但用来作为企业控制税收风险的工具，显然还是远远不够的。毕竟，税收执法行为研究的主要是税收法律，包括实体法和程序法。纳税人不仅要研究税收法律，还要研究业务性的法规，更要研究将税收法规融入业务法规之中。如此，才既能完成企业的生产经营目标，又能完成企业的纳税管理目标。

税务机关执法讲规范，纳税人又有什么理由纳税不规范呢？而这个纳税业务操作规范，又岂是税务机关能够越俎代庖的？税务机关是做不了这个事的，因为纳税的管理权是企业自己的经营权，税务机关不能越权。所以，希望税务机关制定一套税收业务操作规范给企业，是不太现实的。

1. 规范的意义

规范就是规范化管理，税收业务操作规范就是企业的税收业务遵循预订的标准。用这个标准来减少税企之间的纳税争议，减少税务机关对企业纳税的误判，这是最根本的税务风险控制。制定这个税收业务操作规范的责任非纳税人自己莫属。而税务服务的专业机构在此领域可以大显身手。

我们为纳税人制订的规范共分五大内容：第一是创新纳税理念；第二是税务风险控制流程规范；第三是税收业务策划流程规范；第四是税务危机管理流程规范；第五是税收业务规律总结。当然，核心是税务风险控制流程规范、税收业务策划流程规范和税务危机管理流程规范。这三大规范以下将分章节分别进行论述。

2. 规范体系

（1）税收风控流程规范：为税收业务设定流程，划分风险节点，并设置岗位责任制，标注风险事项、风险点和证据链。通过"风险事项、风险点、证据链"三线定一点的方式管控风险。该流程共13个节点。

（2）税收策划流程规范：从企业的权利入手，找到税收策划所需要的关键性条件，完成税收策划，达到既不多缴税、又不少缴税的目标。该流程共13个节点。该流程规范链接了税务策划13种技法，包括：转嫁、调整、假借、规避、有无、合分、关联、补救、变换、修正、选择、增减、创造。

（3）危机管理流程规范：针对税务稽查发现的问题，启用税收危机标准化的管理程序，消除税企争议，减少税务误判，维护企业税收权益。该流程共13个节点。

以上形成"三维定风险，四象分要急，制定标准抓管理"的税收风险管控体系。

3. 规范的功能

（1）税务风险控制环节前移。都知道仅凭财务部门已经不能控制税收风险了，但是如何让更多的部门（环节）来参与税收风险控制呢？哪些环节需要税收风险控制呢？如何实现税务风险控制呢？"三维定风险，四象分要急，一个流程抓管理。"从业务的发起端开始，每个业务环节都有税收风险控制的责任，都需要管理好自身的风险。

（2）实现全员税收风险管理。用明确税收事项、标注风险点和组织证据链的方式，让不懂税收的部门和人员知道自己在税收上的责任，知道干什么、怎么干。有了税收风险管理规范，让他们"知其然而不知所以然"，只需要照做就可以了。

（3）为税务检查做业务导向。税务机关的人员对税法很精通，但却大多不懂企业的业务，让他们用税法套企业的业务，多半会出现"冤案"。我们需要用税收业务规范去影响或者引导税务检查人员，务必使其了解企业的业务、了解纳税的管理方法，以减少他们对纳税行为的怀疑与质疑。须知，规范的税务管理内控在评价企业纳税合规性上具有特别的意义。

1.10　交易的理念

有句话："合同决定税收，业务产生税收，财务核算税收。"现在我们引出实质交易的概念。如果签了合同，但是没有进行真正的交易，那么产不产生税收呢？合同是为了交易才签订的，签订了合同但是没有真实的交易是不会产生税收的（印花税除外）。

这就提醒税务检查人员，在进行税务检查并提取合同证据的时候，一定要关注到这一点，核实所签订的合同有没有真实的交易。如果有真实的交易，如何按这个合同确认纳税；如果没有真实的交易，又如何按这个合同确认纳税。而不是一味地就合同论合同，犯形式主义的错误。

综上，我们分析得出：假合同一定是没有经过交易的。

1. 交易产生税收

在企业全面税务风险控制与策划的理念方法下，真正决定税收的是交易，交易产生需求。有合同没业务,有业务没交易,都不能产生税收。如果陷入了唯合同论,个别的纳税人就会用假合同来应付税务机关。所以说合同这个证据非常重要,但是一定要考察合同是否履行。只有切实履行的合同,产生的才是真实的交易,真实的交易产生真实的税收。

当然也不能说以前"合同决定税收"的观点不对,只是在以风险为导向的新征收管理模式下不再适用了而已。

2. 交易双方的责任

既然是交易,一定会涉及两方甚至多方。交易是整个业务过程,在这个业务过程中,涉及的两方或多方在税收上都有责任。我们在进行税务风险管理的时候,通常仅关注了自己这一方,而忽略了交易的另一方。如果这一方税务风险控制得很好,而另一方并没有进行税务风险控制,这一方的税务风险管理效果就要大打折扣。

因此,我们在做税务风险管理的时候,虽然无权干涉交易对方的管理,但一定要影响交易的对方重视税收的风险管理。交易的双方或多方齐抓共管,税务风险才能够真正得到控制。也就是说,交易的双方或多方都有税务风险控制的责任。

3. 交易的风险控制

要控制交易的税收风险,唯一的办法就是通过合同来施加影响,影响交易的双方或多方共同进行税务风险控制。这就要求纳税人在签订合同的时候,一定要充分考虑风险,并且风险管控的条款一定要加入合同的相关条款中。

我没有权利干涉对方的管理,但是我有权利和对方签订合同。这样做看似好像在约束对方,其实是对对方负责任。税务风险是具有传染性的,如果一方发生重大风险,另一方必然会被牵连。

4. 要交易先知税

在社会化大生产的时代,没有一个企业可以独立完成所有的业务,必须与外部企业进行合作。这就要求双方在发生交易之前先知道税收,避免盲目交易。有好多企业就吃过这个亏,由于没算好税收,交易完成后一算账,不但没赚钱,还亏了。有的企业为了避免吃这个亏,就签订包税合同。虽然这样并不违反经济合同法或民法等其他法规，却违反了税法。最后酿成双方的税收风险，双方纠缠不清。

包税合同虽然可以主张对方承担税款，但纳税义务人却是我们自己。也就是说，包税合同可以转嫁税负，但转移不了纳税义务。

纳税人在交易前一定要先进行税收测算。如果感觉税负太高，则要通过合法的税务策划解决税负过高的问题。那种签订包税合同用以转嫁税收风险的做法其实是掩耳盗铃。

1.11 依据的理念

常言说得好："没有规矩不成方圆"。纳税人要控制税收的风险，也要有依据。一个业务从发起一直到结束，历经多个环节，每一个环节都需要有操作的依据。无论是税务风险控制流程，还是税收业务筹划流程，乃至税务危机管理流程，业务依据都包括在证据链中。业务依据是税务证据链重要的组成部分。依据减少了操作业务的随意性，增加了操作业务的规范性。

税收的业务依据主要有以下几类。

1. 法律依据

法律依据的内容很多，包括了除税法外的国家各种行政法规。这些行政法规是发起业务和承做业务的依据。房地产开发企业开发楼盘依据的是房地产开发法，聘请员工依据的是劳动合同法，安全生产依据的是国家安全法规，财务核算依据的是会计法规，等等。虽然税收不一定以这些法规为依据，但这些法规却为纳税人判定税收合法提供参考。

我们和业务相对方的关系是通过合同的方式用法律法规来调节的。足见这些法律法规对税收的影响有多重要。

2. 税法依据

税法依据就是纳税人做业务时用于确认纳税义务的依据。这些依据包括税收的法律、国务院公布的条例、财政部和国家税务总局发布的部门规章，还包括各地方的规章，以及各地主管税务机关的税收管理规定等。

判定企业的纳税义务时，可能需要参考多个税收法规。纳税人需要用多个法规综合判定纳税义务，因为这些法规共同决定一个纳税模式，而这个纳税模式是纳税义务的综合反映。纳税金额的大与小、纳税义务的多与少、纳税时间的前与后，都由这个纳税模式决定。

所以纳税人判定一个业务的纳税义务时，一定要将税法依据查找齐全。

3. 业务依据

业务依据是各环节在承办业务时所依据的标准。国家的标准、行业的标准、企业的标准，或者双方业务合同的要求都构成具体承办业务时的依据。业务做得是否规范就用这些依据来进行判定。这些依据的遵守程度也是判定一个纳税业务的操作真实不真实、规范不规范的基础依据。

4. 制度依据

企业的内控制度体系，以及在企业内部控制体系下所完成的各种手续都是制度依据。制度是用来进行企业内部约束的，而合同是用来进行企业外部约束的。所以，合同和制度同样重要，它们都构成税收业务的重要依据。

税务风险控制中，制度已经不可缺位。它是法律依据、税法依据、业务依据、合同依据不能替代的，如考勤制度、质量的验收制度、安全的评价制度等。执行这些制度的最终结果实际上反映了纳税义务是否已经完成，以及完成的程度。

5. 依据与证据

依法征税，依法纳税。在税收上确定最终纳税义务结果的是税务证据。税收业务的依据是税务证据，但是税务证据不是业务操作的依据，两者不可混同。税务证据不仅包括税务依据，还包括税务依据所产生的结果。

1.12　合同的理念

为了提高税务风险的管理效果，需要对税务风险管理进行升级。我们必须用合同的方式来明确双方在纳税上的权利和义务。将双方的权利和义务通过合同的方式强制进行约束，是企业税务风险控制与策划的重要思路。

虽然税法对双方纳税人的权利和义务已经做了明确，但由于税收的复杂性，更多的纳税人不知道在具体的业务上，自己的税收权利和义务到底是什么。这就导致业务发生后，遇到具体的税务问题时，纳税人不知道通过协商与妥协来化解矛盾，而是激化矛盾，造成更大的风险。

如果在合同中将具体的税务问题进行明确，那么双方遵守合同规定后就会大大减少税务风险的发生。

1. 合同与税收

合同签订后，涉及的税种和税收事务就可以确定了。至少纳税人可以依据合同对税负进行测算了。这个合同如果履行了，就是真实的纳税义务；如果没履行，没有产生实际的交易，就不会产生更多的纳税义务。

税务机关在税务检查时是一定要看合同的。如果合同签订得有问题，就会导致税务机关对企业的业务结果产生误判，给企业带来税收风险。

2. 合同与证据

合同是税务证据的一种。合同不仅承载了本企业的纳税义务，也承载着业务相对方的纳税义务。企业在签订业务合同时，除了要请律师审核外，还需要找专业的注册税务师对税收条款进行审核，最好签署纳税审核意见，对税收约定的完整性、合规性和可操作性提出意见，并对税收的风险进行评估预判。

3. 合同管税

合同管税包括以下三方面的内容。

一是在招投标环节考察对方的纳税信用，为税收风险管理打下基础。具体包括：一般业务提供对方的纳税信用等级；重大业务需要提供对方的纳税尽职调查报告。

二是将关乎税收的条款在合同中加以明确。具体应该包括以下主要内容：发票式样、开票时间、税率的约定、付款方式与时间、违约责任、运输约定、服务或维修费用、保证金等。

三是在税收风险的管理上，双方共同管理税收风险。这不需要在合同条款中明确约定，但在实际的业务操作中应该协同完成风险控制。

1.13 反制的理念

什么是反制？它是指防止将税负或者风险向上下、左右环节转嫁或者切割风险的一种做法。税务反制是进行风险控制、税务策划和危机公关的一种有效措施。

无论是纳税人还是税务机关，在税收上都应该有反制的理念。在税务风险控制和税务策划的时代，对方任何的纳税行为、纳税管理行为，都可能会对我们产生不利的影响。税收反制就是尽可能地消除税务风险的连带影响，以求在税收风险控制中达到风险平衡、互惠互利、化不利为有利的目的。

1. 风险反制

对方在做税务风险控制或税务策划或税务危机公关时，我们要采取必要的应对措施，以防止对方将税负或税务风险转嫁给我们。现在纳税人的风险意识越来越强，我们需要时刻准备纳税反制。这个准备包括学习培训、理念更新、管理升级等。

2. 监管反制

纳税人在做税务风险控制或税务策划或危机公关时，税务机关要有应对措施，以防止纳税人逃避纳税义务。在监管反制上，税务机关一方面要鼓励纳税人进行风险控制，因为税务风险是征纳双方的共同"敌人"，这个"敌人"具有"反动派"的性质，它会双向伤害征纳双方；另一方面，要合理审核纳税策划的合理性与合规性，防止纳税人滥用税务策划，逃避纳税义务。

同时，对于税务服务机构所提供的服务结果也要做适当的审查。对第三方的纳税服务质量进行监控时，既不能一味反对第三方的报告结果，也不要一味相信第三方的报告结果，要探讨和引导并重、信任与监督并存。

3. 联合反制

税务机关在进行税务风险评估或者税务稽查时，业务双方都要有应对措施，防止税务机关对任何一方的纳税义务产生误判。如果税务机关对一方产生误判，那么另一方可能就会受到牵连。

面对税务的风险评估和税务稽查，另一方要予以支持配合，不要认为"事不关己，高高挂起"。业务是双方共同做出来的，一方如果不规范，则另一方也可能不规范，"城门失火，殃及池鱼"的事例并不少见。所以面对税务检查时，我们一定要共同举证、共同应对风险。

第 2 章
设计 13 大业务流程

> 业务流程包括以下 13 个环节：①业务发起；②税务目标；③业务模式；④签订合同；⑤税种税事；⑥业务承办；⑦业务交割；⑧资金结算；⑨财务处理；⑩税会差异；⑪审核修正；⑫纳税申报；⑬危机应对。

企业的生产经营活动是由一个一个业务组成的，而税收也是因一个一个业务而产生的。要研究税收，我们就必须要研究这一个一个的业务。其实，一个一个的业务进行归类后就成为一类一类的业务了，在税收上，一类一类的业务的税收本质是相同的。于是，研究业务分类，研究每类业务的税收性质，就成为税务风险控制的基础性工作。

企业的业务需要多个部门（与环节，下同）联动才能完成，每个部门都要付出相应的劳动。这些劳动叠加在一起，成为一个工作的结果，这个结果就是产品（或服务，下同）。这个产品是不是与每个部门都有关系？

这个产品最终是要拿去交易的，交易的过程中，各个部门的劳动都要变现，产品变现涉不涉及税收？这些税收是不是各个部门都有份？这个结果是大家联手创造出来的。既然各个部门对税收的创造都有份，税收如果出问题，是不是大家也都有相应责任？

这回，你不能再说税收问题就是财务一个部门的事了吧？税收问题是大家的事，需要大家齐抓共管。你可能会说："我又不懂税收，怎么管呢？"你不懂税收没关系，知道在税收上你有责任就可以了。你不需要学税法，只需要听话、照做、执行，知道该干什么、怎么干、干啥样就可以了。

设计业务的税收风险控制流程时，应将业务分解为若干环节，在每个环节上指明需要关注的重大税务事项，布控税收风险管理点，列举应该组织的证据链。如果哪一个环节与你的工作职责有关，就按那个环节所要求的做。如果我们每个部门每个岗位都这样做，税收风险自然也就控管好了。

这正是：三维定风险，四象分要急，抓住"坏分子"，立刻就隔离。

2.1 业务发起

第1步：业务发起环节。

本类业务由哪个或哪几个部门发起？发起本类业务的内部或外部依据是什么？是国家要求，集团要求，上级要求，管理层决定，行业标准，还是合作方合同？这些需要附有支持性的依据。

业务发起的依据是国家相关的业务法规，是进行税收业务操作和认定税收结果的基础证据，决定着业务的合法性。业务发起环节不涉税，但作为税收证据链的发起端，标志着该业务是企业真实的需求，是符合相关法律或公司内部制度规定的。

设定此环节的目的是为纳税的合法性、合规性提供基础的、前期的依据，该环节要求从税收上规范企业业务的提请与授权行为，并将招投标事宜分解到本环节，夯实业务发起的合法性。

1. 风险项

业务发起环节将风险事项确定为：通过业务提请与授权，考察商业目的是否合理。

做一个业务，首先要发起这个业务。发起这个业务的前提，就是业务要合法，在发起业务阶段，合法不是先合税法，而是先合税法外的其他法律法规。

特别注意：业务发起不是以税法为依据，而是根据国家其他的法律法规来发起业务。其他法律法规没问题，再考虑税法规定、评估税法对该业务的影响。如果税法对该业务的影响很大，就需要进行税务策划，按策划后的方案重新发起这个业务。

业务在发起时出现问题，到纳税时就可能无法规范。如企业经营范围内没有该经营项目，业务发起时没有考虑到工商行政法规，到税务局开不了发票。税务局说变更经营范围才可以开发票，于是又跑到工商局，工商局本来不管这个事，税务局一提醒，工商局马上有反应："你非法经营了。"

2．风险点

业务发起这个环节的税务风险点，主要是发起的业务是否具有合理的商业目的，也就是对业务的真实性与合理性进行考察。它包括：①该业务是否是生产经营的真实需求；②该业务是否符合企业的生产经营常规；③该业务的金额是否具有合理性，等等。

说到风险点，我们不得不说，税务风险就如地上的路。"其实地上本没有路，走的人多了也就有了路。"税务本身并无风险，说风险的人多了，也就有了风险。国家税务总局用风险监控税务，各税务机关用风险管理税务，社会舆论也用风险说税务，企业不用风险规范纳税事务，怎么可以？

为了防控风险，我们做的业务必须"根正苗红"，从业务一发起就规范，不给税务风险这只"苍蝇"留有"下蛆"的间隙。

无论哪个环节都会有很多的税务风险点，从业务管理的需要找出关键的几个点也就可以了，没有必要事无巨细、穷尽所有。

3．证据链

本环节锁定了风险事项，关注了风险点，还需要组织证据来证明合法性与合规性。

本环节的税务证据链条列举如下：①业务需求申请单；②业务批准单或授权文件；③招标文书与手续。当然，业务发起还要考虑上级的管理规定、企业的内部控制制度以及行业规定等。

本环节的证据链是整个业务流程证据链的一环，用这些证据证明，企业发起这个业务是合法的，理由是充分的，商业目的是纯正的，风险是得到充分关注的。

4．风险度

通过设置的风险事项、布控的风险点和组织的证据链来"三维定风险"，通过"四象分要急"的方法评估本环节的风险，以极度、高度、中度和低度区分，为"风险分类好管理"提供目标方向。

5. 风险案例

《中华人民共和国电子商务法》(以下简称《电子商务法》)于2019年1月1日起实施。该法第十条规定"电子商务经营者应当依法办理市场主体登记。"第十一条规定:"电子商务经营者应当依法履行纳税义务,并依法享受税收优惠。"

想开发电子商务平台和做电子商务就是业务发起。考虑到按《电子商务法》的要求进行工商登记和税务登记就是风险事项。而电商经营从2019年1月1日起要纳税了就是风险点。找到《电子商务法》第十条、十一条以及市场监督总局《关于做好电子商务经营者登记工作的意见》并保存就是证据链。如果做电商却不知道这些,风险是可想而知的。

2.2 税务目标

第2步:税务目标环节。

业务发起后,首先应该设定该业务的税务目标。所谓的税务目标,可以概括为享受税收优惠、实施税务筹划和税收风险控制。税务目标的设定应遵循税负合理、方案可行、风险可控的原则。税务目标的设定不应仅仅表现在降低税额上,税收业务操作的规范性也应该一并考虑。

税务目标可以设定为三大总体目标或其中一项两项,也可以设定为具体的标准,比如节税额多少、税收优惠是哪项、风险控制在哪个方面,等等。有了税务目标,该业务的税收管理才有方向。否则,大家对该业务一头雾水,搞风险管理时像没头的苍蝇,东一下西一下,没有章法。

设定此环节的目的是明确该类业务在税收上预期达到的管理结果或效果。

1. 风险项

确定税务目标:①税收优惠;②税务策划;③控制风险。

(1)税收优惠:税收目标设定的任务是交给财务总监的,但财务总监并不是税务专家,他可能并不知道哪个业务适用税收优惠,但他一定要在设定每个业务的税务目标时考虑到税收优惠,提醒税务部或财务部是否适用税收优惠。

(2) 税务策划：对重大的、非常规的、新发生的、特殊的业务考虑税务策划。税务策划并不只是为了节省税额，规范税务业务、控制税务风险也是其中的目标，税务风险不进行预先策划也是管理不好的。

(3) 控制风险：没有税收优惠也没有税务策划，单纯的税务风险控制就是将来税务检查时别出问题，别出现补税、补滞纳金或罚款乃至追究刑事责任的情况。当然微小的行政处罚很难完全避免。税收"零"风险只是理论上的，即使能做到也需要大量的管理成本支出。在本书的"创新13大纳税理念"中讲过要有成本管理的理念。

2. 风险点

以下风险点的设置仅供参考：①实施企业税务风险控制制度；②发起业务时考虑有无税收优惠；③有无税务策划方案可以利用。

当然实际中，应该针对不同的业务类型、不同的税务目标用"三维定风险"的理念去发现风险、设定适宜的风险点。风险管理目标的风险点不需要全部列示，只管理重要风险，小的可以忽略。

3. 证据链

该环节的证据链是根据三大税务目标来组织的，但其中不可缺少的是"企业全面税务风险控制制度"。无论是税收优惠还是税务策划，乃至风险控制本身，都需要税务风险控制制度来保障。需强调的是：企业的财务制度仅是税务风险控制制度中的一种。

4. 风险案例

例如，某企业进行技术改造，预算金额为5亿元，其中设备金额为2亿元。但由于在业务开始时没有税务目标，致使招投标部门不知道从节能节水、环境保护、安全生产设备税收优惠目录中优选设备，该技术改造没有享受到任何的税收优惠。

经过我们测算，这2亿元的设备中至少有5 000万元可以享受节能节水、环境保护、安全生产设备的税收优惠，是能抵免500万元企业所得税的。该企业老板后悔莫及，为什么没早找我们做税务风险控制！

2.3 业务模式

第3步：业务模式环节。

业务承做的方式方法关联纳税的方式方法。不同的操作模式关联不同的税务模式。业务模式选定环节既是税务策划的时机，也是执行税务操作规范、进行税务风险控制的时机。所以业务模式的研究与选择关乎业务纳税操作的规范性和纳税结果的确定性。在选择业务模式时，需要综合考虑企业的经营状况、所具备的条件以及风险性与可实施性。

确定业务模式的本质就是纳税策划。既然不同的模式有不同的纳税结果，选择或设计业务模式自然就是税务策划了。比如：股权转让是采用货币资金的方式，还是采用非货币资金的方式？股权转让是用一般重组模式还是用特殊重组模式？不同的模式对企业所得税产生的影响还是很大的。

企业的业务模式有多种，如企业运营模式、资金模式、盈利模式、用人模式、生产模式、销售模式、合作模式、投资模式，纳税模式等。企业做业务时要合理选用这些模式，甚至可以创造新的业务模式。业务模式不仅与税收有关，还可能影响到企业的生存与发展。

以上可见，企业的业务模式有许多种，但无论多少业务模式，最后都要归属于纳税模式，与纳税模式去一一对应。我们把税法规定的纳税模式总结为13种，放在"总结13种纳税模式"中专门详述。业务模式归属于对应的纳税模式是对税法的主动应用，从此，就可以摆脱用纳税模式被动套用业务模式的尴尬。

不同的业务方式可能会影响到后续环节，包括风险事项、风险节点、税务证据乃至税收风险度发生变化。设定此环节的目的，是选择税务风险相对较低、又切实可行的方式方法承办该业务。

1. 风险项

考量企业条件，确定业务方法，是确认业务模式环节的重点风险事项。

综合考虑企业的现有条件，包括内部条件和外部条件，来确认业务模式。既然业务模式是业务的方式方法，方法总比困难多，要完成一个业务，我们可以想出很多种方法，但哪一种是最优方案呢？这是企业经营自主权的选择。

如果企业目前的条件支持选用最优的方法则最好，但实际中这种情况并不多，那怎么办？创造条件，增加变量，以满足最优模式的选用。而无论是企业在现有条件下的模式，还是需要创造条件实现的最优模式，都是存在风险的。确认好不同业务的风险事项，意义重大。

2. 风险点

有了风险事项，就开始布控风险点了。那么如何发现税务风险点呢？按下面的提示去举一反三，触类旁通：易混淆区、政策盲区、监管盲区、认识误区、法间空白区，等等。

3. 证据链

（1）列举企业当前所有的条件，并证明业务的合法性与可行性。

（2）列举税法纳税模式的条件，并论证纳税模式的适用性。

（3）采集因条件而产生的证据，包括纸质、电子、音像等所有形式。

4. 风险案例

以下是一个医药企业业务模式的梳理与优化。

（1）模式A：医药生产企业将产品批发给经销商，经销商再销售给医院或零售药店。这样问题出现了：经销商销售给医院时，中间会发生大量不能取得发票的费用。在药品销售"两票制"下，这些费用在处理时都是经销商以医药生产企业的名义搜集票据，再交给医药生产企业抵减费用的，为医药生产企业埋下了巨大的税务地雷。2019年九部委联合查的就是这个事，有的医药生产企业因此而倒闭，造成了社会资源的浪费。

（2）模式B：医药生产企业成立关联的法人公司"医药销售公司"，切割这部分风险，保护医药生产企业，如果出问题则医药生产企业不至于倒闭，毕竟组建一个医药生产企业与一个医药销售公司相比，需要更多的社会成本。

（3）模式C：创新互联网+，组建互联网医药服务平台，利用互联网的优势与国家鼓励政策，通过网络服务平台分包服务。医药平台统一向医药生产企业承接业务，开具发票，去化解整个医药行业的风险，保护医药生产企业。这样，不仅税务风险没了，经营风险也没了。

2.4 签订合同

第4步：签订合同环节。

签订合同前，对重要、关键、敏感的税务问题应充分考虑。合同签订时，用专属条款明确业务各方的税收权利和义务。合同签订后，在业务承做的过程中，及时制作和采集本合同约定的各种税务证据。涉及合同变更与修改的，要充分考虑到税收的影响，尽力避免因税收争议引起合同纠纷。

签订合同时，将税收的条款捆绑在合同中。因为税务风险管理是全面的，而全面的税务风险管理不仅在企业内部的各个部门、各个环节、各个流程上进行管理，还应该将风险管理延伸到企业的外部。

由于我们是和其他企业做交易，如果交易相对方的税务操作不规范，风险必然会传导到本企业，所以要从签合同的环节就对风险进行外延式管理，或者进行风险切割。

交易的双方或多方都遵守了合同，其实是对税务风险的共抓共管、群防群治，只有这样，才能将风险管理理念与方法在整个产业链上传导，真正实现全面的税务风险管控。

设定此环节的目的是通过合同的方式，在条款中明确双方在税收上的权利和义务。

1. 风险项

本环节的风险事项为：提升税务管理级次，合同绑定税收事项。

具体包括但不限于：发票式样，开票时间，税率的约定，付款方式与时间，违约责任，运输约定，服务或维修费用，保证金，等等。

关于这些条款的税收作用，会在"锁定13大合同条款"中专门论述。这些事项一定要在合同中约定清楚，否则双方遇到涉税问题时就会有争议，都知道税收很重要，谁也不肯做出让步。如果合同不明，协商不当，可能会酿成税务危机。

2. 风险点

根据不同的风险事项，布控不同的风险点。

除此之外，我认为以下两个点是应该进行关注的：①考察合作方的纳税信用，这个很重要，但大部分企业尚未意识到此风险点的重要性；②约定税收条款时征求税务顾问的意见，这个也很重要。但大部分企业审查合同时有律师的意见，对税务师的意见尚未考虑。当然，也可能他们认为律师也懂税务。

3. 证据链

组织证据链可以从以下方面着手：①业务合同与补充合同；②担保合同；③法律公证文书；④税务师的合同涉税审查意见；⑤双方履行合同的记录、手续，等等。别怕麻烦，多些总比少些好，但前提是正向证据，而不是反向证据。证据组织完后还要进行逐一审核。切记：证据太多，就可能会有冲突。

4. 风险案例

以下案例是因合同导致税务风险后，出现的严重后果。

企业在签订合同时没有考虑到税率的变化，在"营改增"的过渡期间，买方坚持认为合同总价不能变，开具11%的税率（工程施工税率），而对方坚持开具9%的税率（这样可以少缴税），大家争执不清。还有的双方企业对开什么税率都认可，但审计却介入干预，引发双方矛盾。

过渡期间的税收政策是很明确的，但双方企业对税法的变动考虑不足，没有将这些变化体现在合同中。在执行时，双方企业各按自己的理解进行税务处理，违反税法规定，都留下风险隐患。

其实，如果我们在合同中签订不含税价，一切问题就可迎刃而解。无论税率如何变，价款不变，税率变化影响的仅是资金流而已，与税额、成本没有什么关系。但现在企业通行的做法是按含税价签订合同，税率变了，合同总价不变，当然影响税收、也影响成本了。

2.5 税种税事

第5步：税种税事环节。

本环节需要判断：按事先选择的业务操作模式，会产生何种税收或税务事项。认定税种和税务事项的税收法律依据是哪个法规或文件、文号乃至具体的税收条款，都需要一一列示。目的是避免因政策引用导致的税法适用错误，或避免因时隔久远、人事变动等原因，出现税法政策依据不明、税收事实不清的情况。

我们经常遇到这种情况：税务检查时对某个业务提出质疑后，要重新去查找税收政策，造成重复性的劳动。费了很大劲找到政策后，重新处理这个业务，才发现以前做得不对，税务局的质疑才对。

以前没有留下任何法律依据，如果人员再发生变化，后期查找税法重新判定，这不仅是重复工作的问题，更严重的是一个人在当期和在前期，或者不同时期不同的两人，对一件事情的判定结果可能会不一样。这个不一样会被税务局抓住："你看看，我说你逃避缴纳税款，没错吧？你自己都整不清了，抓紧补税吧。"

设定此环节的目的是对该业务涉及的税种进行鉴定，以及对重要税务事宜提前进行确认。

1. 风险项

本环节的风险事项：鉴定业务税种，判定税收事务。

业务合同签订后，涉及的税种应该可以认定全了，对应的税收政策也能找到了。不过税种认定全之后还有一项任务，就是弄懂税务上管理性的规定，即该业务是审批制、备案制还是备查制，需要准备什么资料，需要向税务机关提交什么。这些管理性的规定十分重要，关键的时候它能够证明企业是否合法。税法要求纳税实体要合法，纳税的程序也要合法。

2. 风险点

不要以为税种认定是税务机关的事。企业开业做税务登记时，税务机关是做过税种鉴定的，但那是根据工商营业执照登记的范围，大致地判定企业可能涉及什么税。实际的生产经营中，每项业务都会涉及企业自己认定税种的问题：业务真正涉及哪几个税种？每个税种是如何规定的？有税收优惠吗？有特殊规定吗？

风险点包括但不限于以下方面：①税种鉴定是否全面无遗漏；②报批、备案与备查事项是否完备；③税收优惠政策是否符合；④不确定事项是否得以确定。

3. 证据链

（1）据以判定税种的税收文件条款。每个税种的政策都要找到，最好打印出来放在一起，不要省买纸的钱，更不要怕麻烦，现在麻烦是为了以后的不麻烦。

（2）据以判定税收事务的税收文件条款。所有的都要找到，也打印出来。

4. 风险案例

某电信工程施工企业主要为联通、移动进行电信布线施工、建设信号塔等业务。其他税种认定无误。企业所得税这个税种认定也无误，但一直以来都是按25%的税率缴纳企业所得税。后来，我告诉他们可以享受西部大开发的税收优惠政策。

该企业认为："①我们是老企业，不是新办企业，不能享受这项优惠；②我们是电信工程施工企业，宽带网络建设的主体应该是联通和移动，不是我们。"

我们认为，根据《国务院办公厅转发国务院西部开发办关于西部大开发若干政策措施实施意见的通知》（国办发〔2001〕73号）、《财政部、国家税务总局、海关总署关于西部大开发税收优惠政策问题的通知》（财税〔2001〕202号）的精神，落实有关西部大开发税收优惠政策的具体实施意见通知第一条：对设在西部地区，以国家规定的鼓励类产业项目为主营业务，且其当年主营业务收入超过企业总收入70%的企业，实行企业自行申请、税务机关审核的管理办法。

《西部地区鼓励类产业目录》（中华人民共和国国家发展和改革委员会令第15号）第（十一）项内蒙古自治区第27类宽带网络建设及运营，属于西部大开发政策鼓励的范围。只要该企业的主营业务收入超过总收入的70%，即可以享受。

好好看看，是说"设在"，不是说"新设"。

好好看看，是"宽带网络建设及运营"，该企业是建设，联通移动是运营。

"我的天啊，多缴了多少税款啊！"老板晕了。

这样的风险出在哪个环节？税种税事的认定重要不重要？

2.6 业务承办

第6步：业务承办环节。

本环节主要考虑业务承做与承办的依据或标准是什么，需要采集哪些税务证据来支持税收的合法性。制作与采集税务证据，证明本业务的真实性、合法性、完整性，支持税务结论的唯一性，是本环节的重点。

业务承办这个环节主要是产品和服务的制作与完成过程。这个过程可能要经过多个部门。这些部门将产品和服务完成后，一定会留下很多证据和痕迹。税务风险管理就是要把这些证据或痕迹保存下来。

制作、获取、收集税务证据，既包括内部生产形成的，比如领料单，也包括外部交往获取的，比如取得的外部发票，还包括天然具备的，比如生产工艺标准。

把做的要求、做的过程、做的结果通过证据的方式体现出来，为税务风险控制提供必要证据，通过这些税务证据，反映业务承办的规范性、税务风险的可控性。

设定本环节的目的是明确此处需要关注的税务问题，以及如何制作或搜集本环节的税务证据。业务承办环节既包括与本企业职能部门间的衔接，也包括与业务相对方责任部门的相互配合。

1. 风险项

本环节的税务风险事项：完成业务事项，展示业务过程。

双方交易合同确定的产品或服务，应该记录其过程与结果。这个"记录"就是证据，它将对该业务是否完成、完成得怎么样、是否真实完成起到判定作用。怎么证明产品是你生产的、服务是你提供的？你的生产加工过程如何？

2. 风险点

①承做的业务是否真实，比如到底做了多少产品；②承做的业务是否合理，比如产品定额是不是合理；③承做的业务是否符合规定，比如是否按合同规定取得发票，等等。

以前经常有虚列财务成本、导致产品成本畸高、逃避企业所得税的问题，也有投入与产出和销售不配比的问题。这些问题被税务机关频繁调查，为风险管理发出警示。

3. 证据链

该环节组织证据链时，可以围绕以下几个方面进行：

（1）承做业务的依据。要做这个业务的标准是什么，它将决定业务的真实性与合法性。

（2）业务传递的手续。各个部门、上下环节手续是否规范、完整、齐全，并且传递及时。

（3）双方的磋商记录。生产产品或提供服务时的问题解决方案。

4. 风险案例

有一家医药生产企业的产品过了有效期，卖不出去，形成损失了，向税务机关申报资产损失，进行企业所得税税前扣除。因为金额较大，约为1 000万元，税务机关到企业进行核查，认为企业所得税做损失扣除没有问题，但是增值税进项税额没有转出。税务机关认为企业应该做进项税额转出。

那么，药品超过有效期卖不出去导致的损失，到底该不该转出进项税额呢？税务机关要求企业补缴增值税并对企业进行处罚，合不合理呢？

依据财税〔2016〕36号文件附件一第二十八条的规定，非正常损失是指因管理不善造成货物被盗、丢失、霉烂变质，以及因违反法律法规造成货物或者不动产被依法没收、销毁、拆除的情形。非正常损失也是需要做进项税额转出的，因管理不善造成货物被盗、丢失、霉烂变质是需要做进项税额转出的。

管理不善强调的是主观过错造成的损失，由企业自行承担后果，应注意管理不善的判定以及应留存各项管理措施到位的证据。

按说药品超过有效期是市场的原因造成的，不需要转出进项税额。但税务机关坚持要求转出，是税务机关主观臆断吗？原来，税务机关发现企业的账目中记载了对保管员的处罚：因库房保管×××管理失职，不按期倒库，对药品过期负有一定的责任，罚款200元。就是这200元的罚款，被税务机关定性为是人为原因造成的损失，进项税额必须做转出。

2.8 资金结算

第8步：资金结算环节。

这是合同履行的最后环节。此时交易大多已经完成，双方做最后的权利义务交割。资金、实物、劳务、权利已经得到确认，税收金额也应该得到确认。当然所有的合同争议也都可能集中于此，司法诉讼仲裁或有发生。违约金、赔偿金、滞纳金、资金利息、质保金等各种形式的补偿也将出现，其中的涉税问题不容忽视。

设定本环节的目的是考查双方的纳税权利与义务是否彻底结清，税收风险是否彻底切割。

1. 风险项

本环节的风险事项设置为：索取与审核票据，付款与切割风险。

第一，索取票据，向对方提请开具发票等合法有效凭据。第二，审核票据，看对方提供的发票等票据是否合规。第三，支付款项，双方履行合同，完成业务，互相切割经营风险。

2. 风险点

资金结算是双方权利义务交割的最后一道防线。在这个环节，既要计算结算金额，还要考量票据合规。一切要遵守合同的规定，不能自以为是，滥用以票控税，以钱控票。这几个风险点特别需要关注：①取得的发票是否符合规定；②取得除发票外的票据是否符合规定；③收款或付款凭证是否符合规定；④双方的争议事项是否及时得到解决。

3. 证据链

我们已经验收了对方的产品或服务，准备向对方支付款项了，对方开具的收款凭据或者对方开具的发票就是支付款项的证据。这个环节有一件重要的事情必须完成，就是审查对方提供的票据是否合规，尤其是对方开来的发票是否符合税法的要求，是否符合合同的要求。

如果合同没有约定开具发票，则可以根据合同约定预付款项，但最终结算时要统一开具发票。如果合同约定需要以发票付款，则应坚持合同的规定。

如果对方不能提供发票，则暂缓付款。

4. 风险案例

在资金和发票的问题上，业务双方经常会发生胶着状态。一方坚持开发票给钱，另一方坚持给钱再开发票。最后的结果可想而知，多少年过去，问题得不到解决。

例如，甲方是设备生产方，乙方是设备购买方。2010年双方签订采购合同，价值为1 000万元（含税），当时税率为17%。双方约定：乙方按10%留质量保证金100万元，满一年，如该设备无重大质量问题，则支付质量保证金。后因设备运行存在一些故障，双方发生争议。乙方支付的900万款项，甲方拒不开具发票，造成财务风险，甲方的质量保证金100万元也收不回来了，形成资金损失。

2019年，双方通过律师调解达成和解，甲方同意全额开具发票给乙方，乙方同意支付100万元给甲方。但是由于税率调整，双方争议时，甲方未按17%税率申报纳税进行备案，导致开不了17%的发票，只能开13%的发票了。双方为了利益再起争端，搞得好不热闹。双方都身心疲惫、焦头烂额，只有律师是最大的受益者。

这个案例中，双方都在以票控钱、以钱控票，但是没有遵守合同的规定。我们认为，合同没有将发票的事情约定好，就应该按税收法规的要求开具发票。没有这个前提，以票控钱、以钱控票就会酿成税收风险。本例中，甲方已经构成逃避缴纳税款了。

2.9 财务处理

第9步：财务处理环节。

财务处理的方法体现着税收，关系到税收，如摘要的表述、记账的方法、凭证间的关联等。财务处理的依据是否齐全完整，处理的方式是否坚持一贯，处理的结果是否明晰，对税收结果的判定影响重大。

会计差错可能会对税收结果产生颠覆性的影响。这个环节一定处理好税法与会计法的衔接事项，尤其是税法对会计处理有特别要求的事项。

业务此时进入财务处理环节。这时你会发现，财务处理这么靠后，到财务这里，业务都已经完成了。我们以前将税务风险的控制放在财务环节，是不是有问题？财务无法管控前端的风险，不是能力问题，而是财务性质所决定的。职责所在，鞭长莫及。

设定本环节的目的是用税务会计的手段确认与记录纳税事项。因为会计处理本身和会计处理的结果就是税务证据。

1. 风险项

本环节的税务事项：规范财务会计，融合税务会计。

税法与会计法的关系是：税法以会计法为基础，税法无特殊规定时，纳税核算要遵守会计法的规定。税法有特殊规定时，纳税核算要遵守税法。这样的规定将会计分类为财务会计和税务会计。

所以，在财务核算时，一定要融合税法与会计法。如果税法与会计法无差异，就按财务制度核算，税法也是承认的。如果税法与会计法有差异，如果不是明显违反会计法的规定，就要遵守税法的要求。

2. 风险点

注意：税法与会计法的差异，有些是用会计处理方法解决的，比如时间性差异的纳税影响会计法就需要在会计上做处理，纳税申报表也做调整。但有些不是用会计处理方法解决的，比如时间性差异的应付税款法就不用在会计上做处理，只调整纳税申报表即可。企业在处理时需注意：①税务会计与财务会计一致的，按常规进行处理；②税法与会计法处理不一致的或易发生风险的需要明示；③正确地确认纳税义务，准确地核算应纳税款。

3. 证据链

到财务核算这里，以前环节所组织的税务证据链已经汇总成一个大证据链了。财务就根据各环节组织来的证据进行会计处理，形成本会计环节的税务证据链，如会计凭证，总账、明细账、备查账等账簿、会计报表，财务报告等。

4. 风险案例

某企业形成固定资产的成本为 100 万元，企业误记入"管理费用"。税务检查时要求补企业所得税，企业照办执行，但会计上仅做了补缴企业所得税的处理。没有调整相关固定资产的计税基础，导致企业多缴所得税25万元。正确的处理应该是：既做补税的处理，也要调整固定资产的入账价值，然后通过折旧的形式将补的企业所得税抵回来。

第一步，补税的会计处理：

借：利润分配——未分配利润　　250 000

　　贷：应交税金——企业所得税　　250 000

第二步，调整固定资产价值：

借：固定资产　　1 000 000

　　贷：利润分配——未分配利润　　1 000 000

第三步，以后每年提取这部分折旧（比如10年折旧且不考虑残值）：

借：管理费用　　100 000

　　贷：累计折旧　　100 000

10年后折旧总额为100万元，每年折旧抵减税款2.5万元，10年后补缴的企业所得税25万元，全部抵回来了。

如果不调整资产的价值，不去补提折旧，就会造成多缴企业所得税25万元。

2.10　税会差异

第10步：税会差异处理环节。

会计与税法之间存在哪些差异？如何确认和管理这些差异？税会差异既包括所得税上的差异，也包括其他税种的差异。此环节还包括税法与其他法间差异的协调与处理，即税法与其他法间孰优的辩证关系。从税务风险管理的角度来看，不必要的时间性差异是不需要保留的，除非此差异对财务管理有重大的影响。

财务处理结束了，税法和会计制度之间的差异就反映出来了。企业所得税有大量的税法和会计制度之间的差异，这种差异有时间性的差异，也有永久性的差异。我们日常归集这些差异，为企业所得税申报做准备。到年度申报时汇总这些业务差异就可以了，不必再重新翻一遍全年的凭证账簿，节省了工作时间，提高工作效率，提升了工作效果。

设定本环节的目的是对税法和会计法以及其他法律的差异性进行完整的反映。

1. 风险项

本环节的税务风险事项：判定税会差异，研究差异管理。

对以下税法与会计法之间的差异进行研究管理，以减少税收风险。

（1）关注流转税方面差异：如视同销售。

（2）关注所得税方面差异：如永久性差异和时间性差异。

（3）不征税收入方面的差异：如政府补助。

（4）会计差错方面的差异：如记账错误。

2. 风险点

（1）找到本企业中税法与会计法有差异的业务，做好台账。

（2）准确计算这些差异的金额，尤其是时间性差异需要做好后续管理。

（3）除非财务核算必要，否则会计制度应尽量与税法保持一致，减少时间性差异。

（4）时间性差异影响的仅是资金成本，而不是税收，永久性差异影响的才是税收。

3. 证据链

包括但不限于以下证据，组成本环节的税务证据链：①各种差异的会计凭证、账簿；②各种差异的税法规定；③各种差异的计算表单；④各种差异形成的说明；⑤会计差错调整说明或审计调账通知；⑥税务处理决定书，等等。

4. 风险案例

税务局稽查某企业时，认为该企业2018年企业所得税申报时，有2017年的费用合计200万元未做调整，造成2018年度少缴企业所得税50万元，并责令限期缴纳，作会计处理如下：

第一步，补税的会计处理如下：

借：利润分配——未分配利润　　500 000
　　　贷：应交税金——企业所得税　　500 000
借：应交税金——企业所得税　　500 000
　　　贷：银行存款　　500 000

第二步，滞纳金的会计处理如下：

借：营业外支出——税收罚款滞纳金　　80 000
　　　贷：银行存款　　80 000

你认为这样的会计处理完成了吗？

应该还有后续的会计处理才对，否则就多缴税了。

我们应该分析这个问题的性质，这个企业所得税的本质是由于时间性差异造成的。既然是时间性差异造成的，这项成本是一定能扣除的，不让在2018年扣除，我们可以返回2017年扣除，因为它是2017年的成本。

第三步，退税的会计处理（2017年度多缴所得税50万元）如下：

借：利润分配——未分配利　　500 000万元（红字）
　　　贷：应交税金——企业所得税（多交税款）　　500 000（红字）

法律依据：《国家税务总局关于企业所得税应纳税所得额若干税务处理问题的公告》（国家税务总局公告2012年第15号）第六条规定，关于以前年度发生应扣未扣支出的税务处理问题，根据《税收征管法》的有关规定，对企业发现以前年度实际发生的、按照税收规定应在企业所得税前扣除而未扣除或者少扣除的支出，企业做出专项申报及说明后，准予追补至该项目发生年度计算扣除，但追补确认期限不得超过5年。

企业由于上述原因多缴的企业所得税税款，可以在追补确认年度企业所得税应纳税款中抵扣，不足抵扣的，可以向以后年度递延抵扣或申请退税。

可见，这属于跨期费用，本质上是一个时间性差异，一补一退，税额为0，只是一个滞纳金的事。好多企业对跨期费用的处理是错的，认为调增补税就行了，其实是需要申请退税的。

2.11 审核修正

第11步：审核修正环节。

对正在或已经完结的税务业务进行纳税结果审核。此阶段，必要的职业判断是不可避免的。同一业务处理在税务结果认定上可能会有偏差，甚至会有本质上的分歧。孰是孰非？经验很重要，方法更重要。审核是一个发现错误、修正瑕疵的过程，更是一个风险控制的过程。

实施企业税务风险管控与策划，需要配备专门的税务部（或岗位）。这个在"创新税务理念篇"中说过，税务风险必须由财务层面升级到管理层面。税务风险管理部门要对风险事项、风险点、证据链进行复核管理。尤其是对证据链的审核，会成为税务风险管理部门的主要职责。

设定本环节的目的是通过对业务承做结果的审核，对发现的瑕疵情况进行补充、完善与改进，在企业内部把好风险控制的最后关口。

1. 风险项

本环节的税务风险事项为：复核业务结果，确定税务结果。需注意以下几点：①以上各环节标注的风险是否已经关注；②各环节取得的证据是否完整、有效、无瑕疵；③证据间基本的逻辑关系是否矛盾；④对多余或无效的证据进行删减。

2. 风险点

（1）对整个业务流程中配备的风险项、风险点和证据链进行结果复核。

（2）对税务机关和审计机关出具的文书进行合法性审查。

（3）对注册税务师、注册会计师出具的报告进行税收合法性或关联性审查。

（4）对所有来自内部与外部的证据进行风险评估，判断其对企业纳税产生的影响。

3. 证据链

证据链包括但不限于：①以前各环节移交来的税务证据；②本环节审核以前环节发现的问题或复核意见；③注册税务师、注册会计师、注册资产评估师的报告或意见；④源自税务机关的管理意见、检查意见、评估意见和稽查意见；⑤税收司法文书，等等。

4. 风险案例

W是企业新上任的税务部主任，W在审核企业纳税资料时发现：企业的一笔政府专项补助资金 500 万元是 2014 年 2 月 1 日收到的,到 2019 年 2 月 1 日,这笔资金竟然没有支付,依然在账上。

W 找到企业 2014 年的所得税申报表延续审核到 2018 年度,发现该资金一直是按不征税收入处理的。根据财税〔2011〕70 号文件规定,满 60 个月专项资金不支付是需要缴纳企业所得税的。马上快到年底了,应该抓紧找到相关领导研究这笔资金如何使用。

分管领导想不起账上还有这样一笔资金,也不知道税法的这个规定。他抓紧找来相关部门研究此事,决定上会立项,按指定用途采购设备,避免了一项重大的税务风险。

如果没有税务部,没有 W 尽职尽责的审核工作,税务查检时发现了这笔资金,后果是十分严重的,轻则补税加收滞纳金,重则可能涉及逃避缴纳税款了。

专岗专责就是好,税务风险消灭了!

2.12 纳税申报

第 12 步:纳税申报环节。

纳税申报时,在税款缴纳环节要坚持全面性、准确性、及时性的原则。重要的税务事项应该向税务机关提交备案资料。纳税申报环节应保持良好的税务沟通,并做好足够的纳税资金预算。纳税申报与税款缴纳是依法履行义务的过程,不需要向领导请示再行决策。

有的企业在纳税申报时请示领导,问这个月缴多少税。领导可能会说:"哎呀!还有设备采购的预付款没付呢,缴税虽然重要,可咱得投产啊,税先少缴点吧!"会计咋办?只能虚假申报。所以,纳税申报不要请示领导,该咋报咋报。

设定本环节的目的是考察是否与税务机关全面、正确地结清了税款。

1. 风险项

本环节税务风险事项:结清申报事项,完成纳税义务。

纳税申报是履行纳税义务的第一步,第二步是交付税款。全面完整地申报并缴纳税款,才是正确地履行纳税义务。当然,申报并不仅是申报应纳税额，向税务机关提交相关的纳税资料也是申报，也不可忽略。

2. 风险点

纳税申报时，不仅要关注各税种的申报时间，更要关注各税种的纳税义务产生时间。纳税义务产生后，有的税种要求次月（季）的15日申报，有的要求按年度申报，还有的要求按次申报，更有的要求随时发生随时申报。以下几个风险点希望关注：①申报是否及时完整；②税额计算是否准确；③资料提交是否齐全。

3. 证据链

不要以为按时申报、也没发现错误就可以了，还要做采集申报证据的工作。

一定要将申报的结果整理出来。有人可能认为已经电子申报了，"金税三期"系统里面都有了，还打印出来，多麻烦啊。这个真还别犟，费点劲儿打出来，还是有好处。税务证据是需要保存多年的，系统今天升级明天并网，如果弄没了，税务局的人再找你要，你还真没地儿找去。需注意以下几点：①按月及时打印申报表；②及时做好重要税务档案的整理与归档；③对重大事项、特殊事项、持续延续事项做好台账及详细说明。

4. 风险案例

W是企业的会计，负责纳税申报工作。2018年2月，因资金紧张，老板说少缴点税，先支付设备预付款，于是W就将应纳增值税100万元做成了20万元。本月实现的收入不开发票，少计增值税了。W以为这样既符合了老板意图，也没有大事，等下月或以后补上不就完了嘛。

可天有不测风云。2018年4月的一天，企业老板喝多了把会计Z骂了，Z心理不平衡，到税务局举报该企业偷税。税务稽查一查，还真有问题：

《税收征管法》第六十三条规定：纳税人伪造、变造、隐匿、擅自销毁账簿、记账凭证，或者在账簿上多列支出或者不列、少列收入，或者经税务机关通知申报而拒不申报或者进行虚假的纳税申报，不缴或者少缴应纳税款的，是偷税。

(1) W少申报增值税，是通过不列或少列收入吧？纳税义务已经发生了，不申报不是属于"不列或少列"吗？

（2）增值税是按月申报，次月的 15 日，申报并缴纳税款。没申报没缴纳，是不是造成"当期不缴或者少缴应纳税款"的后果？

对纳税人偷税的，税务机关追缴其不缴或者少缴的税款、滞纳金，并处不缴或者少缴的税款百分之五十以上五倍以下的罚款；构成犯罪的，依法追究刑事责任。

最后的结果可想而知。不要以为推迟纳税义务没事，严格执行税法，才是正解。

2.13 危机应对

第 13 步：危机应对环节。

业务发起→税务目标→业务模式→签订合同→税种税事→业务承办→业务交割→资金结算→财务处理→税会差异→审核修正→纳税申报，尽管整个业务流程已经做了风险的管控，但实际的税收征管中还可能会出现争议，如何提前预判风险及化解危机，需要及时、积极、正确的应对方案。

我们认为：税务管理就是三件事：第一是税务风险控制；第二是税收业务策划；第三是税务危机公关。

税收业务策划和税务风险控制是防患于未然，而税务危机公关出现在税务检查风险爆发的这个阶段。税务风险爆发时，如何和税务机关进行沟通处理，最大限度地减少对企业造成的损害，是本环节的重点。税务危机公关有一系列的流程和方法，在"植入 13 大危机管理"章节中详细论述。

设定本环节的目的是想说明，此时的税务风险控制已经进入危机应对环节。对税务评估、税务检查、税务稽查的异议或争议事项必须进行妥善的处理，严防税务危机演化为重大的税务事件。此环节主要控制"金税三期"系统的预警"异常"、税务检查发现的"非常"和税务稽查的"反常"事件。

1. 风险项

本环节的税务风险事项：查明危机真相，处理税务事件。

通常，纳税人很怕税务机关检查。怕是对的，没有怕哪来执法的震慑作用？但怕其实是没有用的，怕也是这个事，不怕也是这个事。怕能避免问题吗？税务认定的问题到底是不是问题，税务认定的问题到底对不对，税务认定的问题到底有多严重？只有搞清事件真相，我们才有处理的方法。

2. 风险点

此环节的风险主要是：①没搞清税务危机的事实真相；②没有危机应对的方案；③不会借助第三方外界力量协助危机公关。

3. 证据链

证据！证据！还是证据！我们一直强调证据的重要，因为税务定性需要证据，推导事实需要证据，还原事实需要证据。在税务证据上，纳税人制作证据，而税务机关提取证据。你如果没有证据，税务机关提取什么？如果你做错了证据，税务机关会提取到什么？所谓用谎言验证谎言，得到的还是谎言，用错误的证据还原，一定还原出一个错误的事实。

本环节证据链包括但不限于：①税务机关文书；②第三方的鉴证报告；③企业申诉材料；④税务稽查案例或法院判例，等等。

4. 风险案例

甲企业是乙企业的全资子公司，根据公司规定，所有的全资子公司统一变成分公司。这属于企业重组业务，原独立子公司注销，法人地位不存在了。所有的资产、负债、所有者权益和人员全部并入乙公司，成为新成立的分公司。

在正常情况下，税务机关对原甲公司的纳税审查，最多核实三年就可以了。但是检查人员却查了5年，并又延伸到第7年。税务检查工作已经进行6个月了，尚未完结，搞得企业焦头烂额、敢怒不敢言。企业该如何应对这种税务危机呢？

（1）向检查人员陈述《税收征管法》的规定。《税收征管法》第四十八条规定：纳税人有合并、分立情形的，应当向税务机关报告，并依法缴清税款。纳税人合并时未缴清税款的，应当由合并后的纳税人继续履行未履行的纳税义务；纳税人分立时未缴清税款的，分立后的纳税人对未履行的纳税义务应当承担连带责任。《税收征管法》第八十六条规定：违反税收法律、行政法规应当给予行政处罚的行为，在5年内未被发现的，不再给予行政处罚。

（2）正常的税务核实，如果不能判定为偷税的行为，核查三年就可以了，特殊情况才会延长到5年，为什么要延长到7年？甲企业与乙企业合并，成为乙企业的分公司，甲企业的纳税义务如果存在未履行的情况，是由乙企业承担的。税务机关审核甲企业时不得影响到企业的重组进程，为什么要审6个月？这明显是违反《税收征管法》的。

（3）向税务机关主管领导反映情况。这个时候不要害怕，要敢于维权才对，不能投鼠忌器。更多的时候，税务机关的个别人滥用职权，是纳税人顾虑太多给惯出来的。税收执法是有程序的，6个月还核实不完，这是能力问题，还是心理问题？

当然，遇到此类问题，我们一定要讲策略。高手过招，关键在于点到为止，撕破脸皮做事，可不是我们所倡导的。

第 3 章
理顺 13 大证据关系

> 本章所列举的 13 大税务证据关系如下：①税务证据关系；②全面的证据关系；③全面的平衡关系；④与执法机关（包括海关）的关系；⑤与立法机关的关系；⑥与司法机关的关系；⑦与国家机关的关系；⑧与业务相对方的关系；⑨与企业内部的关系；⑩与集团成员的关系；⑪与协会商会的关系；⑫与舆论媒体的关系；⑬与间接利益关系人的关系。

增值税有抵扣凭证和差额征税凭证的要求，土地增值税有扣除凭证的要求，企业所得税有专门的税前扣除凭证管理办法（国家税务总局公告 2018 年第 28 号），其他税种有关凭证的规定要求散落在税法的不同章节中，可见税法是非常重视凭证管理的。

重视凭证管理、规范凭证管理，其实就是依法治税的外在表现形式。法律讲证据，税法讲凭证，凭证上升到法律层面就是证据。

凭证在税务管理中要遵循真实性、合法性、关联性的原则。真实性是指凭证反映的经济业务真实，且支出已经实际发生；合法性是指凭证的形式与来源符合国家法律、法规等相关规定；关联性是指凭证与其反映的支出相关联且有证明力。

在本章中，我们把税务凭证上升为税务证据，并与税务关系嫁接在一起，形成税务证据关系。这个关系包括：如何获取合法的税务证据，如何处理好和谐的税务关系。获取合法的税务证据是目标，和谐处理税务关系是手段，手段服务于目标。税务证据和税务关系的组合与融合就是税务证据关系。

为什么把税务关系和税务证据组合起来，叫税务证据关系？是因为它们之间具有因果关系。处理好税务关系是因，获取税务证据是果。这个因与果证明了纳税的合法性，而纳税的合法性是我们预期的最大成果。掌握好这个因与果，对于我们规避税收风险、组织税务策划、处理危机公关有着积极的意义。

通过税务关系处理，组织税务证据，将实现风险控制的内外联动与协同管理，使税务风险管理不仅局限于内，而且拓展于外。所以，税务证据关系既包括企业外部的税务证据关系，也包括企业内部的税务证据关系。

3.1 税务证据关系

税务证据关系中的要素有信息、能量与证据。众多的信息、能量和证据组成信息流、能量流和证据流。

信息流、能量流和证据流共同作用于税务事件，对税务事件的结果产生着影响。信息流用来交流情况，能量流用来衡量情节，证据流用来证明结果。没有信息流不会知道事实的真相，没有能量流不足以决定事件的定性，没有证据流岂能证明事件结果？

为什么纳税人已经面临处罚了，才意识到错误？是信息流出了问题。为什么纳税人已经找到渠道了，却并未扭转结局？是能量流出了问题。为什么纳税人的证据已经提交了，却不被采集？是证据流出了问题。

证据流、能量流、信息流三流汇集的结果，就是税务事实。法制是用证据来还原事实，用证据来证明事实。在这个论证事实的过程中，信息流、能量流、证据流同时在起作用。

1. 证据关系的信息流

证据关系的信息流：要组织税务证据，需要处理好与各方面的税务关系。这个税务关系既包括与税务机关的关系，也包括与其他单位和个人的税务关系，这个关系是广义的税务关系。在处理税企关系时，信息的交流应该是双向的，双向的交流有利于提高效率，有利于查实税务事件的真相。不过现实中，双方可能会不同程度地对信息有所保留，由此导致信息不对称，产生很多的麻烦。

税务机关长时间查不清税务事件的真相，纳税人也不知道税务机关的真实目的，双方处于胶着状态。其实，税务机关和纳税人的信息交流应该是透明的，这样才会切中要害，有助于解决问题。毕竟纸里包不住火，隐瞒事实的真相，有可能会造成税务机关的误判，做出不利于纳税人的判断。

向税务机关提供相关信息时，既不要心存顾虑，也不要掉以轻心，坦然面对就好。毕竟，提供的信息还不是证据。知之为知之，不知为不知，刻意隐瞒和信口开河都是要杜绝的。在与税务机关的信息交流中，最好建立税务发言人制度，防止各个部门随意解释，产生信息冲突，引起不必要的怀疑。

企业与企业之间、企业与其他单位之间的信息沟通交流，更要呈开放、信任、合作的状态，以便于双方加强税务管理，互相提供情报。

2. 证据关系的能量流

证据关系的能量流：在税务关系中，无论是税务证据本身还是参与人都是有能量的。这个能量我们虽然无法数值化，但却是可以感觉到的。

比如，证据的证明力就是一种能量，有的证据力强，有很大的能量，有的证据力弱，能量一般。有的证据与证据的配合形成能量合力了，会有更强的证明力。有的证据与证据配合，能量相抵减，反而会降低了证明力。

再比如，参与人的权力、职责、能力、思想也是一种能量。有的参与人可以推进或延缓税务事件的进展，有的参与人能够决定税务事件的后果。

在税务事件中，需要抑制税务机关的负能量，放大税务机关的正能量。在税务事件中，务必要吸引一切有利的能量，排除一切不利的能量。所以，纳税人一定要学会管理税务能量，既要关注能量的利度，也要关注能量的力度，还要关注能量间的配合度。切记：正能量不可互相消耗。

3. 证据关系的证据流

证据关系的证据流：证据流有流向、流量和流速。流向是证据向内还是向外的方向，流量是证据承载的各种税务信息矢量，流速是证据的传输时间与效率。

（1）证据的流向，就是向外提供证据和向外获取证据。这个流向是双向或者多向的。双向或者多向的证据交流为所有关联的各方提供税务证据，如业务的合作方、业务的监管方、信息共享方。

证据的流向是与业务有对应关系的，突破了这个对应关系，就是证据异常。比如：向甲购买货物，发票只能由甲开具，而从乙处取得了发票，就违背了证据流向关系,发票出现异常了,需要其他证据来证明异常发票的合理性。

(2) 证据的流量:证据的多少、证据的关联、证据的内容,都是有矢量的。这些矢量就是证据的流量。证据是按照流向传导流量的,没有流量的证据不能证明业务是否发生,如签订了合同,这个合同就是证据,是有流向的,但如果没有发票,没有交易交割,没有资金结算,这些流量都没有,其实就没有发生实质业务。

(3) 证据的流速:证据要讲效率,因为证据要有时效性,所以传递的时间和速度很重要。证据有流向,也有流速,但是没有流速,及时传导到业务方,就是无效的证据。如企业的采购发票,虽然可以开具但是没有及时取得,就是流速出现了问题。

以上分析可以看出,流向很重要,流量也很重要,流速同样很重要。流向反映业务的合法性,流量反映业务的真实性,流速反映业务的有效性。税务上经常说的票流、物流、资金流"三流"比对,就反映着这种关系。

4. 案例

税务专管员最近特别生气:"这个公司太牛了,开业一年多了,会计、老板竟然都见不着!"该公司的老板知道后,派会计 W 抓紧拜访税务专管员。W 接到任务后,采取以下方式渡过了税务危机:

(1) 组织信息流。第一时间打电话给税务专管员,说明这段时间没有到税务局的原因,是该公司目前没有开展实质业务,老板和会计也不在本地。

(2) 组织能量流。约专管员找恰当的时间见面,详细介绍该公司目前运营状况。

(3) 组织证据流。该公司尚未开展实质性的业务,是因为行政许可正在办理中,W 向税务机关提交了正在办理行政许可的手续。

专管员相信了 W 的陈述,认为一年没有见到企业人员是有原因的,并不是企业出了什么问题。税企双方重新恢复了彼此的纳税信任。我们看到:W 在处理此事件中的做法是完全符合信息流、能量流和证据流的。三流汇集,危机解除。

3.2 全面的证据关系

我们主张的税务证据关系是全面的税务证据关系,代表的是全面税务风险管理。全面税务风险管理是目标和要求,全面税务证据关系是做法和结果。

组织全面的税务证据关系,能够快速取得税务机关的信任:"第一,相信企业执行了全面的税务风险管理制度;第二,相信企业的税务结果都有证据证明;第三,相信企业的税务风险制度是有效的。"

通过全面的税务证据关系来组织全面税务证据,将所组织的税务证据组成证据链,用证据链印证企业履行纳税义务的完整性、及时性与合法性。

什么是全面的税务证据关系?就是业务从发起开始所经历的各个环节都要忠实记录业务的操作过程,这个过程记录就是证据。这个过程记录既包括企业内部的过程记录,也包括企业外部的过程记录。

1. 法律监督的证据关系

获取税务机关(包括海关)方面的各种税务证据。这些证据中,同一个税务证据可能在两个主体中发挥作用:一是证明纳税人履行纳税义务的合法性,二是证明税务机关执法的合法性。

法律监督证据包括线上和线下的税务申报证据。线上的申报目前尚无法全部取得盖章的证据,但其证明力是公认的。线下的申报证据在签收环节存在很大漏洞,尚不利于保护纳税人的合法权益。

比如:经常有纳税人向税务机关申报线下资料,但由于没有签收制度,税务工作人员推诿说纳税人根本没有报送;反之,税务机关向纳税人下达通知,却要求纳税人必须签收。

2. 业务合作的证据关系

有业务交易的企业之间或者有业务关系的企业之间互相出具税务证据。这些证据承载着双方的业务关系,体现着双方的纳税义务。将业务合作的税务证据做全、做好、做实,不出瑕疵,对双方都是有利的。全过程的业务合作证据关系反映着双方合法、合作的业务关系。

在业务合作中,如果一方提出补充、完善税务证据的要求,另一方应该积极配合，当然，违法或无理的要求除外。在税务检查中，如果一方提出补充、完善税务证据的要求，另一方也应该积极配合，当然，违法或无理的要求除外。

为什么强调双方在业务合作中要互相配合来组织税务证据呢？就是因为业务合作中产生的税务证据影响着双方的税收结果。如果一方的税务结果出了问题，得不到很好的解决，这个税务风险可能就会外延、扩散并传导到另一方。

所以说，业务合作的双方保持良好的税务证据关系，是税务风险控制所必需的。

3. 风险控制的证据关系

在税务风险控制中，需要制作与搜集税务证据来控制税务风险的发生。要想获取这些税务证据，需要处理好与各方面的税务关系。税务关系就是税收法律规定的权利与义务关系，把这个税务关系的过程或者结果相互提交，就形成税务风险控制的证据关系。

（1）企业内部的税务证据关系。它是指企业内部各部门（环节）互相配合，制作和提交税务证据，如标准定额、领料单、提货单等。

（2）与合作方的税务证据关系。它是指来源于企业外部的税务证据，如合作方的文书、业务合同、发票、相关证明等。

（3）与税务机关的税务证据关系。它是指来自于税务机关的涉税文书，如陈述意见书、税务处理决定书、审批备案文书等。

（4）与税务策划相关的税务证据关系。它是指进行税收业务策划时需要的各种依据，如"搭建13大策划模型"中所预设的各种税务证据。

企业内部的税务证据关系，需要用企业内部税务风险控制制度来维持；企业与业务合作方的税务证据关系，需要双方签订的经济合同来维持；企业与税务机关的税务证据关系，需要征纳双方依靠税收法规来维持，企业税务策划的税务证据关系，需要在策划方案中进行提前预设拟订。

在风险控制税务关系中，无论内部的税务关系还是外部的税务关系，既要遵循事前设计、事中规范、事后补救的税务证据制作原则，也要遵守互守信用、积极合作、风险共治的风险控制原则。

4. 案例

某企业 W 与另一企业 Z 签订业务合同，采购一大批物资，物资品种很多，林林总总有上百种，包括化肥一项。合同由 W 公司拟订，合同中约定："对于所有物资，Z 公司需要提供 17% 的增值税专用发票。"

后来，Z 公司发现化肥应该适用 13% 的税率，要求 W 公司修改合同，但 W 公司以国有企业的合同已经报上级为由，拒绝修改税率。Z 公司既生气又憋火，但是没有办法。

后来国家税务总局专项检查时，W 公司因化肥购进发票的税率有错误，涉嫌多抵增值税。W 公司求助 Z 公司出具事项说明书或者重新开具发票，Z 公司回复："目前本公司无法满足贵公司的请求，望请见谅为盼。"

为此，W 公司被税务机关要求转出多抵的进项税额，并加收滞纳金若干。W 公司相关人员受到了公司处罚。

3.3 全面的平衡关系

唐代韩愈《送孟东野序》云："大凡物不得其平则鸣。"后用来比喻人遇到不平的事情，必然要奋起有所申诉和陈述。

纳税人之间的合作关系、纳税人与税务机关的关系，其实都遵循这个规律。如果一方做得好，另一方就会乐于帮助；反之，一方不讲诚信，另一方就会伺机报复。税务关系处理得不妥当，是会发生税务危机的。

关于全面的税务关系平衡，我们既强调静平衡，也强调动平衡。静止的平衡可能是相安无事的平衡，也可能根本就是无用的平衡。动平衡可能是产生合作效应的平衡，只有在动平衡的税务关系中，我们才可能取得有用的税务证据。

1. 权利义务平衡

税务关系要平衡，首先就是税收的权利和义务关系要平衡。这个平衡是相对平衡。因为在税收的权利义务关系上，税务机关的权利要大于义务，税务机关的权利要大于纳税人的权利；而纳税人的义务要多于权利，纳税人的义务要多于纳税机关的义务。这个平衡是不对称的平衡，在知晓各自的权利与义务基础上，计算出一个权利义务的平衡点。这个平衡点更多的是心理上的，而不是物理概念上的。

纳税人的权利基于义务的履行，没有履行纳税义务，纳税人就不会有权利。纳税义务是先行于纳税权利的，如税务行政复议，就是要求先缴纳税款或提供纳税担保之后，才会获得此权利。这也是平衡的一种方式。

2. 税收利益平衡

税款足额缴纳了，国家利益平衡了；得到税收优惠了，企业利益平衡了；税额此交彼抵了，企业间的利益平衡了；允许税收策划了，社会利益平衡了。税收既然牵扯到这么多的利益关系，就得平衡这种利益关系。税收法律在制定时是考虑过税收利益平衡的，如中央和地方的税收利益、各种税之间的税收利益、行业与产业链的税收利益等。

在税法的实际应用中，也有利益平衡的问题。以前搞任务税收的时候，让企业预缴税款，企业帮助当地税务机关完成了任务，后来上级税务检查出问题了，税务机关的当事人怕担责任装不知道，把问题推给了企业，导致税款抵不回来了，这个税收利益是怎么平衡的？这既是税收法制问题，更是职业操守问题。

税企之间在税收利益上，可以通过赋予纳税人充分的权利实现平衡。纳税人之间在税收利益上，可以利用价格或其他利益进行转换，实现平衡。

3. 税收风险平衡

纳税人讲税务风险，讲风险控制，似乎是理所当然，但税务机关也不能置身于外，因为税务风险也和税务机关有关系。税务风险是会传导的。征纳双方的风险有些是自己造成的，有些可能是对方造成的。纳税人偷税，跟税务机关一点关系都没有吗？税务机关出现执法风险，纳税人能逃脱干系吗？

企业之间的情况也是如此。其他企业出问题，与合作方真的没有关联吗？

税收风险要平衡，其实就是要共同担当风险，共同控制风险。税务风险是我们的共同敌人，"置身三界外，不在九流中"的想法要不得。

税务风险可以控制、可以切割、可以化解，这些都是税务风险平衡的措施。但税务风险最好不要转嫁，尽管风险转嫁现实可行，但转嫁风险是不可能从根本上消除风险的。

4. 税收心理平衡

不是说凡物不平则鸣吗？对物而言，不平是指位置不平；对人而言，不平是指心理不平。世界上最大的不平是人心不平，如果人心平了，天下自然就太平了。

通常企业的心理不平是这样的："他都没有缴税，为什么让我缴？我们是一样的业务啊？他不缴，我也不缴，法不责众嘛！"对于这样的纳税人，我们也是无语了，你们干的是同样的业务，但你知道同行是如何进行策划的吗？你是怎么知道他没缴税的？你掌握信息流、能量流、证据流吗？

通常税务机关的心理不平是这样的："你办企业为什么不缴税？你赚钱为什么不缴税？"税务局的这种想法也不能说不对，但不能主观臆断，因为并不是所有企业都会产生你想象的那种纳税义务，也不是像你认为的，他们的经营真的赚了那么多的钱。我们还是以事实为依据，以法律为准绳来评判纳税。

通常有些人的心理不平是这样的："我们就赚这一点辛苦钱还要缴税啊？那些大老板、明星、网红怎么没缴税啊？"有些人有这种想法也是可以理解的，毕竟和大老板、明星、网红相比，自己赚的钱确实少了点儿。可是他们究竟有没有缴税，是否少缴税，你是不知道的。

将来我想给大学生们上一堂税务课，就是"早缴税，多缴税，实现人生价值"。

5. 案例

W公司是房地产开发企业，政府给予了很多招商引资的优惠措施，其中的一条是："W公司预缴的土地增值税，政府以补助基础设施建设的方式返还。"政企之间多年来合作很好，互守信用，缴纳的土地增值税都如数拨付给了企业。

5年以后，开发项目结束，到了土地增值税清算环节。我们代理W企业土地增值税清算后，需要退给企业土地增值税500万元。这时，问题出现了：这500万元税款到底退还是不退？首先"金税三期"系统是支持退税的，但当地政府不同意，认为不管清算结果如何，其实土地增值税早就以补助的形式返还给企业了。法理与情理出现矛盾了，怎么解决这个问题？

为了平衡各方的税务关系，我们建议：

（1）税务系统中清算退税按正常退税程序办理（税务机关无执法责任）。

（2）财政部门按清算办理土地增值税退库（财政部门有顾虑："还要再退一遍啊？"）。

（3）W企业向政府出具放弃退税申请书（企业老板曾犹豫："到口的肥肉怎能舍弃？"）。

（4）500万元资金退回企业后再交回财政部门（给财政部门吃定心丸儿："没事儿，还交回去呢，这就是为了走程序。"）。

此建议规避了税务机关、当地政府、纳税人三方的风险。

以下3.4～3.13节讨论十大税务证据关系。

3.4 与执法机关（包括海关）的关系

纳税人主要面对的就是税务机关（包括海关，以下同），纳税人处理好与税务机关的关系至关重要。

税务关系是纳税人与税务机关之间的权利和义务关系。纳税人与税务机关处理好税务关系，就是将税务关系转化生成所需要的税务证据，这是与税务机关关系良好的标志。

转化生成的税务证据既证明纳税人的权利与义务完成情况，也证明税务机关的权利与义务完成情况。

1. 税务关系

与执法者的税务关系，总结起来，归于以下关系：信任与合作关系、证据与结果关系、管理与被管理关系、服务与被服务关系。

（1）信任与合作关系。虽然征纳双方是矛盾的，税务机关的权利要大于纳税人的权利，纳税人的义务要多于税务机关的义务，但这并不影响彼此的信任与合作。因为征纳双方具有共同的目标，就是应对税务风险。

税务风险管理，没有双方基本的信任与合作，是很难圆满完成的。税务机关在税收征收管理上要充分信任纳税人，纳税人在纳税上也要与税务机关充分合作。反之，税务风险的治理就成了一团乱麻。

（2）证据与结果关系。税务证据证明纳税的结果，纳税的结果需要税务证据来证明。没有好的税务证据，就没有好的纳税结果。为了证明纳税结果的正确性与唯一性，纳税人与税务机关都要完成证据的制作、搜集、整理与加工。双方都要保留与利用这些证据，为还原税务事实做准备。

（3）管理与被管理关系。它包括检查监督关系、管理引导关系。税务检查是强监督关系，纳税评估是弱监督关系，税务管理是合规性引导关系。但无论是管理关系还是被管理关系，征纳双方都应该是平等的税务关系。

（4）服务与被服务关系。税务机关有很多纳税服务的措施，这些措施大大地方便了纳税人，广大纳税人很满意。但这里我们强调指出：税务机关的纳税服务本质上是为纳税人提供纳税方便，它并不解决申报结果对不对的问题，更不解决申报结果对纳税人有利还是不利的问题。所以，对于深层次的税务问题，如果纳税人寄希望 12366 或办税大厅的纳税服务来解决，就走入了误区。

税务机关在纳税服务中，如果提供过多过深的纳税服务，影响到企业决策时，就有超越责任权限、协助纳税人避税的嫌疑。

2．税务证据

（1）税务机关方面的证据主要出自以下来源：

1）源自税务机关的纳税申报结果，如税务机关盖章的纳税申报表等。

2）源自税务机关的纳税结果确认文书，如税务处理决定书等。

3）源自税务机关的纳税事项核准文件，如一般纳税人评定文件、减免税审批备案文件等。

4）源自税务机关的综合税收管理文件，如纳税等级评定等。

（2）纳税人方面的证据主要出自以下来源：

1）源自纳税人提交的申报结果，如纳税申报表等。

2）源自纳税人的业务操作文书，如合同等。

3）源自纳税人的税务管理制度，如税务风险内控制度等。

4）源自纳税人的财务会计资料，如会计报表、相关账簿等。

以上证据记载着征纳双方的权利与义务关系，以及双方权利与义务关系的结果。

3. 关系管理

在税务关系的处理中，通常税务机关是主动的、纳税人是被动的。在本书中，我们倡导纳税人应该是主动的。纳税人的主动是指在税务关系中提前做出反应，而不是被动地适应。只有纳税人在税务关系中处于主动地位，提出合理的证据要求，影响税务机关认可该证据，才能争取到理想的纳税结果。

以前税务机关的目标是征收税款，所以和税务机关处理关系比较难。现在双方有了税务风险这个共同的敌人，和税务机关处理关系就相对容易了。因为税务风险不仅危害纳税人，也会危害税务机关。

4. 证据管理

建立良好的税企关系，制作与搜集税务证据，以此证明纳税结果的唯一性。若发现对税务结果的唯一性有影响的因素，应该重点管理这个因素，将它转化成有利的税务证据。

如：某施工单位临时用工太多，个人所得税怎么申报？临时工的特点是人数多，变动大。如果在个税系统中申报，人数巨大，变动频繁，税务系统会不会预警？会不会产生其他不良影响？如果不申报，税务机关会不会认为申报不实？这个问题需要通过证据管理解决。

这个纳税事项，无论申报还是不申报，信息在"金税三期"中都有所反应，这个反应最终会体现为税务证据，证据将会对纳税结果产生影响。做出的申报与不申报决定，将会产生不同的税务证据。我们的证据管理应该趋向于有利的证据。

5. 案例

W企业被稽查人员认为与关联方交易的价格偏低，应该以市场价格定价，调整计税。稽查人员认定市场价格应采用期货价格。

W企业认为现货交易的市场价不能用期货交割价确认，现货交易是现货交易，期货交易是期货交易。现货的市场价格采用期货价格是不妥当的，因为它没有考虑到客户购买量、信用、合作等综合因素的折扣情况。

W企业坚持要求税务机关在调查笔录上标注上"应采用期货价格"。

税务机关只好同意，最后这个关联方调查就不了了之。W企业将一个可能导致误判的证据变成了一个对企业有利的证据。如果不标注期货价格，稽查人员回去上报说"与市场价格比较，销售价格偏低"，性质可能就不一样了。审理人员看到"与市场价格比较，销售价格偏低"，那就调整吧。

而标注应采用期货价格后，审理人员一看就知道把期货价格当作市场价格，用以调整线下交易的纳税，显然就是不合适的。你看，多加几个字，就省去好多麻烦。

3.5 与立法机关的关系

有些人在立法前的征求意见阶段漠不关心。法律实施了，涉及自己的切身利益时，开始认为这不合理、那不合理，找各种理由不好好遵守法律。其实，公民应该珍惜立法征求意见的机会，多提宝贵意见，以使法律更加合理。大家共同呼吁，定会得到立法机关的重视。

纳税人在立法的环节应该积极建言献策，提高立法的质量。毕竟法律制定后，是需要很长时间才能修改的。

我国的税法，有全国人大立法，有地方人大立法，有国务院条例，有财政部规章，有国家税务总局的文件，还有省级税务机关的文件，等等。它们共同组成税法的庞大体系。这个税法体系，即使是专业的税务人员，想搞懂搞通，也是非常难的。

税法解释：包括立法解释、执法解释和司法解释。这些解释都具有法律的性质，属于税收法律体系的组成部分。

专家解读：专家解读不是税法解释，属于专家个人的见解，不具备法律效力，尽管其解读的正确性很高。

总局解读：国家总局相关部门对总局的规范性文件进行的解读，应归属于"立法"解释的范畴。尽管其不是法，但这种解读具有执法解释的意义。各级税务机关的12366纳税服务解答主要提供简单的纳税咨询，不具有执法的效力。

3.6 与司法机关的关系

通常我们把公安、检察、司法统称为司法机关。税收的问题如果到了司法环节,已经非常严重了,这时税务问题脱离了税收行政处罚的范畴,成为税务案件,进入司法程序了。

由于国情原因,许多纳税人不愿与税务机关打官司,所以通过纳税人方面进入司法程序的案件并不多,只近几年才有些司法判例。

税收的司法判决是专业技术很强的司法活动,需要法官对税法相当熟悉。目前,我国的法官中具备这种能力的并不多。所以在做税收司法判决时,法官多借助税务机关提交的证据或者第三方鉴证机构出具的报告,并且,目前的税收司法判决更多的是程序性审查,不做实质性的审查。

既然如此,税务案件的当事人就要学会为纳税的实质进行举证。

1. 税务关系

纳税人向司法机关提交税务机关执法程序违法的证据,在提交这些证据时提交纳税实质合法的证据。谁主张谁举证,是司法的原则。纳税人主张税务机关违法,证据呢?

税务机关向司法机关提交纳税人纳税程序违法的证据,在提交这些证据时提交执法实质合法的证据。谁主张谁举证,是司法的原则。税务机关主张纳税人违法,证据呢?

简单地说,就是举证对方有过错、我方无过错,否则怎么能免责?其实都到了司法程序,也不要顾虑太多了,争取更多的机会免除或减轻刑事处罚、还我清白才是最重要的。通过司法关系产生出税务关系,通过新的税务关系产生税务证据,通过税务证据证明有过错或无过错,是税收司法中税务证据关系的核心。

2. 法律救济

法律救济更多是对纳税人而言的,税务机关不存在法律救济,如果纳税人起诉,税务机关败诉,只是名誉稍有减损。但是对纳税人而言,意义可就不一样了。如果司法救济成功,就保住了财产,保住了名誉;如果司法救济失败,形成偷税的事实,可是"赔了夫人又折兵"。

一定好好把握税收的司法救济机会,做到罪责刑相当。既不能凭天由命、咋判咋认,也不能盲目冲动、迷信上诉。即使税务机关和司法机关的认定意见都是正确的,至少还能争取减免缓。

3. 法律豁免

税收的违法行为分为行政处罚和刑事处罚。行政处罚是税务执法机关做出的处理决定,刑事处罚是司法机关做出的刑事处理决定。但无论行政处罚还是刑事处罚,都是有豁免期的。

根据《税收征管法》第八十六条的规定,违反税收法律、行政法规应当给予行政处罚的行为,在 5 年内未被发现的,不再给予行政处罚。因此,纳税人偷税的,由税务机关追缴其不缴或少缴的税款、滞纳金,并处不缴或少缴的税款百分之五十以上五倍以下的罚款;构成犯罪的,依法追究刑事责任。如果偷税行为发生五年后被发现,不再给予行政处罚。

《中华人民共和国刑法》(以下简称《刑法》)第二百零一条及第二百一十一条规定,经税务机关依法下达追缴通知后,补缴应纳税款,缴纳滞纳金,已受行政处罚的,不予追究刑事责任;但是,五年内因逃避缴纳税款受过刑事处罚或者被税务机关给予两次以上行政处罚的除外。

4. 案例

W 企业对某税务处罚不服,经过上诉后,司法机关维持税务检查结论的案例如下。

(1) 国税稽一处〔2017〕42 号《税务处理决定书》摘要。

认定违法事实第一项:2014 年 4 月 15 日,W 公司将应支付太原某集团公司借款利息 21 010 500 元,计入财务费用,未取得合法有效凭据,于 2014 年度企业所得税税前扣除申报 21 010 500 元。

违法事实第二项:2014 年 4 月 15 日,W 公司将应支付张某借款利息 1 109 250 元,计入财务费用,未取得合法有效凭据,于 2014 年度企业所得税税前扣除申报 1 109 250 元。

违法事实第三项:2015 年 3 月 29 日,W 公司计提借款利息 895 999 元,计入财务费用,其中计提太原某公司借款利息 858 666 元,计提张某借款利息 37 333 元,以上均未取得合法有效凭据,于 2015 年度企业所得税税前申报扣除 845 385.62 元。

处理决定：①补缴企业所得税 5 529 937.5 元；②从滞纳税款之日到缴纳税款之日止，按日万分之五加收滞纳金。

(2) 上诉后，法院判决书摘要：(2019) 吉 01 行终 17 号。

1) 本判决为终审判决：企业败诉。

2) 主要无合法有效凭据事项（利息支出无发票），不能在企业所得税税前扣除。

(3) 案情分析。

税务机关认定企业无发票列利息支出，企业所得税税前不能扣除，需要补缴企业所得税，并加收滞纳金，企业不服起诉，法院裁定税务机关正确，企业败诉。我经过分析，认为税务机关没有错，法院也没有错。谁错了？当然是企业。原因如下：

1) 房地产企业借钱搞开发，利息为什么计入财务费用？计入开发成本不行吗？如果计入了开发成本，即使没有发票，影响企业所得税也不是在当年，而是卖房子那个年度。如果影响的是卖房子的年度，企业所得税可以补，滞纳金是不是就少了许多？

2) 支付利息无发票，在税务检查时还不承认，以真实支出为由和税务机关抗辩，是违反税法的。

《关于企业所得税应纳税所得额若干税务处理问题的公告》（国家税务总局公告 2012 年第 15 号）第六条规定：

关于以前年度发生应扣未扣支出的税务处理问题：根据《税收征管法》的有关规定，对企业发现以前年度实际发生的、按照税收规定应在企业所得税前扣除而未扣除或者少扣除的支出，企业做出专项申报及说明后，准予追补至该项目发生年度计算扣除，但追补确认期限不得超过 5 年。

本例中，税务机关通过与司法机关的税务证据关系，通过法院裁决，取得对自己有利的税务证据。而企业操作不当，在与司法机关发生税务关系时，永久地丧失了自己的权利，多缴了冤枉税和滞纳金。

其实，如果和税务机关处理好税务证据关系，将没有发票的利息支出在规定的时间内补上，不就可以了吗？这是很简单的税务关系。

3.7 与国家机关的关系

海关、税务机关以外的政府各职能机构、办事机构,如审计、不动产、技术监督、工商管理、环保、水利、气象水文地质、安全生产、环境保护,等等。这些职能部门看似好像与税收无关,其实与税收有着千丝万缕的关系,有些甚至是直接决定纳税金额与纳税时间。

如高新技术企业可以享受15%的企业所得税优惠税率,这个高新技术企业的认证就是政府部门出具的。安全、环保、节能设备采购额的10%抵免企业所得税,这个设备目录或者认定就是这些职能部门做的。

所以,和这些部门处理好税务关系,关键时候"给"你一纸税务证据,竟有意想不到的收获。不过,这些部门可不懂税法,想让它们帮助你省税不太现实。那么,如何处理好与这些部门的税务关系,引导它们为自己提供有利的税务证据,是需要好好研究的。

1. 业务法规

政府的职能部门大多掌握着部门的行政执法权,而企业做任何一项业务,都是需要遵从行政法规的。不只税法难懂,要明白这些行业法规恐怕也没有那么容易,实施起来就更难了。

企业的业务,首先遵从行业法规,之后才按税法规定纳税。因此,说行业法规决定着纳税的结果,似乎也并不为过。

2. 业务证据

曾经有气象部门为企业出具过台风气象报告,该企业农作物的损失1 000万元就正常做资产损失,在企业所得税前扣除了。

曾经有食品药品监督管理局为企业做过期药品的监销,并出具损失证明:该批药品系批号过期报废。因此,企业不仅在企业所得税前扣除了,连增值税进项税额都无须转出了。良好的税务关系,一纸行政文书,竟然有这么大的税务作用。

曾经有消防部门对企业进行过处罚,认为企业火灾的原因是由于电工违规操作所致,对该企业进行消防违规罚款20万元。如此一来,不仅这20万元在所得税前不能扣除了，因火灾损失的资产的增值税进项税额都得做转出。甚至，保险公司都会以此推脱责任。

3. 案例

W 是某金融企业的财务总监，税务机关检查企业抵贷资产的纳税问题时，认为：金融企业利息确认收入应该从抵贷资产完成日开始，而不是抵贷资产处置日。这个差异可大了，企业三年抵贷资产额度为 10 亿元，利息为 1 亿元，涉及企业所得税 2 500 万元。

W 非常着急，但任他如何解释《财政部关于印发银行抵债资产管理办法的通知》（财金〔2005〕53 号）相关条款，证明在资产变现日确认收入的处理没有错误，但是税务人员总是将信将疑。

关于各行业的规定外行确实不好弄懂，需要涉及《财政部关于印发银行抵债资产管理办法的通知》（财金〔2005〕53 号）中的内容。

W 的好朋友建议他找财政局、银监局和税务局三家开个沟通会，最好再让这两家出个证明：金融企业抵贷资产就是应该在处置时确认收入的。

W 是业务型的干部，和税务局沟通不畅，但和业务部门的沟通还是挺顺畅的，几天时间事情就办完了。通过与这些部门的税务关系协调，出了一纸文书，税务危机就迎刃而解了。

3.8 与业务相对方的关系

供应商、生产商、销售商、服务商、技术商、合作商、加盟商、信贷、证券、保险，等等，这些业务相对方与本企业是一体的。由于业务使双方或多方关联起来，建立了不可分割的关系。税收产生于业务，业务是双向的，双向的业务产生双向的纳税义务。

在双向的纳税义务中，业务的双方或多方都负有税务风险管控的责任。我们反复强调：税收风险会沿着业务链条进行传导，如果不齐抓共管，税务风险之火就有可能"火烧连营"。

税收方面的三件事：税务风险控制、税收业务策划和税务危机管理，它们的处理都离不开业务相对方的合作、配合，因为纳税人与业务相对方有着最紧密的税务关系。有业务合作的企业间密切联系，共同进行税务管理，规范税收业务，规范税收行为，才能真正做好这三件事。

当然，合作共管，联合治税，有个谁主导的问题，否则就会群龙无首、无所适从。我们的业务相对方来自不同的地方，有国内、国外的，有集团内、集团外的，怎样引领这些单位共同进行税务管控？

既然是业务合作，合作就要有个主导，我建议由业务发起的一方也就是发包的一方来做主导。双方是平等的业务关系，在税收方面有事大家协商，不搞一言堂，不搞本位主义，谁的意见有利于解决税务的风险问题，就听谁的建议。

1. 税务配合

前面提到过双方要进行合作、配合，具体而言，在哪些方面配合？如何配合？

（1）双方相互配合，共同制作税务证据。在业务活动中，按合同要求或者对方的要求，履行业务手续，并有授权人和经手人签字，公司盖章。税务证据是伴随业务活动产生的，需要互相提交，这不是额外的要求。制作证据时既要保证规范性，也要保证完整性和及时性。

（2）双方相互配合，共同应对税务危机。如果一方税务检查出现问题，需要另一方提供相关证据，应予主动配合，不能认为事不关己、高高挂起，更不要幸灾乐祸。尽管双方从前可能有过业务摩擦，但在税务危机面前，还是要"扶上马送一程"。合作方摆脱不了税务危机，有可能就会影响到你。

（3）双方相互配合，共同结清合同义务。这个很重要，如果合同义务都不能及时结清，还谈什么税务合作？遵守合同，主动履行合同义务，不要贪小利、忘大义。合同是用来约束双方履行承诺的，不是用来打官司论输赢的。合作的双方更多是协商解决问题，而不是用打官司解决问题。

2. 证据制作

税务配合是前提，证据制作是结果。合作是为了制作出税务证据。什么是税务证据呢？我们认为一切与税收相关联的资料都是税务证据。税务证据对纳税人而言，有些是有利的，有些是不利的，我们要的是有利证据，而非不利证据。税务证据种类如下：

(1) 业务依据：标准、授权、报账单、审批单、发票、清单、入库单、出库单、财务票据、差旅费报销单、证明、申请、计算表、确认单（函）、收款单、付款单、银行回单、通知书、结算单、计息单、批复、说明、通知、决定、验收报告、明细表、分割单、分配表、汇总表、考核表、盘点表、对账单、税票、工资表和收费依据等。

(2) 业务痕迹：税务发票、财政票据、司法文书、外国凭证、海关凭证、会计记录、申报资料、账表报表和各类文书等。人流、物流、资金流、信息流、票据流、流程、流量、流向、流速、流失。

(3) 税务认可的凭证：职工食堂核算凭证、农贸市场采购凭证、农产品收购凭证、预收款凭证、拆迁补偿凭证、白条证据（未纳入税务管理事项、不征税事项、部分免税事项）、自制票据、业务分割单，其他，包括投资、抵债、货物移送、交换、代销、盘点、增减值、丧葬费、抚恤金、赔偿金、补贴补助。

3. 风险共管

通过制作税务证据，为税务风险控制和税务危机应对提供合法的依据。风险控制是事先消除税务隐患，不至于在税务检查时出问题。危机应对就是在税务检查发现问题时规避风险以及化解矛盾。而这个目标的实现离不开税务证据。

为了防止税种风险蔓延，业务双方或多方要实施风险的联合管制。大家要联合起来，实现风险共治，使虚无的风险归于虚无，甚至化"危"为"机"，为我所用。

4. 案例

如果业务合作方的操作不规范，后果很严重。

一大找与甲企业的财务总监 W 探讨国家补贴涉税的问题，W 说甲企业每年得到国家的若干补贴资金。而这笔补贴是通过乙企业支付的，既然钱通过乙企业走账，乙企业就成了"过路财神"。

乙企业规定：甲企业想得到这笔钱，就得开具增值税专用发票来领取。甲企业只能顺从，因为不给票就不给钱。于是就形成了这种领取国家补贴的模式。

这种操作会给双方造成重大税务风险，甚至可能导致税务危机。

原因是，甲企业的补贴资金是国家给的，而财政资金是不征增值税的。《国家税务总局关于中央财政补贴增值税有关问题的公告》（国家税务总局公告2013年第3号）规定，按照现行增值税政策，纳税人取得的中央财政补贴不属于增值税应税收入，不征收增值税。

（1）甲企业为领取财政补贴，开具增值税专用发票给乙企业，甲企业就要缴增值税。

（2）乙企业收到该增值税专用发票，是不是要抵扣进项税额？是不是要增加成本？（并没有看到账务处理，仅是分析而已）

如此，甲企业因为开发票确认收入，增值税、企业所得税都缴了，甚至印花税都缴了，实质上因为缴税而少得了财政补贴，乙企业应该是"过路财神"啊，怎么把转手的钱变成了自己企业的收入？抵了进项税额，抵了企业所得税？

双方企业的风险太大了！不仅有税务风险还有其他经营风险呢！

3.9 与企业内部的关系

企业内部各职能部门（环节）、机构之间应该密切配合，共同控制税务风险。这就是我们在前文所述的全员税收风险控制的理念。这些环节包括职工、股东、法人等。

企业应制定统一的税务内部控制制度，将税务责任分摊到各个部门与岗位，建立岗位责任制度，大家联手共治风险。

不要把税务风险的责任归于财务部门，财务仅是风险控制的其中一个部门，这个部门虽然很重要，但它无法统领全局来控制税务风险。财务和其他部门是平级的，而税务风险管理是需要提升到企业管理层面的，显然财务部门不具备这样的职能。

财务部部长W最近非常郁闷，因为采购部部长好像总跟他过不去。他制定了存货采购的税务风险管理办法，从合同签订、索取发票、验收入库、资金支付到库存保管，每一个环节都规定得十分详细。可采购部部长却置若罔闻，敷衍了事，还不时地挑个小毛病。更可气的是采购部部长还与个别领导私下议论："干财务的都那样，职业病。"

是啊，干财务的人确实有职业病，这病还不轻。以一已之力，想控制税务风险，怎么可能啊？为什么不把这个管理办法提升到管理层面？

3.10 与集团内企业的关系

集团内的企业应该注意以下税务证据关系：

（1）执行相同的税务风险控制制度，保证税务风险不在本集团内蔓延。我们特别强调集团内部的成员企业应该执行统一的税务风险控制制度。理由很简单：同一集团，政令统一，工作好协调。关联交易的主体互为业务相对方，对于产业链条上的税务风险管理很容易达成共识。

（2）注意关联交易的公允性，保证价格、成本的合理性，避免受到关联方调查。这通常是容易被企业忽视的，而税务检查却特别关注。

（3）统一的税务处理有利有弊：有利的一方面，统一控制，步调一致，税务问题解决能力强；不利的一方面，如果出现税务问题，就是大问题，因为集团所在成员的税务操作都是相同的。

W集团是风电企业，下属成员单位49个。风电企业属于新能源行业，国家给予补贴，同时企业享受所得税"三免三减半"的税收优惠。上级公司要求：国家给的风电设备补贴记入"递延收益"，所得税做征税收入处理，参与"三免三减半"的所得税优惠。

2017年，我们受其中一家成员企业委托，代理排查税务风险，提出：政府补助的设备资金属于专项资金，虽然企业作为征税收入处理没有错误，但并入风电所得参与"三免三减半"进行所得税处理，却错误地理解了税收优惠，应予纠正。

该成员企业并不认可，他们认为：第一，这是公司总部的统一处理要求；第二，如果我自行改了，其他成员单位怎么办？

《中华人民共和国企业所得税法》（以下简称《企业所得税法》）规定，企业从事国家重点扶持的公共基础设施项目的投资经营的所得，自项目取得第一笔生产经营收入所属纳税年度起，第一年至第三年免征企业所得税，第四年至第六年减半征收企业所得税。政府补助不属于投资经营所得，不能享受税收优惠。

3.11 与协会、商会的关系

协会、商会掌握着行业的标准，尤其是税务师事务所、会计师事务所、资产评估所、律师事务所、税务服务机构和其他鉴定认定机构等。协会、商会可能对企业的业务起着评判、鉴证、认证、评价的作用。这些作用如果反映到税收上，对税收的影响无疑也是蛮大的。

我们在专业的商务服务中要借助它们的力量，毕竟是专业的机构，它们在社会上有着一定的公信力。但是在税收上，对于专业的税收服务机构，要考查它们的专业能力；对于其他机构，要考查它们的业务报告对税收的实质影响。

一家审计事务所对某企业出具了审计报告："企业向股东 W 累计借款 5 000 万元，W 捐赠给企业，企业作为资本公积……"我看了这个报告，与财务总监交谈如下：

我（直截了当）：牟总，准备 1 250 万元企业所得税吧！

牟总（有点懵圈）：为什么啊？

我（理直气壮）：股东捐赠给公司钱物，是企业所得税中其他收入中的一种，不缴企业所得税吗？

牟总（心安理得）：我们是养殖企业，免企业所得税啊？

我：养殖企业免的是养殖所得，你这是养殖所得吗？

牟总：那咋办？

可见，这些中介机构的报告一定要进行税务风险评估。因为它们是权威机构，结论是为税务机关所用的，如果报告中有对企业纳税不利的信息，企业还有翻盘的机会吗？

3.12 与媒体舆论的关系

报纸、电台、广播、网络、广告等媒体的宣传文稿，在发稿前应该进行税务审核。因为媒体不懂税务，发出的文稿如果牵扯税务问题，那事儿可就大了。

有一家企业，记者报道："该企业是当地先进龙头企业，年产值近10亿元，安置社会就业500人次，产品远销全国各地，供不应求。"这条新闻被主管税务人员W看见了："咦?! 这个企业的报税情况和经营状况严重不符啊，得看看去！"

最后该企业还真补了近1 000万元税款。

3.13　与间接利益人的关系

遇到好事者，谁都防不胜防。企业面临来自竞争者、业务合作者、员工、财务人员带来的风险。

一家小企业年收入500多万元，但账外收入3年有100多万元。一天，税务机关来了，说："职工W举报到检察院，企业偷税了，有小金库账目的复印件为证。"

税务核查偷漏各种税收合计50万元，占当期应纳税额的35%，移交到检察院，负责人要判3~7年有期徒刑。

看来，《税收违法行为检举管理办法》发挥了作用。鼓励违法举报，只有税务规范才是高招。

第 4 章
锁定 13 大合同条款

> 锁定合同条款包括以下 13 个方面：①交易对象；②交易金额；③交易时间；④交易方法；⑤结算方式；⑥付款约定；⑦交割方式；⑧运输费用；⑨争议解决；⑩违约金；⑪保证金；⑫发票要求；⑬业务协同。

用合同来管理税收，不是方法创新而是对本源的管控。以前我们尝试用各种方法控制税务风险却无法有效解决，因为我们忽略了与业务相对方的税务合作。税务风险控制如果只能在企业内部实施，注定是不全面的，离全面的税务风险管理理念相去甚远。毕竟，更多的涉税业务不是企业独立完成的，而是和业务相对方相互配合来完成的。

我们把税务管理提升到合同管理层面，就是要通过合同约束双方搞好税收的风险控制。

当知道税务风险已经成为经营的重大风险时，当知道税务机关在用风险管理税收时，当知道纳税人在税务风险面前孤立无援时，我们没有理由不重视风险，没有理由不抱团取暖。

4.1 交易对象

企业发起一个业务后，这时有两个选择：一个是自己做，万事不求人；另一个是签订业务合同，与其他单位合作。

在社会化大分工越来越细的今天，首选与其他企业合作。那么找"谁"合作就成为关键，这个"谁"就是交易对象。在业务合作中，交易对象很重要，因为它决定业务的成败。在税收上，它的行为决定着税收的规范性和业务结果的确定性。

首先，它得具备做业务的能力、资质和实力，这自不必细说。其次，它得有商业信用，尤其是纳税信用。纳税信用可以在税务系统中查询，也可以请中介机构做纳税信用评估。最后，才是它的诚意和信心。

从这几个方面去考察交易对象，对纳税结果的影响绝对正面。好的业务如果没有好的合作伙伴，最后可能产生坏的合作结果；好的税务风险控制模式如果没有好的配合，最后可能会酿成风险事件。

1. 关联方与独立交易

(1) 关联方：一方控制、共同控制另一方或对另一方施加重大影响，以及两方或两方以上受同一方控制、共同控制的，构成关联方。

① 控制，是指有权决定一个企业的财务和经营政策，并能据以从该企业的经营活动中获取利益。② 共同控制，是指按照合同约定对某项经济活动所共有的控制，仅在与该项经济活动相关的重要财务和经营决策需要分享控制权的投资方一致同意时存在。③ 重大影响，是指对一个企业的财务和经营政策有参与决策的权利，但并不能够控制或者与其他方共同控制政策的制定。

关联方之间好做交易，原因是关联方之间亲同"一家"，关联方交易也是税务机关关注的重点，要防止出现价格不公允和税款转移的情况。

(2) 独立交易：独立交易就是没有关联关系的交易，这种交易由于没有同一控制，是双方真实意思的表示。独立交易完全由市场主导，完全体现市场关系和市场价格，是用来计税的可靠依据。

在企业的交易中，以关联方形式表现的交易，最终一定会通过独立交易才能在市场上真正变现。所以，关联方交易更多是一种资源或业务的整合行为。当然了，在税收上，尤其是税务策划上，这种资源或业务的整合有着特殊的意义。

2. 股份有限公司、有限责任公司、一人有限公司

(1) 股份有限公司：向社会公开发行股票的公司，属于公众公司，股东人数不受限制。旗下众多的子公司、分公司等可以纳入其合并报表。在税收上，它可能自己就是独立的纳税主体，也可能其成员单位是纳税主体。

(2) 有限责任公司：股东为 2~200 人，可以自然人出资，也可以法人出

资。它独立承担民事责任，自主经营，自负盈亏，经营权利受法律保护。在税收上，它承担独立的纳税义务，享有完全的纳税权利。根据企业经营范围的不同，它可能会成为各个税种的纳税义务人或者扣缴义务人。

（3）一人有限公司：法律意义和纳税意义与有限责任公司相同。

以上交易对象受《中华人民共和国公司法》的约束。公司缴纳企业所得税，不缴个人所得税。其投资的自然人缴纳股息红利的个人所得税。在税收管理上，尤其是企业所得税的查账征收趋于严格。其他税种优惠较多。

3．合伙企业、独资企业、个体工商户

（1）合伙企业：受《中华人民共和国合伙企业法》约束。

（2）独资企业：受《中华人民共和国个人独资企业法》约束。

（3）个体工商户：受《个体工商户条例》约束。

以上交易对象发生经济行为，企业（单位）缴纳个人所得税，不缴企业所得税。

在税收管理上，对于以上三种经济类型的纳税人，可以适用于核定征收个人所得税。其他税种税收照顾较多。

4．政府机关、社会组织、国外机构

（1）政府机关：政府主导的经济行为非常广泛，同时政府采购也是市场交易重要的组成部分。与政府做交易，要避免税收上出问题。

（2）社会组织：政府的事业单位、商会、协会及其管理的成员单位，如各种中介机构。这些单位，在专业事务上可能十分擅长，但不会承担过多的税收责任。

（3）国外机构：一定要知道和这些机构进行交易时是有扣缴义务的。

4.2 交易金额

交易金额是合同必备的条款。就涉税合同而言，合同金额有着特别的税收意义。合同金额是用来计算各个税种的基数，影响着税收的金额。所以在合同中一定要约定准确金额，不得含糊。需要考核后才能确认或者带有对赌性质的金额，一定要明确计算依据和计算方法，免得出现争议。

比如：甲供材料合同，需要将甲供材料价款与施工价款分开，否则无法确认交易的真实金额，并且可能会多缴印花税。

再如：本合同收取的服务费按照工程节约金额的5%收取。这个约定就要明确工程节约金额指什么，工程量和单价如何计算，价格是哪个时点，由谁来计算并确认，等等。否则，不仅税务机关在审核合同时对金额有异议，就是业务合作的双方为金额而发生争议的，也并不少见。

下面是合同交易金额需要关注的几个重点涉税事项。

1. 含税金额与不含税金额

营业税改征增值税后，价税是分离的，无论是小规模纳税人还是一般纳税人，都应该习惯于将含税价换算为不含税价。但是，业务人员还处在营业税的思维中，签订合同时还是习惯签一个总价。如果遇到税率调整，会出现许多不必要的麻烦。其实，我们只需要关注价格即可，无须介意总价。如果遇到税率变化，只影响税额的现金流，而不会影响价格。

比如：甲企业与乙企业签订一笔采购合同，合同约定总额为1 170万元，（当时的增值税税率为17%）。这个合同后来就出现了争议。由于国家调整税率，由17%降到了13%，而该业务正是发生在税率调整期间。一方坚持按13%的税率，另一方坚持按17%的税率，双方争执不休。

如果合同这样签订：合同价款为1 000万元，税率为17%，合同总金额为1 170万元，若遇到国家税率调整，合同价款1 000万元不变，合同总金额依税率变化调整。这还有什么问题吗？税率变为13%，合同总额调整为1 130万元。

税率的变化不影响价款，影响的仅是税额，而税额也仅是对现金流产生影响，对实质纳税不产生影响。上例中17%的税率，税额为170万元，一方计税，一方抵扣；13%的税率，税额为130万元，也是一方计税，一方抵扣，差额的40万元并不是企业的税款负担，也不是企业成本的负担，仅是现金流而已。

这里我们建议：企业签订合同时一定要价税分离，固定合同价款。价款固定后，再对应适用税率。

2. 价外费用

价外费用是反避税设计，为的是防止企业分解价款，少计收入。价外费用的内容有很多，包括价外向购买方收取的手续费、补贴、基金、集资费、返还利润、奖励费、违约金、滞纳金、延期付款利息、赔偿金、代收款项、代垫款项、包装费、包装物租金、储备费、优质费、运输装卸费以及其他各种性质的价外收费。上述价外费用，无论其会计制度如何核算，均应并入销售额计算销项税额。

但下列项目不包括在价外费用之内：

（1）受托加工应征消费税的消费品所代收代缴的消费税。

（2）同时符合以下条件的代垫运输费用：①承运部门的运输费用发票开具给购买方的。②纳税人将该项发票转交给购买方的。

（3）同时符合以下条件代为收取的政府性基金或者行政事业性收费：①由国务院或者财政部批准设立的政府性基金，由国务院或者省级人民政府及其财政、价格主管部门批准设立的行政事业性收费；②收取时开具省级以上财政部门印制的财政票据；③所收款项全额上缴财政。

（4）销售货物的同时代办保险等而向购买方收取的保险费，以及向购买方收取的代购买方缴纳的车辆购置税、车辆牌照费。

营改增后，一些价外费用可以通过兼营或混业经营的方式转化为服务业务，实现高税率向低税率的转换。

4.3 交易时间

合同的履约时间就是交易时间。在正常情况下，交易会在合同约定的时间内完成，在特殊情况下，可能会延期。符合合同规定可以延期的情形，通常以修改合同或补充合同的方式完成；否则，可以视同违约，按合同承担违约责任。如果有违约责任，就涉及经济利益取舍，也就涉及税收问题。比如，支付违约金的一方，要不要发票？收取违约金的一方，税收如何处理？

另外，业务合同跨年度是很正常的。但税务核算有具体的要求，一些税种是季（月）申报，另一些税种是年度申报，或者更长的时间跨度。所以交易时间可能会对纳税义务产生重大影响，尤其是跨年度的情况。

税务机关在检查时通常会根据合同的交易时间来判定纳税义务的发生时间，查看有无迟延纳税的情况。迟延纳税，实质上并没有影响税款的总额，但影响纳税进度。有时税务机关会根据情况将迟延纳税判定为偷税，毕竟每一个税种都是有法定申报期的。

1. 本期

本期是指：①月初至月末，季初至季末，如增值税。②1月1日~12月31日，如企业所得税。③项目开始至项目结束，如土地增值税等。本期的纳税义务应该在本期履行，不得拖延到以后期，也不得将以后期的纳税义务前置到本期。好多企业不重视纳税期间的管理，经常随意地将收入和成本确认在非本期，导致产生税收滞纳金或虚假申报，乃至偷税的严重后果。

我们和企业讨论这个问题时，有的企业还振振有词："我的纳税总额不是没少吗？"没错，纳税总额确定没少，可纳税时间混乱。比如：经常有企业将年底的费用记入下一个年度，认为既然是成本费用，本年记入下年，下年记入下下年，反正费用也不是假的，没什么大不了的。如果这样做，所得税需要做纳税调整，若不调整，税务检查时会责令补税。

类似这种情况，在企业中时有发生。发生了怎么办？必须从管理上控制，从技术上调整，保证企业税收利益不受损失。

2. 跨期

跨期和本期是对应的，不在本期的一定是跨期。成本费用有跨期，收入也有跨期。跨期并不重要，重要的是得会做纳税调整。会计上收入、成本费用做跨期处理了，对会计报表使用人不产生重大影响的，不违反会计法。但在计算纳税时，得调整过来，哪一期的收入成本就是哪一期的。这样处理，会计与税务都没有问题。如果纳税不调整，被检查人员发现，后果很严重。

如2018年12月的费用10万元记入了2019年，这10万元对会计利润不产生重大影响，审计也可以不提示。但税收不能不调整，涉及2019年少缴企业所得税2.5万元（假定税率25%）。正确的做法是2018年所得税申报时做纳税调减，2019年所得税申报时做纳税调增。

一减一增，对哪一年的所得税都没有影响。同时，一定做好备查与说明，这也是很重要的。

4.4 交易方法

税务风险管理上,我们将交易定义为:将企业的经营要素增加到会计报表上,或从会计报表上减除。企业经营要素增加或减少的方法,就是交易的方法。我们研究交易的方法,在合同谈判中,在税务风险控制、税收业务策划和税务危机公关中具有特别的意义。

交易可分为资产类的交易、负债类的交易、权益类的交易以及综合交易。现将资产类的交易、负债类的交易和权益类的交易分列如下。

1. 交易的类型

(1) 资产类的交易。

1) 货币资金具体如下:

交易增加:投资者投入、收回销售款项、接受现金捐赠、盘盈、以现金方式分回利润、借入、合并得到现金、收到补价等。

交易减少:偿还债务、购买货物资产、向外捐款、支付费用、借出、盘亏、分立付出现金、支付补价等。

2) 应收款项具体如下:

交易增加:将款项借与他人、销售形成债权、应收分回利润款、预付资金、合并得到债权、收到置换债权等。

交易减少:收回借与他人的款项、收回销售债权、转让债权、债权损失、分立付出债权、付出置换债权等。

3) 存货、固定资产、无形资产具体如下:

交易增加:购买、借入、租入、盘盈、接受捐赠、接受投资、利润分配、评估增值、交换、他人无偿提供使用、合并、置换等。

交易减少:销售、借出、租出、盘亏、对外捐赠、对外投资、利润分配分出、评估减值、交换付出、无偿提供他人使用、分立分出、置换换出、耗费、领用、摊销、折旧损耗损失等。

4) 短期投资、长期股权投资具体如下:

交易增加:对外投资、权益法核算增加、评估增值、合并得到、置换换入等。

交易减少：收回投资、权益法核算减少、评估减值、分立分出、置换换出、股权转让、损失等。

（2）负债类的交易。

1）交易增加：向金融机构借款、向非金融机构借款、其他应付款、购买资产赊欠、预计负债、收到客户预缴款项等。

2）交易减少：偿还长期借款、偿还金融机构借款、偿还短期借款、偿还非金融机构借款、偿还应付账款、偿还购买资产款项、偿还应付职工薪酬、以货物劳务偿还等。

（3）权益类的交易。

1）实收资本具体如下：

交易增加：股东投入、资本公积转增股本、盈余公积转增股本、合并增加等。

交易减少：减资付出、清算付出、分立减少等。

2）资本公积具体如下：

交易增加：资产增值、股本溢价负债转入、接受捐赠、合并增加等。

交易减少：转增股本、分立减少等。

3）盈余公积具体如下：

交易增加：提取增加、合并增加等。

交易减少：转增股本、分配利润、分立减少等。

4）未分配利润具体如下：

交易增加：盈利、以前年度损益调整、合并增加等。

交易减少：亏损、利润分配、以前年度损益调整、分立减少等。

2. 交易的方式

交易的类型共分为13种，即买卖、交换、捐赠、盘点、借贷、租赁、委托、分配、评估、兼混、调整、重组、清算。以上交易方法产生的交易，有些是因与外部交易而产生，有些是因与外部交易做准备而产生，有些是因内部管理需要而产生。采用不同的交易方式，税负并不相同，需要仔细辨别，区分使用。

在这些交易中，买卖的方式税负最重，其他的方式在税负上均有不同程度地减轻。实践中，不同的交易方式是可以适当转换的。

3. 交易的税负

（1）**买卖**：以货币方式进行的交易。它是所有交易中税负最重的一种纳税模式。

（2）**交换**：以资产换资产或者以非货币资产抵顶债务，与买卖的税负相同，在特殊情况下有优惠政策。

（3）**捐赠**：捐赠非货币资产视同买卖资产，但对于企业所得税有鼓励捐赠的政策。接受捐赠时需要计算企业所得税，但接受非货币资产时，企业所得税可以分期缴纳。

（4）**盘点**：资产与负债的盘点。存货的盘点最有代表性。资产盘盈并入应纳税所得额，资产盘亏可以做损失在税前扣除。但是资产盘亏时，在有些情况下是需要转出增值税进项税额的。资产清查中涉及的资产评估，如果不调整账务的，不涉及税收；如果调整账务的，除有规定外，视同盘盈与盘亏。想用盘盈的手段解决无发票资产的入账，是掩耳盗铃的做法。

（5）**借贷**：金融机构与非金融机构的借款与还款行为。利息收入要有发票，向个人支付利息，需要代扣20%的利息税。

（6）**租赁**：经营租赁与融资租赁。经营租赁房产有12%的房产税，签订合同时需要分清货物租赁、房产租赁、构筑物租赁，否则会按不动产租赁征收房产税。

（7）**委托**：生产经营的自营行为与委托他人的行为。自营行为税负低，但管理成本高。委托他人管理虽简易，但支付的成本高，实际税负高。

（8）**分配**：工资分配、利润分配。它分为现金与非货币形式。对自然人的分配行为需要考虑代扣个人所得税的问题。

（9）**评估**：评估可以结合资产清查进行，也可以单独进行。目的有二：一个是资产评估增值；另一个是资产评估减值。但无论是增值还是减值，除国家规定可以调整计税成本之外，其他不得自行调整计税成本。也就是说评估后的价值只有通过交易后，才可以改变被评估资产的计税基础。

(10) **兼混**：兼营与混合销售。兼营分开核算，税率分别适用，核算分不开的从高税率。混合销售为货物与劳务的混合，货物税率最高为13%，劳务税率最高为6%。

(11) **调整**：采用调整的交易方法，主要是从交易的概念提出的。它的主要含义是：对企业账面资产、负债、权益的相互调整以及资产负债表项目的内部调整，以此优化资产负债表。推而广之，可以追溯到因合同调整、业务调整而影响到资产负债表的调整。

(12) **重组**：重组业务多有税收鼓励与优惠政策，税负最轻。重组包括：企业更名、股权投资与转让、产权转让、企业合并、企业分立、债务重组、非货币资产交易等业务。以上重组方式需要仔细研究税收政策上的差异，应用于企业的交易。

(13) **清算**：清算是最大、最彻底的交易，资产、负债、权益清零。

4. 交易现金流

交易一般是以货币或非货币的方式进行的。税法上计算税收，除了另有规定，无论是货币还是非货币，都是需要纳税的。这一点要提醒企业，做交易时千万考虑现金流，为缴税留出足够的资金。所以，我们签订业务合同时，一定要先考虑现金的流入足以支持纳税，再考虑能否弥补企业的成本和费用，最后才是考虑利润。

如今的社会信用日益好转，但有些赊销也是不可避免的。签订合同、做业务时，一定要考查对方的商业信用，为纳税准备足够的资金。将纳税资金预算列入财务预算专项，不得占用。足够的纳税资金是企业税收管理正规化的前提。

有些企业收到了销售货款，却不缴税，把纳税资金投入扩大再生产，然后诉苦："我没有钱交税啊！"这种做法是不合适的。

4.5 结算方式

结算方式直接关系到纳税义务的产生时间。不同的结算方式，纳税义务的发生时间是不同的。合同中，定然要对业务的结算做出安排，既安排了双方的结算方式，其实也安排了纳税义务。国家税收虽然遵循权责发生制的原则,但也兼顾了纳税人缴税的能力问题,所以对于不同的结算方式做出了不同的纳税义务发生时间规定。

企业在业务交易中,对于结算的合同约定,看起来好像是交易的需要,其实税法已经悄然地潜入了合同,这正是"随风潜入夜,润物细无声"。不知不觉之间,纳税义务已经随合同而产生。合同约束了双方的付款行为,付款行为已经被税法绑定了纳税义务。

1. 纳税义务产生时间

(1) 货物或劳务纳税义务发生时间的判断。

《中华人民共和国增值税暂行条例》第三十八条规定,条例第十九条第一款第(一)项规定的收讫销售款项或者取得索取销售款项凭据的当天,为纳税义务的发生时间。按销售结算方式的不同,具体如下:

1) 采取直接收款方式销售货物,不论货物是否发出,均为收到销售款或者取得索取销售款凭据的当天。

2) 采取托收承付和委托银行收款方式销售货物,为发出货物并办妥托收手续的当天。

3) 采取赊销和分期收款方式销售货物,为书面合同约定的收款日期的当天;无书面合同的或者书面合同没有约定收款日期的,为货物发出的当天。

4) 采取预收货款方式销售货物,为货物发出的当天,但生产销售生产工期超过12个月的大型机械设备、船舶、飞机等货物,为收到预收款或者书面合同约定的收款日期的当天。

5) 委托其他纳税人代销货物,为收到代销单位的代销清单或者收到全部或者部分货款的当天。未收到代销清单及货款的,为发出代销货物满180天的当天。

6) 销售应税劳务,为提供劳务同时收讫销售款或者取得索取销售款的凭据的当天。

7) 纳税人发生本细则第四条第(三)项至第(八)项所列视同销售货物行为,为货物移送的当天。

(2) 营改增应税服务纳税义务发生时间的判断。

《关于在全国开展交通运输业和部分现代服务业营业税改征增值税试点税

收政策的通知》（财税〔2013〕37 号）第四十一条规定，增值税纳税义务发生时间为：

1）纳税人提供应税服务并收讫销售款项或者取得索取销售款项凭据的当天；先开具发票的，为开具发票的当天。收讫销售款项，是指纳税人提供应税服务过程中或者完成后收到款项。取得索取销售款项凭据的当天，是指书面合同确定的付款日期；未签订书面合同或者书面合同未确定付款日期的，为应税服务完成的当天。

营改增后，应税劳务与货劳增值税纳税义务时间判断的一个重要不同：营改增应税服务纳税义务发生的重要前提是纳税人已经开始提供应税服务，而货劳有可能在未发货时就需要纳税。

2）纳税人提供有形动产租赁服务采取预收款方式的，其纳税义务发生时间为收到预收款的当天。

3）纳税人发生本办法第十一条视同提供应税服务的，其纳税义务发生时间为应税服务完成的当天。

4）增值税扣缴义务发生时间为纳税人增值税纳税义务发生的当天。

按照《营业税改征增值税试点实施办法》（财税〔2016〕36 号）第四十一条的相关规定，确认境外单位或者个人提供应税服务的增值税纳税义务发生时间，再以增值税纳税义务发生的当天作为增值税扣缴义务发生时间。

(3) 国家税务总局的特殊规定。

《国家税务总局关于增值税纳税义务发生时间有关问题的公告》（国家税务总局公告 2011 年第 40 号）规定，纳税人生产经营活动中采取直接收款方式销售货物，已将货物移送对方并暂估销售收入入账，但既未取得销售款或取得索取销售款凭据也未开具销售发票的，其增值税纳税义务发生时间为取得销售款或取得索取销售款凭据的当天；先开具发票的，为开具发票的当天。

2. 纳税义务申报时间

知道了纳税义务的发生时间，还要知道纳税义务的履行时间，在税法规定的申报期内进行申报并缴纳税款。纳税人经常犯以下几种错误：①纳税义务发生了，纳税人不知道。②知道发生了纳税义务，却不申报。③收入已经确认也记财务账了，纳税人申报错了。④收入不入账也不申报，纳税人装糊涂。以上几种情形都会导致当期纳税申报错误，这是《税收征管法》上的虚假申报或偷税行为。

4.6　付款约定

税法讲权责发生制，也兼顾收付实现制。不管是否收到款项，约定的纳税义务发生了，就应该在规定的时间申报纳税。如以预收款方式销售货物，货物发出时发生纳税义务。收付实现制则考虑了纳税人的纳税资金问题。如房地产企业纳税是在收到款项时。

合同中的付款约定，在税收管理上主要解决两个问题：一是付款约定会导致纳税义务的产生；二是付款约定可以解决纳税资金。增值税是价外税，其实是在价款之外单独和对方要了一笔税款，约定了付款时间，收到了这笔款项，纳税资金也就有了，应该专款专用。

当然，并不是合同约定了付款时间，对方就一定付款，也有违约的情况，这时就需要纳税人垫付税款。要解决这个问题，只有从企业的经营管理上下功夫。所以，合同管理很重要，对于应收账款的管理更加重要。好多企业存在大量的应收账款，有的已经存在多年，纳税资金、成本费用、企业盈利都沉淀在这里面了。

1. 开票付款

一方为了控制收款，另一方为了控制票据，好多企业借鉴了国家税收管理的策略，国家是以票控税，它是以票控款。想要钱吗？拿发票来。想要票吗？拿钱来。这种做法也是不得已而为之。不过用这种方式控票或者控钱，要事先在合同中约定清楚，先小人后君子。如果合同中没有约定，用这种方法控票或者控钱，虽然不能说不对，但总有事后要挟之嫌，让人觉得不厚道，很容易产生纠纷。

以前经常有企业在签订合同时，只约定了业务事项、合同价款，而没有定好是否要发票，要什么样的发票。业务完成了，对方要钱，他要票，对方不给票，他也不给钱。为此闹上法庭的也不在少数。

一方认为："增值税是价外税，我们谈好了价，要发票再单独加税，天经地义啊。你没有给我税，我给你开什么发票？"另一方认为："我们已经谈好价格了,是包括税的,你为什么不给开发票?我到税务局告你!"

在通常情况下,税务局会支持要发票的一方:"抓紧开发票,否则会被罚!"其实,要具体看合同真实的意思表示。如果合同签订的就是不含税价,要发票当然需要加税。但是如果合同签订的就是含税价,不给发票就是"耍流氓"。不要以为合同没有约定就可以不给发票,要看合同的真实意思表示。

前文我们讲过,签订合同要习惯用不含税价,问题就解决了。出现上述问题的根源还是一方讲的是含税价,另一方讲的是不含税价,都误解了对方的合同真实意思。双方不在一个"纳税频道"上,岂能不出纠纷?改变一下思维吧:谈合同的定价条款时习惯用不含税价。

2. 约定付款

如果合同没有约定见票付款,只约定了在什么时间付款,双方切记要遵守合同。其间可能会出现产品质量或者服务等问题,不要互相推诿责任,务必积极主动,即时解决,不要扩大矛盾、激化矛盾。

纳税人要遵守合同,履行好合同的权利和义务;纳税人更要做好合同管理,及时沟通协商以解决合同问题。这些都与税收有关系,若这些关系处理不好,怎么实现税务风险防控呢?

4.7 交割方式

业务交割的标的物有两个:一是交付资金;另一个是交付货物(服务)。资金交付前面已经讲过,这里主要讲货物(服务)交付。

对方购买了我们的货物(服务),我们按合同提供了货物(服务)。提供的货物(服务)是需要对方确认的。只有对方确认无误,才能实现合同的共同要求,结束本次合作。

对方要确认货物或服务的质量,通常的方法是验收、检测、安装和试用。确认的结果无误,照单收货;确认的结果有瑕疵,协商解决;确认的结果有重大错误,退回重做。货物与服务的交割关系到对纳税结果的最终确认。

1. 验收与安装

《国家税务总局关于确认所得税收入若干问题的通知》(国税函〔2008〕

875号）第（二）条第三款规定，销售商品需要安装和检验的，在购买方接受商品以及安装和检验完毕时确认收入。如果安装程序比较简单，可以在发出商品时确认收入。以上对于确认纳税义务是非常有利的。

比如：安装一台小型空调，通电一试，能用了，很简单；安装一台中央空调，可能需要很长的时间调试。都是安装空调，纳税义务的确认稍有不同。

比如：需检测含量的商品，需要实验室或委托第三方出具报告，这个检测是需要程序与时间的。如果检测结果不符合合同约定，就需要退换或者中止合同，纳税义务也随之中止了。不要认为已经付款或已经发货就一定要确认销售。

2. 业务交付

无论是商品还是劳务，安装验收后都是需要交付手续的。双方的交付手续非常重要，它代表着双方已经完成了验收与安装。类似于双方的安装报告、验收报告、验收单、确认单、计量单，等等，这些证明对方接受的资料都是业务交付的手续，它证明合同履行的状态与结果，为判断纳税义务提供了佐证。

既然业务交付如此重要，安装验收的条款必须考虑全面。如果税务机关认为企业发出的商品没有及时确认收入，涉嫌迟延纳税，需要调整纳税时，业务交付手续记载的内容就是有力的证明。

这时，你会突然感到："我以前的工作好像缺了点什么。工作我们做了，但是并没有把结果好好地保留下来。"做了但没有保留证据，岂不是白做？

纳税人应该树立一个观念，按合同做交易，不仅要给业务相对方一个业务结果，还要给税务机关一个纳税结果。无论是业务结果还是纳税结果，都是通过证据来证明的。这个证据对于业务的双方而言，叫合同证据；对于税企双方而言，叫税务证据。

4.8 运输费用

以实物为标的进行交易，运输是不可避免的，只是长途与短途、国内还是国外以及费用由谁来承担的问题。有的运费由卖方承担，合同中可能约定类似货到付款、验收付款之类。有的运费由购买方承担,合同中可能约定类似货物自提、销售地点提货之类。还有的运费实际是双方共同承担的,合同中可能约定某地提货、第三方仓库提货之类。

由此我们可以看出,运费是双方谈判的结果。但税务检查经常在运费上打转转,可能是怀疑运费核算得不正确,认定运费是价外费用。

税法规定,价外费用无论在会计上如何核算,均应并入销售额计算销项税额。但同时符合以下条件的代垫运输费用不包括在价外费用之内:①承运部门的运输费用发票开具给购买方的。②纳税人将该项发票转交给购买方的。

实际交易中,合同可以约定运费是代垫的,这个很容易写清楚。但实际操作起来,是不是符合以上两个要求呢?如果有一个不符合,就不是税法上规定的"代垫运费",如果不是税法上规定的"代垫运费",那么直接的后果就是认定为价外费用,并入收入调整纳税。

把运费的问题专门放在合同中说明,就是要提醒纳税人:关于代垫运费,既要注重企业实际,更要注重税法形式。操作时千万不能搞错。

1. 运费承担

货物运输的方式包括企业内设有运输车队的自营运输,委托社会机构的外委运输。但无论采用哪一种运输方式,无论运费由谁承担,运费都是客观存在的。货物的运输费用不是在这一方,就是在那一方,不可能哪方都没有,因为这不符合经营实际。

有某冶炼企业虚开增值税专用发票,据说数额特别巨大。从哪里发现的呢?就是比对运输费用。这么大的金属产量,竟然没有运输,也没有运输费用。真是古有移山倒海之法,今有空中取物之术啊!很难自圆其说呀!

合同中关于运输费用一定是要做出约定,但实际中运费发生多少,运费如何负担,也是税务机关要考查的。有的企业约定了很高的运输费用,这是不可取的,毕竟运输标的、业务量、运输费应该是匹配的。

2. 代垫运费

同时符合以下条件的代垫运输费用不包括在价外费用之内:①承运部门的运输费用发票开具给购买方的。②纳税人将该项发票转交给购买方的。

税收政策是这样规定的，那么实际怎样操作才正确，税企不产生争议呢？

既然是代垫运费，合同中应该明确运输费用由购买方承担。但实际的运输情况是很复杂的，公路运输好办，如果铁路运输或海洋运输，起运地在销售方，销售方与运输机构有着良好的业务关系，办理运输手续会很容易，购买方则无此便利。这就存在销售方代办运输业务的问题。销售方为了销售货物，当然乐意协助办理此事。

协助办理运输时，基于业务合同关系，可以为购买方垫付运输资金，也可以由购买方预付资金，这都不是问题。关键有两点注意事项：第一，代垫运输发票不能开成销售方（代办方）的名头，要开成购买方（委托办理方）的名头。第二，代办方把发票从运输机构取回来，交给购买方。

如甲是销售方，乙是购买方。乙方委托甲方代办运输业务。运输机构开运费发票的名称是乙方而不是甲方，甲方将此运费发票交给乙方。乙方将甲方所垫付的运费付给甲方（钱可以由甲方垫付），税务上就没有问题了。

但如果采用下列操作方式，就不符合税法要求了：甲是销售方，乙是购买方。乙方委托甲方代办运输业务。运输机构开具运费发票的名称是甲方而不是乙方，甲方将此运费发票作为自己的运费入账，再以自己的名义开具运费发票给乙方。税法就认为甲方向乙方收取的运费是价外费用，需要单独计税。

这种情况的出现，往往是运输机构坚持与甲方进行业务结算，将发票开给甲方的结果。错在运输机构，但后果由甲方承担。这时，需要做好运输机构的税法普及工作。

4.9 争议解除

我们在起草合同时考虑到了多种情况，甚至还请了律师帮助我们出主意，也在合同谈判和合同签订时穷尽了我们之所想。这个合同应该是完美无瑕的吧？何况我们还留了一手："合同未尽事宜，可达成补充协议，与本合同具有同等的法律效力。"

但想归想，做归做，智者千虑，必有一失。往往是挖空心思想到了多种情况，但还是有没想到的情况不期而至，这就需要通过以下渠道解决。

1. 公证

法律公证是事前控制合同争议的一种方法。公证可以促使双方忠诚地履行合同，以达到合同订立的本意。

企业用公证的形式告诉对方：我们的合同是有效的合同，不要找个借口就确定合同无效，来否定自己的义务。毕竟我们签订合同的目的，是想通过履行合同为自己创造利益，而不是用合同来搞欺诈或胁迫。

公证需要支付费用，有时费用不低。除了法定的公证外，纳税人是否采用这种方式，是双方的选择。选择了这种方式，是否真正起到预想的效果，也是需要评估的。

2. 协商

遇到合同问题，协商是最好的处理方式。

企业在经济行为中应该有自己的立场与原则，并向对方申明自己的主张。遇到问题时协商处理，不能总想通过诉诸法律解决问题。

在涉税合同的协商处理中，给出以下三个建议：

（1）合同明确的，按合同执行；合同不明确的，按法律执行。

合同条款已经约定的，不要认为自己吃亏了就反悔，要有契约精神。买的房子涨价了是自己决策英明，降价了就去砸售楼处来维权，这样做违背契约精神。

我们不是还有下次的合作嘛，我们不是可以协商解决嘛。除非合同明显违反税法，否则合同就是有效的。即使是包税合同，其实也并没有违反税法，只是你理解错误。人家说的包税，包的是因"税"导致的经济利益。

（2）合同与法律都不明确的，双方协商处理。

既然合同与法律都不明确，就属于争议范围内的事情，双方协商解决是唯一途径。不涉及利益的，找到解决问题的办法；涉及双方利益的，就重新谈判。

（3）税务协商最好聘请专业税务师。

这相当于法律仲裁的功效，毕竟专业的注册税务师具有相当丰富的经验、良好的职业道德，他们不会见利忘义。如果双方都有注册税务师，他们之间进行沟通，效果可能会更好。

3. 仲裁

在税收争议中可以使用仲裁。

这就像小两口怄气打架，没有中间人各打五十大板，这个气就生不完。找家族的长辈或村干部评评理，找找错，也就心平气和了。

仲裁的道理与此相同。仲裁虽然属于调解的范畴，却也具有法律效力。税务仲裁有助于双方找到利益的平衡点，可以起到和谐税务关系的作用。相对于司法判决，税务仲裁是一种柔性的解决办法。

4. 诉讼

我们最不建议用诉讼来解决税务纠纷，但我们可能无力限制纳税人用此方法来解决问题。

鉴于一些人的盲目自信、无法无天、丧失信用、自私自利，合同就是最后的维权武器。这种武器是企业重器，不可不用，不可乱用。

经济诉讼是为了什么？不是为了打赢官司、名垂千古，它是为了经济利益。而利益可以取，亦可以舍。在诉讼之前，先放下架子，静下心情，"吾日三省吾身：为人谋而不忠乎，与朋友交而不信乎？"

诉讼是需要经济成本、时间成本的，而且回报与成本的付出可能并不相当。在打经济官司时，一定要考虑经济与精力的承受能力。打经济官司是为挽回经济利益，但并非只有打官司才会赢得经济利益。打官司的起因其实是双方沟通出现了障碍。解铃还须系铃人，通过沟通、协商才是正确的解决问题方法。

5. 服务

实践经验告诉我们，通过追加服务是可以解决合同争议的，如提供维修或后续服务、调换品种、赠送服务等。通过服务解决税务争议，既是一种态度，也是一种解决问题的方法，建议纳税人进行尝试。

4.10 违约金

合同违约金要根据不同情况进行税务处理。违约金的名目繁多，合同违约的形式也有多种。如何在合同中约定违约金，如何在税务上处理违约金，是税务风险控制的重点。

税收上的违约金,有一点是需要明确的。如果因业务不能开展或没有如期开展而收取的违约金,只涉及企业所得税,并不涉及增值税或其他税种。但是由于业务没有如期交工或没有做好而收取的违约金,就是价外费用了。

但在实际的合同中或者业务操作时,也有将违约金变成利息支付、赔偿补偿等其他形式的。比如因迟延付款的利息就是价外费用,负全部纳税义务。迟延开工的误工赔偿就不是价外费用,仅负有限纳税义务。

在违约金的税务处理上,有两个问题需要特别关注:一个是纳不纳税的判断问题;另一个是开不开发票的问题。

1. 违约金与纳税

前面讲过违约金的涉税判定原则,具体的业务操作该如何进行呢?首先,违约金一般都是含税的,虽然我们在合同要素有关章节中建议,纳税人签订合同时要养成价税分离的习惯,不过在违约金的约定上,无法事先进行价税的分离。

在签订合同时,我们可能并不知道违约出在哪方面,也就无从判定纳税问题。那只好等发生违约后再来判断,因此导致违约金都是含税的,需要确认纳税时,再进行价税分离。

2. 违约金与发票

如果确认违约金为价外费用,就是涉及全部纳税义务的,应该向支付方开具发票。不要认为经过法院判决、有了法律文书就可以了,更不要认为官司都打到六亲不认了,还开什么发票。

如果判定违约金仅负所得税的纳税义务,可以用双方的协议和收据作为纳税处理的依据,或者用法律仲裁、法院文书作为税务处理的依据,而无须开具发票。如果违约金涉及增值税或者其他税,就要开具发票。

4.11 保证金

保证金是指为了保证产品或服务质量而事先缴纳或者从价款中预扣留的款项。

为了防止质量事故发生,收取或者留取保证金,是合同常用的方法。如果没有质量事故发生,保证金到期是需要退还的。如果一旦发生质量事故,保证金就变成了质量事故的专用资金。

1. 保证金变违约金

如果发生了质量事故,保证金用来进行质量的修复或损失弥补。此时保证金就成了专用资金。保证金节余的,按合同规定,可以返还给对方,也可以作为企业盈余。保证金不足的,按合同向对方主张权利。对方根据合同在保证金外另行追加赔偿金的,此部分赔偿已经脱离保证金的实质,不再是保证金,而是按照合同违约金来进行处理的。

2. 保证金的票据要求

(1) 收预期违约金不需开正规发票。

《中华人民共和国发票管理办法》第三条规定,发票是指在购销商品、提供或者接受服务以及从事其他经营活动中,开具、收取的收付款凭证。

第十九条规定,销售商品、提供服务以及从事其他经营活动的单位和个人,对外发生经营业务收取款项,收款方应当向付款方开具发票;在特殊情况下,由付款方向收款方开具发票。

《中华人民共和国发票管理办法实施细则》第二十六条规定,填开发票的单位和个人必须在发生经营业务确认营业收入时开具发票。未发生经营业务一律不准开具发票。

可见,如果在合同履行前违约,由于双方最终并没有执行合同,则违约金不属于生产经营的业务往来。也就是说,收预期违约金是与购销业务无关的行为,不是税法规定的发票应载经济事项,不属于发票管理范围,不需要开具发票。

(2) 收实际违约金应视为价外费用,应按规定开具相应的发票。

许多纳税人和法官并不知道税法的规定,导致支付违约金后无处取得发票。由于没有取得发票,不能抵扣税款以及不能税前扣除,丧失了企业的税收权益。这种情况在司法中是很多见的。

4.12 发票要求

发票既是双方的收付款凭证，也是重要的税务证据。开具发票的要求包括开票的时间、发票种类、交付的时间、票面的信息等，建议在合同中进行明确，避免将来出现纠纷。

1. 发票的种类

营业税改增值税后，分为增值税普通发票和增值税专用发票。增值税小规模纳税人或者一般纳税人的简易计税项目，用的是普通发票。

一般纳税人向小规模纳税人开具的发票，或者简易计税项目对外开具的发票都是普通发票。一般纳税人向一般纳税人开具的发票，或一般计税项目开具的发票都是增值税专用发票。普通发票不能抵扣进项税额，专用发票可以抵扣进项税额。

小规模纳税人既可以向一般纳税人开具普通发票，也可以开具专用发票，但前提是征得对方同意。一般纳税人不可以向小规模纳税人开具专用发票，哪怕它并没有反对。

2. 发票的要求

开发票时需要关注的事项包括：开具普通发票还是专用发票；业务涉及的税率是多少；什么时间开具发票；什么时间交付发票；发票填开的内容要求；发票的备注事项；红字发票的开具情形；发票的附件要求；发票的风险兜底条款，等等。

总之，在签订合同时，你认为重要的发票事项都可以写在合同中。你不要求，对方是不知道的，但不符合税法要求的除外。

发票的开具与纳税义务既有关也无关，并不是只有等开了发票才去纳税。有些业务是可以先行纳税，后补发票的。如在税率调整时，如果先按原税率交了税，以后就可以再开老税率的发票。

不要认为只有开发票才纳税，不开发票就不纳税，也不要认为只有发票才能进成本费用，没有发票就不能进成本费用，这些都片面地理解了发票的作用。

3. 发票的退换

发票开错了可以退换，也可以红冲，根据这些具体情况判断：如果没有跨月的，可以退回重开；如果已经跨月，或者是跨年度发现错误，就要申请开具红字发票，冲销原来错误的发票，再开正确的蓝字发票，取得红字发票的一方要相应冲出已经抵扣的增值税进项税额。

4.13 业务协同

"合同"是双方合作，业务协同。"合"是一人主导下的一口同声；"同"是一个框架下的一口同声；"合同"是在求同存异下的一口同声。而一口同声的前提是达成共识与业务合作。

共识与合作强调的是目标一致、行动统一。只有共识没有合作，叫合而不同，不叫合同。尽管短暂的目标一致，最后会因频率不一而渐行渐远。只有合作没有共识，叫同而不合，不叫合同。尽管短暂的步调一致，最后会因目标偏离而分道扬镳。

我们签订合同是为了共同合作，使业务圆满完成，绝不是用来打官司定输赢的。因为有了合同的约束，双方才会相向而行，为了一个共同的目标而努力奋斗。

合同的约束有个宽紧适度的问题，并不能无限度地将义务强加于人。当合同的约束超越对方的能力时，这个合同定然有违约的风险。因此，我们在签订合同时既要考虑成本效益，更要考虑对方的能力与信用，切莫在固定了价格的同时，附加过多的义务。

一些企业饥不择食，可能会不计条件、不计后果地签订合同，因为没有能力完成合同而导致违约的情况比比皆是。比如低价中标已经显示出弊端了，有些企业也在尝试修改。

无论生产加工还是提供服务，都应该找一个诚信的业务伙伴，互相配合完成业务。利益与合作是共生的，利益是合作的结果，合作是利益的前提。

合同在税收上的经济含义有以下几个方面。

1. 业务合作

互相配合，把双方约定的经济事项做完、做好，彼此给对方一个满意的交代，就叫业务合作。合作首先是双方自我约束，信守承诺，向对方履行义务，其次才是向对方主张自己的权利，而不是相反。

经常有合同的一方不好好履行自己的义务，却主张自己的权利，导致合作出现问题的情况。当然，如果我们已经按合同履行了自己的义务，对方却不履行义务，按合同主张自己的权利也是正义之举。

若在业务合作中出现合同没有预计到的情况，双方应该友好协商，换位思考，各自让步，促使合同完成，而不是得理不饶人、步步紧逼，最后导致双方的合作中止不前，陷于合同纠纷之中，连带税收出现问题。

2. 证据传递

业务合同签署之后，要把业务承做的过程与结果完整地"记录"下来。这个"记录"就是证据，它记录着双方的权利、义务完成情况，证明着我们纳税的完成情况。如工作计划、业务进度、产品质量、验收报告、签字手续、发票账单等，都是证据。

合同双方应彼此制作证据、传递证据，为对方的纳税提供合法的依据。如果对方提出需要附加税务证据时，在不损害自己利益的前提下，应该予以配合，而不是事不关己、高高挂起。须知业务虽然已经结束，但纳税状态可能是一直延续的，因为在税务机关检查的时候是需要对方配合的。

3. 信息沟通

一方的税务检查、税务评估，甚至税务稽查，可能涉及向另一方求助，要求补充证据，也可能涉及向对方通报情况，共同完善补救。所以，双方都要高度重视税务问题。由于我们是在一个产业链上，税收的问题就是大家共同的问题。税务风险会在企业之间进行传导，共同防控风险也就不分彼此。

《东北一家人》已经唱出了我们的心声："我的家就是你的家，你来不来？我的事就是你的事，你帮不帮？"当一方发出税务风险的信息时，尤其是发出求救信息时，另一方的帮助至关重要。只有双方协同，才能风险共治。

综上，合同在经济活动中无疑是非常重要的。由于合同的存在，对双方都有了约束，为了一个共同的目标相向而行。虽然合同很重要，但合同并不能解决全部的经济问题。更多的经济问题是在合同精神的指引下，通过双方

第 4 章 锁定 13 大合同条款

协商完成的。

没有合同固然不可行,但完全依靠合同也不可行。在订立合同时一定要遵循可行性的原则,如果合同条款超过对方的能力,订了也没有用。一个不能实施的合同只能祸害双方,并不能起到预期的作用。有些格式性的合同条款,除了为自己免责,还加大对方的责任,这样的合同就是陷阱。

你见过一个只有 1 000 元的租赁业务合同却写了上万字吗?这哪里是什么合同,分明就是卖身契。这种合同根本就是霸王条款,不签也罢。

所以,没有合同不行,完全依靠合同也不行。没有合同,对双方没有约束力,自由散漫不利于合作;完全依靠合同,就容易陷入文字游戏,互相推诿责任。我们一定要懂得,合同是用来约束双方行为的,不是用来讨论对错的。在合同的履行上,一定要有契约精神。

第 5 章
评估 13 大税法要素

> 评估税法的要素包括 13 个：①纳税人；②纳税基数；③适用税目；④适用税率；⑤纳税环节；⑥纳税地点；⑦纳税期限；⑧税收优惠；⑨违章处理；⑩特定条款；⑪法律级次；⑫效力期间；⑬义务追溯。

无论做税务风险防控，还是做税收业务策划，乃至税务危机公关，对税收法律政策的研究是最基础的功课。对税收法律政策的研究要有系统的方法论，而不是仅仅去背几个税收文号或者几个税法条文。

国家税务总局为什么出台这个文件？这个文件为什么这么写？老老实实地研究税法要素吧。这个研究好了，不管文件何时出台，对税法的理解也不会偏离到哪儿去。这是万变不离其宗，以不变应万变之法。

从纳税实用主义角度，我将税法要素分为 13 个方面，这可能与教科书上的分法并不一致。其实税法要素分为几个方面并不重要，重要的是我们要知道，税法一直在完善过程中，而税收政策就是对税法要素的补充。税收政策本身并不具备税法的全部要素，一个税收政策可能只涉及税法要素中的一二。

5.1 纳税人

宋国有个富人，因下大雨，墙坍塌下来。他儿子说："如果不赶紧修筑它，一定有盗贼进来。"邻居家的老人也这样说。当天晚上富人的家里果然丢失了大量财物，这家人认为自己的儿子非常机智，却怀疑是邻居家的老人偷的。那么到底是谁偷的？谁才是贼？

"谁"在税收上就是纳税义务人（或扣缴义务人，下同）。在税收上如果连纳税人义务人都不是，又该如何？在税收上如果定义错了纳税义务人，

"罪"再小也非同小可。

所以，在税法要素上首先要确认："我是不是纳税义务人，我应不应该成为此税种的纳税义务人。"

1. 我不是"人"

如果连纳税义务人都不是，还谈什么纳税？在税务检查中，定义错纳税义务人的情况并不少见。如个人承包经营企业中的纳税义务人经常定义错位，有把承包经营者定义为企业纳税义务人的，有把被承包企业定义为扣缴义务人的；也有把总包企业定义为扣缴义务人的，或者将分公司负责人定义为企业所得税纳税义务人的。

2. 误以为"人"

如开发商拿地，项目纳入政府规划，政府主导的拆迁，房地产企业给某企业一笔拆迁补偿款，税务机关非要收企业增值税，其实就是认为企业是增值税的纳税义务人。这个企业是一般纳税人，是增值税的纳税义务人，但并不是此业务中增值税的纳税义务人。

又如纳税人取得的中央财政补贴不属于增值税应税收入，不征收增值税（参照国家税务总局公告 2013 年第 3 号），但业务操作成了这样：受补贴的企业用增值专用发票向另一受托支付的单位（一般纳税人）领取中央补贴款。你说该企业到底是不是增值税纳税义务人？

是谁说我是"人"？一是企业业务操作不规范。二是业务相对方，它要求你必须这样做，你不做不行。三是税务机关，它检查时认为你是"人"，但你却证明不了你不是纳税义务人。

3. 想做好"人"

所谓做好"人"，就是准确、及时、全面地履行纳税义务。全面履行纳税义务，就是业务操作规范、纳税申报准确、税款缴纳及时。不纳税是因为我有不纳税的权利，想纳税是因为我有纳税的义务。一切都在法律的许可范围内，一切都有依据可循，有证据可查。为国家缴纳税款是纳税人的责任与使命，我不纳税谁纳税？我不付出谁付出？这样的纳税人才真正是有益于社会的好人。

5.2 纳税基数

纳税基数有大有小，是决定纳税金额的重要因素。不同税种的纳税基数是不一样的，有些税种的纳税基数比较简单，如契税的纳税基数就是不动产交易金额；有些税种的纳税基数比较复杂，如企业所得税的纳税基数由各类收入项目与各类扣除项目构成；有些税种的纳税基数介于简单与复杂之间，如增值税的纳税基数由交易金额和价外费用组成。

对纳税基数进行测算时，首先应该知道纳税基数的最宽度有多少，最窄度有多少。宽度与窄度的空间有多大，宽度与窄度的空间可不可以位移。如果想放大纳税义务，需要由窄向宽；如果想缩小纳税义务，自然是由宽向窄。在纳税基数的拓展与收缩中，空间因素很重要，时间因素也不容小视。空间、时间如果都没有余地，内部的结构也很值得考虑。空间比大小，时间比长短，结构比位置。如当期应纳税所得额的计算，可以在空间、时间、结构上进行合理调剂，计算出一个有利于本期的数额。

1. 基数缩小

经过测算，如果本期的纳税金额较大，则可以用缩小纳税基数的办法，使最终的纳税金额变小，以节省当期的纳税资金。此时纳税基数的变小可以起到递延纳税的作用。

经过测算，如果本期的适用税率较高，则可以用缩小纳税基数的办法，使最终的纳税金额变小，以节省当期的纳税资金。此时纳税基数变小或能起到以后少纳税的作用。

通常，纳税人都喜欢缩小纳税基数，以减少当期的纳税金额，为企业节约资金。但在缩小纳税基数的时候，既要考虑纳税金额，也要预测到可能的税率变化；既要考虑对当期的影响，也要考虑对以后期的影响。否则，结果就反向了。

2. 基数扩大

经过测算，如果本期的纳税金额较小，可以用扩大纳税基数的办法，使最终的纳税金额变大，以增加本期纳税。你问："多缴税是何道理？"我答：

"企业想上市，创造业绩，显示社会贡献，不多缴税怎么办？"

经过测算，如果本期的适用税率较低，可以用扩大纳税基数的办法，使最终的纳税金额变大，以增加本期纳税。你问：哪有想多缴税的，这是何道理？我说：你本期纳税基数大了，税率低，虽然是多缴税但其实是少缴税。若以后税率提高，纳税基数变小，缴税会少些。"

通常，纳税人都喜欢扩大纳税基数，以增加当期的纳税金额，以此实现特定的税收目的。但在扩大纳税基数的时候，既要考虑纳税金额，也要预测到可能的税率变化。否则，结果就反向了。

3. 基数无用

企业若符合免税或者不征税条件，纳税基数大小都是一样的，纳税基数就无用了，考虑了也是无用，何必费神？但是如果本期和以后期，免税或者不征税不一致，就要将基数缩小和基数扩大一并考虑，合理确认纳税基数，以实现税收利益的最大化。

但这里提示一点，无论纳税基数有用还是无用，金额计算准确都是税法最基本的要求。有些免税的企业，纳税基数计算不准，免税额不准，少免税了，反映不出国家对企业的实际支持力度；多免税了，可能造成虚假申报。这样的风险也是需要纳税人注意的。

4. 基数调整

关于纳税基数的调整渠道提示以下几点：

（1）在合同中合理分解业务金额。如增值税，因为税率不同，收入可以根据税率区分为不同的服务，以适用不同的税率。

（2）在前后期进行调整。合理地利用企业的会计制度，实现递延纳税。如企业折旧时间长短的确认、应纳税所得额在前后期间的合理调整。

（3）应税与免税期间的调剂。有些应税期间的业务留滞到免税期间做，你说行不行？这是个税务问题，但更可能是企业决策的问题。

（4）关联企业间调整。合理利用关联方交易可以实现税收的特定目的，即使按照公允价格交易，关联方交易也有着特殊的经济与税收意义。

5.3 适用税目

在大多数的税务工作者眼里，税目其实是不重要的，尽管税法要素中将税目列在其中。不过，我在这里强调的是税目决定税率，如果税目用错了，适用税率可能就错了，结果就是"差之毫厘，谬以千里"。

比较有代表性的税种有增值税（还有原营业税）、印花税、车船税、消费税等。可以概括地说，凡是税率多的税种，税目定然多；反之，凡是税目多的税种，税率自然也不会少。

那么，就要确认几个问题："到底是先有鸡，还是先有蛋？到底是先有税目，还是先有税率？"于是导出研究税目这一话题的原因。在本书中研究税目当然是为了适用税率，我认为税目是"鸡"，税率则是"蛋"。在税收上，税率很重要，其实税目更重要，税目是税率之母。仔细研究税目，会有高低税率变换、零税率转换之奥妙。

1. 税率与税目

前面讲过，税目是税率之母。税目研究好了，税率是对号入座的事。在税务管理中，我们要先将业务对应好税目，再去固定税率。为什么税务机关说你的税率用错了？其实依据的就是税目。他认为税目需要重新对应。

2. 发票与税目

我们是否认真地关注过发票上标的税目？我们更多关注的是纳税基数、税率、纳税金额和纳税时限等。从现在开始，关注一下税目吧，它对了一切都对，它错了一切白费。尤其在增值税的开票系统中，税目选错了，还能开出发票吗？选税目是纳税人的事，出什么税率是系统的事，如果你做的业务是此税目不是彼税目，你说你用的税率是此税率还是彼税率？

有一个不征税的业务，会计开发票时选择了零税率，结果"金税三期"系统预警，2 000万元的发票全部作废。零税率适用于出口业务，虽然也没有税款，但税目不对，税率也不对，就出问题了。

在业务的风险管控和税务策划中，在风险的危机公关中，应该习惯于研究税目。税目确定好，税率即使用错了，也是会计差错，属于计算错误。如果税目用错，性质变了，可能就不是计算错误，而是业务操作错误了。计算错误与操作错误在税收待遇上是不同的。

《税收征管法》第五十二条规定，因纳税人、扣缴义务人计算错误等失误，未缴或者少缴税款的，税务机关在三年内可以追征税款、滞纳金；有特殊情况的，追征期可以延长到五年。

3. 优选税目

起草涉税合同、进行税务策划时必须要懂税目，甄别税目与税目之间的细微差别。业务操作的起始就应该预计适用低税率的税目，而不是业务做完了，被动地找税率、找税目。我们为什么不提前确定税目，再用税目固定税率呢？

税目决定业务的性质，关乎业务操作的模式。如果科目用错，业务性质发生改变，可能波及业务模式发生错误。如果业务模式发生错误，后果可想而知，我们一切的做法可能功亏一篑。

5.4 适用税率

税率是"蛋"，税目是"鸡"，税目产生税率。尽管有时候税目不同，但可能税率相同，这丝毫不能影响我们对税目和税率的研究次序。

确认好税目，再查找对应的税率是十分容易的。我们可将常用税种的科目税率表归纳在一起，方便用时查找，如增值税、个人所得税、企业所得税和土地增值税等。

如土地增值税的税率是累进的，税率是通过计算税目来完成的，尽管税目的计算复杂一些，但如果增值额和扣除额以及增值率计算对了，税目就对了，税率自然就确定好了。

以下是关于税率的几个基本常识：

1. 固定税率与比例税率

税率有固定税率和比例税率之分。土地使用税就是固定税率，它是按金额定的，但它是有幅度的，土地情况不同，税率可能不一样。其他固定税率还有印花税的权利证照、车船税等。企业所得税是比例税率，法定的税率是25%、20%、15%。还有增值税的法定税率为13%、9%、6%，但5%、3%

就属于征收率。征收率本质上不是法定的税率，但可当作税率使用。

2. 累进税率

累进税率主要体现在个人所得税和土地增值税上。纳税基数越高，税率越高。它体现的是国家用税收杠杆调节此项收入的能力。累进税率实质上也是比例税率的一种，只是它相对于单一的比例税率更加复杂而已，以下单独解释。

如果遇到累进税率，定然要计算好临界点，在临界点上下，税率差一个档次，税额差的可不是一点半点。在临界点上下进行选择是需要综合统筹的，纳税人需要在影响纳税基数的因素上做文章，合理分配与调整纳税基数。

3. 高税率与低税率

几乎各税种都有高税率与低税率的划分。税率的高低是考虑不同的业务状况而设定的。用低不用高，是我们常规的思路。但是实际工作中也不尽然。比如增值税，如用6%的高税率，可以抵扣进项税额，而用3%的简易征收率，就不能抵扣。

到底用哪一个好呢？这还得根据企业的经营状况进行测算，要考虑经营规模、行业特点、成本费用的进项发票的取得情况等。如企业所得税，有25%的高税率，有15%的优惠税率，也有0%的低税率（我们通常将免税视为0%），究竟如何适用低税率？这是需要税务策划统筹完成的，而不是拍脑门来决定的。

4. 高低税率的核算

税法在高低税率的适用上有成文的规定，就是企业既有高税率，也有低税率，是需要分开核算的，否则税率从高。这在税收管理实践中是要引起纳税人重视的。不过税法没有讲怎样才是分开核算，这为纳税人留下了可操作的空间，但同时也把风险留给了纳税人。如何叫分开核算呢？以下进行分析：

税法的分开核算，其实就是分别按不同的税率计算其纳税基数。既要把不同税率的纳税基数计算准确，还要设置对应的明细账或者备查账，账目清晰，一目了然。而不是税务人员查账时让你提供核算的方法，你现找个计算器去加减。

分开核算的原则如下：第一，要遵守《会计法》的要求；第二，要做好备查登记（这个也是账）；第三，要写好备案文件和做好后续管理。总之一句话，就是遵守明晰性的原则，让人一看就懂。比如，技术研究开发费的加计扣除，税法上的单独核算就要求计入"研发支出"，而不是直接计入"管理费用"。

5.5 纳税环节

纳税行为产生了纳税义务，纳税义务需要在规定的时限履行。纳税义务在哪个环节履行，税法是有规定的。纳税环节是指税法规定的征税对象在生产、销售、消费等流转过程中应当缴纳税额的环节。按照纳税环节的多少，可分为一次课征制和多次课征制，如所得税在分配环节纳税，而流转税可能在生产环节和流通环节纳税。

各税种的纳税环节在税法中均有设定。企业在税务策划中，可以适当地前移或后置，在纳税环节中植入税务策划。如消费税一般都是在生产销售环节缴纳。企业可以考虑设立一些销售子公司。厂家生产后，卖给这些销售子公司时，只要价格不低到不合理的程度，就可以按预定的价格计算缴纳消费税了。

1. 纳税的申报

纳税申报的要求：纳税人、扣缴义务人应在法定的申报期限内，按照规定的申报内容，如实办理纳税申报，并对申报的真实性、及时性承担法律责任。

（1）自有的纳税义务申报。纳税人办理纳税申报，应报送纳税申报表、财务会计报表，以及主管税务机关要求提供的其他纳税资料。纳税人办理纳税申报，应申报税种、税目、应税项目、计税依据、扣除项目及标准，适用税率或单位税额，应退税项目及税额，应减免税项目及税额，应纳税额，税款所属期限、延期缴纳税款、欠税、滞纳金等。

（2）代扣代缴义务申报。扣缴义务人办理扣缴税款申报时，应报送代扣代缴、代收代缴税款报告表，代扣代缴、代收代缴税款合法凭证，以及主管税务机关要求提供的有关证件、资料。扣缴义务人办理扣缴税款申报，应报告代扣代缴、代收代缴地方税收的税种、税目、项目、计税依据、税率或单位税额、应扣缴税额、税款所属期限等。

法定的扣缴义务主要是个人所得税、委托加工消费税、外国代理机构增值税等。扣缴义务人务必知道扣缴的事项包括什么。

2．税款的缴纳

税款缴纳的要求如下：

（1）及时缴纳。各税种的税款缴纳日期都有规定，只要在规定的缴纳期限最后一天缴纳了就可以。但这是理论上的，总要留有发生意外的解决时间，建议这个时间在3天为宜。

（2）足额缴纳。做好缴纳税款的资金预算，准备好足够的纳税资金。特殊情况需要迟延缴纳的，按税务程序申请延缓，以节省滞纳金。

（3）形成欠税。有些企业为了不纳税，就不申报，虽然没有形成欠税，但应归属于虚假申报或偷税的范畴。如果申报了形成欠税，由于资金问题不能缴纳，只会发生滞纳金，滞纳金的资金成本是每年18%。

3．后续的管理

后续管理的要求是：不要以为及时申报，足额缴纳税款就完成了纳税申报，向税务机关提交一些必要的资料也属于纳税申报的范畴。有些资料是申报时必须提交的，有些资料是申报时选择提交的。

这些提交的资料关系到申报质量，尤其是前后期互相影响的申报事项，申报资料的连续提交以及申报事项的后续管理非常重要。不申报或申报中断就会造成资料缺失，为继任者带来管理不便，形成重复工作，严重的可能会影响继任者做出误判。

如企业所得税优惠以前采用审批制或备案制，现在是企业自行申报，采用税务核查制。企业每一年的经营情况都不一样，上年符合税收优惠，本年是否也符合？本年需要重新提交资料，不能主观认为上年报了，本年和上年一样就不用报了。哪怕它真的和上年一样，也要重新报告。

5.6 纳税地点

纳税义务发生了，更多的时候就不能选择纳税地点了，因为税法对纳税地点是有严格规定的。可是如果纳税义务没有发生，或者正准备发生，我们有没有权利选择纳税地点呢？回答是肯定的。我们可以通过注册地的选择来选择纳税地点。不都是缴税吗？缴在这个地方和缴在那个地方，意义有什么不同吗？当然有而且还很大。

甲地和乙地比较：甲地有税收优惠，乙地没有；甲地有财政返还，乙地没有；甲地管理开放、宽松，乙地没有；甲地经济发达，乙地不发达，等等。都是缴税，你认为应该缴在甲地还是乙地？

所以，税款缴在此地还是彼地是可以选择的，纳税地点的选择是进行策划时必须考虑的。当然了，对企业注册经营地的选择还是多从企业经营的角度进行决策，税收仅是其中一个因素。我们是做税务策划的，但不倡导完全以税收为导向来选择企业的经营注册地。

毕竟税收成本仅占企业经营成本的10%左右，还有90%的成本才是重点应考虑的。在企业注册地的选择上，税收仅作为其中的一个影响因素。当然，商贸企业、互联网企业或者其他因素都没有税务重要的企业除外。

1. 税收管辖

一般来说，税收的缴纳地就是该税种的管辖地。税收管辖地对纳税人而言，应该非常关注。当地的经济状况、人文环境、管理者的思想都关系着纳税人的税务处境。各地对税法的执行、税收政策的落实、对纳税人的态度总是会有各自的惯性。

2. 税收优惠

地区间是有税收优惠的。如西部大开发的税收政策、国家高新技术园区的税收政策和地方经济园区核定征收的管理政策。对于这些政策，纳税人都是可以考虑利用的。

除了地区间的税收优惠外，地区间对税收优惠政策的落实与管理也是有差别的。如甲地对困难企业的土地使用税的减免可能很宽松，而同样状态的企业，在乙地可能根本就得不到减免；在甲地的企业可以主张自己的权利，在乙地的企业可能无法申诉。这与当地掌握税收政策的宽紧度有关。

3. 招商引资

各地为了经济发展都制定了相应的招商引资政策。越是经济发达的地区，招商引资政策的优惠力度越大,反而越是经济落后的地区,招商引资政策的优惠力度越小。但是无论优惠力度大小,反正对于纳税人而言,有总比没有强。

我们这里要强调的是,这些招商引资政策如何与税法结合。政府给的资源、资产、资金在税收上如何处理?如果纳税人自己不知道、不主张,在事前不做好纳税的规划控制,出现问题了,可别报怨当地政府,也别报怨当地税务机关不近人情。

我们建议,纳税人要联合税务机关,共同完成招商引资的税务管理并落实到位。

5.7 纳税期限

关于纳税期限,会计们是知道的,有的按期纳税,如增值税按月(季)申报、企业所得税汇算清缴按年度申报;有的按次纳税,如购买不动产的契税、车辆购置税。从税种上分,按期纳税的税种较多,按次纳税的税种较少;从业务上分,经营发生的业务按期纳税的多,不经常发生的业务按次纳税的多。

关于纳税期限,我们关注的是:在规定的纳税期限内,纳税人必须完成纳税申报和税款缴纳,与税务机关结清纳税义务。否则,就可能产生税收违法的严重后果。

偷税是指纳税人故意违反税收法规,采用欺骗、隐瞒等方式逃避纳税的违法行为。根据《税收征管法》第六十三条的规定:"纳税人伪造、变造、隐匿、擅自销毁账簿、记账凭证,或者在账簿上多列支出或者不列、少列收入,或者经税务机关通知申报而拒不申报或者进行虚假的纳税申报,不缴或者少缴应纳税款的,是偷税。"

不缴或者少缴的应纳税款是如何计算出来的呢?就是根据各个税种的纳税期限。增值税的纳税期限是月(季)。在实际稽查中,增值税是根据稽查期间计算应纳税额,以稽查截止日为纳税期限的。

1. 税务局责任

《税收征管法》第五十二条规定,因税务机关的责任,致使纳税人、扣缴义务人未缴或者少缴税款的，税务机关在三年内可以要求纳税人、扣缴义务人补缴税款，但是不得加收滞纳金。

《中华人民共和国税收征收管理法实施细则》（以下简称《税收征管法实施细则》）第八十条规定，税收征管法第五十二条所称税务机关的责任，是指税务机关适用税收法律、行政法规不当或者执法行为违法。税务机关在三年内可以要求纳税人、扣缴义务人补缴税款，但是不得加收滞纳金。

《税收征管法实施细则》第八十三条规定，《税收征管法》第五十二条规定的补缴和追征税款、滞纳金的期限，自纳税人、扣缴义务人应缴未缴或者少缴税款之日起计算。

2. 纳税人责任

《国家税务总局关于未申报税款追缴期限问题的批复》（国税函〔2009〕326号）批复如下，《税收征管法》第五十二条规定：对偷税、抗税、骗税的，税务机关可以无限期追征其未缴或者少缴的税款、滞纳金或者所骗取的税款。

《税收征管法》第六十四条第二款规定的纳税人不进行纳税申报造成不缴或少缴应纳税款的情形不属于偷税、抗税、骗税，其追征期按照《税收征管法》第五十二条规定的精神，一般为三年，特殊情况可以延长至五年。

《税收征管法实施细则》第八十二条规定，《税收征管法》第五十二条所称特殊情况，是指纳税人或者扣缴义务人因计算错误等失误，未缴或者少缴、未扣或者少扣、未收或者少收税款，累计数额在10万元以上的。

5.8 税收优惠

每个税种都是有税收优惠的，只是优惠的对象、范围、方法和管理不同而已，但基本原理都是一样的。税收优惠一是鼓励企业创新，二是扶持资源整合，三是照顾民生民众。有的税收优惠是指向纳税主体，有的税收优惠是指向税收业务，而有的税收优惠是指向这两方面的。

纳税人享受税收优惠时，务必要分清是针对主体的，还是针对业务的，或是双针对的。如小型微利企业的所得税优惠就是针对纳税主体的，而农林牧渔企业所得税的减免就是针对业务的，但西部大开发税收优惠是主体与业务双针对的。纳税人如果分不清这些，就会造成税收风险。

例如，有一家养殖企业，其养殖所得是免企业所得税和增值税的，但是政府补助却不能混同养殖所得一并减免企业所得税。他不知道，直接做了减免申报，会受到补税与加收滞纳金的处罚。养殖企业的增值税也是免的，他知道；但销售废旧物资的收入也混同养殖收入做了免税申报，他不知道。

这些企业实际发生的案例告诉我们，在各个税种的税收优惠上，我们一是要判断可不可以享受优惠，二是要做好减免税管理，以符合税法的规定。

1. 不征税收入

关于不征税收入，企业所得税上有，其他税种也有。

企业所得税范畴的不征税收入类似于时间性差异，纳税人一定要懂这个道理。所以，企业一定要对政府补助资金征不征税做个统筹策划，根据企业的情况合理地在征税与不征税之间选择，也就是说政府补助资金并不是一定要做成不征税收入的。做成征税收入，有时对企业可能是有利的。

其他税种的不征税收入，更多的是没有纳入税收管辖的事项，如政府收回土地使用权，被拆迁人得到的补偿不征增值税，就是此种情况。

2. 减免税种类

关于减免税的种类，需要知道以下几种情况：

（1）税基式的减免。比如销售不动产适用简易征收的，可以扣除买入成本，按余额计算增值税；残疾人工资，可以加计100%在企业所得税前扣除；企业重组，按规定可以免收印花税等。

（2）税率式的减免。比如高新技术企业享受15%的企业所得税优惠税率，比法定税率少10个点；小规模纳税人增值税享受3%的征收率优惠；销售旧货按4%减半计算缴纳增值税等。

（3）税额式的减免。按税法规定采购节能节水、安全生产、环境保护的设备，可以按采购额的10%抵减企业所得税税额；安置下岗再就业人员可以定额抵减当期应纳税额；小型微利企业所得税减免地方留成等。税收的先征后退本质上也归属于此类。

出口退税的免、抵、退属于以上三种方式的组合应用。

3. 减免税管理

（1）减免税的单独核算。纳税人同时从事减免项目与非减免项目的，应分别核算，独立计算减免项目的计税依据以及减免税额度。不能分别核算的，不能享受减免税；核算不清的，由税务机关按合理方法核定。

（2）减免税的期间核算。企业从事国家重点扶持的公共基础设施项目的投资经营的所得，自项目取得第一笔生产经营收入所属纳税年度起，第1～3年免征企业所得税，第4～6年减半征收企业所得税。如果涉及项目连续分年度投入，这个减免税的期间管理就非常重要了。

如《国家税务总局关于电网企业电网新建项目享受所得税优惠政策问题的公告》（国家税务总局公告2013年第26号）。

（3）减免税的专款专用。税法有规定将减免税款专款专用的，从其规定。若用途不符合规定，或者长期挂账不花，可以取消其免税资格。这是需要纳税人注意的，随着纳税风险评估的推进，这个事项可能会出现风险。

（4）减免税的跟踪管理。按照《税收减免管理办法》（国家税务总局公告2015年第43号）进行管理。

5.9 违章处理

经过税务危机公关管理后，企业真实的问题已经得到确认。对于企业已经确认的问题，税务机关该如何定性，如何对纳税人进行处理，是本节所关注的。

一般而言，税务的违章处理有两个渠道：一是税务机关层面的行政处罚，这是根据《税收征管法》进行的；二是税务机关提交司法层面的刑事处罚，这是根据《刑法》进行处理的。但不管根据什么法规进行处罚，都有定性与量刑的问题，即从重处罚还是从轻处罚。毕竟法律有情节的考虑，可以从轻、减轻或免于处罚的，当然也有从重处罚的。

纳税人的违章该受到何种处罚呢？可不可以从轻、减轻或免于处罚呢？如果接受处罚，行政处罚的程序又是怎样的呢？如果不接受处罚，该采取什么方法来维权呢？

目前，为了防止基层税务机关自由裁量过大，随意执法，国家税务总局根据性质与情节对税收处罚规定了相应的幅度，各省虽然不一致，但都有细则出台。

1. 违反税法行为的处罚

根据《税收征管法》的规定，纳税人不涉及虚假申报和偷税的行为，视情节给予一定额度的经济处罚，也包括停供发票、降低纳税信用等级的惩罚。

2. 虚假申报的处罚

根据《税收征管法》第六十四条的规定，纳税人、扣缴义务人编造虚假计税依据的，由税务机关责令限期改正，并处五万元以下的罚款。纳税人不进行纳税申报，不缴或者少缴应纳税款的，由税务机关追缴其不缴或者少缴的税款、滞纳金，并处不缴或者少缴的税款百分之五十以上五倍以下的罚款。

3. 偷税的行政处罚

《税收征管法》第六十三条规定，纳税人伪造、变造、隐匿、擅自销毁账簿、记账凭证，或者在账簿上多列支出或者不列、少列收入，或者经税务机关通知申报而拒不申报或者进行虚假的纳税申报，不缴或者少缴应纳税款的，是偷税。

对纳税人偷税的，由税务机关追缴其不缴或者少缴的税款、滞纳金，并处不缴或者少缴的税款百分之五十以上五倍以下的罚款；构成犯罪的，依法追究刑事责任。

扣缴义务人采取前款所列手段，不缴或者少缴已扣、已收税款，由税务机关追缴其不缴或者少缴的税款、滞纳金，并处不缴或者少缴的税款百分之五十以上五倍以下的罚款；构成犯罪的，依法追究刑事责任。

4. 偷税的刑事处罚

新修订的《刑法》中关于偷税漏税罪的法律规定如下：

（1）第二百零一条：纳税人采取欺骗、隐瞒手段进行虚假纳税申报或者不申报，逃避缴纳税款数额较大并且占应纳税额百分之十以上的，处三年以下有期徒刑或者拘役，并处罚金；数额巨大并且占应纳税额百分之三十以上的，处三年以上七年以下有期徒刑，并处罚金。

扣缴义务人采取前款所列手段，不缴或者少缴已扣、已收税款，数额较大的，依照前款的规定处罚。

对多次实施前两款行为，未经处理的，按照累计数额计算。

有第一款行为，经税务机关依法下达追缴通知后，补缴应纳税款，缴纳滞纳金，已受行政处罚的，不予追究刑事责任；但是，五年内因逃避缴纳税款受过刑事处罚或者被税务机关给予二次以上行政处罚的除外。

（2）第二百零二条：以暴力、威胁方法拒不缴纳税款的，处三年以下有期徒刑或者拘役，并处拒缴税款一倍以上五倍以下罚金；情节严重的，处三年以上七年以下有期徒刑，并处拒缴税款一倍以上五倍以下罚金。

（3）第二百零三条：纳税人欠缴应纳税款，采取转移或者隐匿财产的手段，致使税务机关无法追缴欠缴的税款，数额在一万元以上不满十万元的，处三年以下有期徒刑或者拘役，并处或者单处欠缴税款一倍以上五倍以下罚金；数额在十万元以上的，处三年以上七年以下有期徒刑，并处欠缴税款一倍以上五倍以下罚金。

（4）第二百零四条：以假报出口或者其他欺骗手段，骗取国家出口退税款，数额较大的，处五年以下有期徒刑或者拘役，并处骗取税款一倍以上五倍以下罚金；数额巨大或者有其他严重情节的，处五年以上十年以下有期徒刑，并处骗取税款一倍以上五倍以下罚金；数额特别巨大或者有其他特别严重情节的，处十年以上有期徒刑或者无期徒刑，并处骗取税款一倍以上五倍以下罚金或者没收财产。

纳税人缴纳税款后，采取前款规定的欺骗方法，骗取所缴纳的税款的，依照本法第二百零一条的规定定罪处罚；骗取税款超过所缴纳的税款部分，依照前款的规定处罚。

（5）第二百零五条：虚开增值税专用发票或者虚开用于骗取出口退税、抵扣税款的其他发票的，处三年以下有期徒刑或者拘役，并处二万元以上二十万元以下罚金；虚开的税款数额较大或者有其他严重情节的，处三年以上十年以下有期徒刑，并处五万元以上五十万元以下罚金；虚开的税款数额巨大或者有其他特别严重情节的，处十年以上有期徒刑或者无期徒刑，并处五万元以上五十万元以下罚金或者没收财产。

有前款行为骗取国家税款，数额特别巨大，情节特别严重，给国家利益造成特别重大损失的，处无期徒刑或者死刑，并处没收财产。

单位犯本条规定之罪的，对单位判处罚金，并对其直接负责的主管人员和其他直接责任人员，处三年以下有期徒刑或者拘役；虚开的税款数额较大或者有其他严重情节的，处三年以上十年以下有期徒刑；虚开的税款数额巨大或者有其他特别严重情节的，处十年以上有期徒刑或者无期徒刑。

虚开增值税专用发票或者虚开用于骗取出口退税、抵扣税款的其他发票，是指有为他人虚开、为自己虚开、让他人为自己虚开、介绍他人虚开行为之一的。

5.10 特定条款

税法适用的基本原则，上位法优于下位法，新法优于旧法，特别法优于一般法。

税法中的特别法优于一般法，就是特别法优于普通法。《中华人民共和国立法法》（以下简称《立法法》）第八十三条规定："同一机关制定的法律、行政法规、地方性法规、自治条例和单行条例、规章，特别规定与一般规定不一致的，适用特别规定……"

税法特别法优于普通法这一原则的含义是指，对同一事项两部法律分别订有一般和特别规定时，特别规定的效力高于一般规定的效力。当对某些税收问题需要做出特殊规定，但是又不便于普遍修订税法时，即可以通过特别法的形式予以规范。

凡是特别法中做出规定的，即排斥普通法的适用。不过这种排斥仅是就特别法中的具体规定而言的，并不是说随着特别法的出现，原有的居于普通法地位的税法即告废止。

特别法优于普通法原则打破了税法效力等级的限制，即居于特别法地位级别较低的税法，其效力可以高于作为普通法的级别较高的税法。税法在执行的时候，更多时候执行的是财税字、国税发、国税函、国家税务总局公告等规定，因为它们都属于税法的特定条款。

这些特定条款（也叫特别条款）就相当于特别法，它们是受全国人大、地方人大、国务院委托做出的税务管理规定或税收执法解释。

法律中的这些特殊条款，纳税人能不能适用？哪些适用对纳税人有利？哪些适用对纳税人不利？这是对特殊条款用与不用的研究。

1. 针对行业

关于行业的税收政策都是针对某一个行业的，仅在这个行业适用，行业之外就不能适用。

如《国家税务总局关于印发〈房地产开发经营业务企业所得税处理办法〉的通知》（国税发〔2009〕31号）就是专门针对房地产行业的，其他行业不能适用此规定。

如《国家税务总局关于加强土地增值税征管工作的通知》（国税发〔2010〕53号）第四条规定，为了规范核定工作，核定征收率原则上不得低于5%，各省级税务机关要结合本地实际，区分不同房地产类型制定核定征收率。这就是专门针对房地产开发企业的，非房地产开发企业也出售房地产但不适用此规定。

2. 针对行为

如《国家税务总局关于未申报税款追缴期限问题的批复》（国税函〔2009〕326号）就是针对纳税人不进行申报行为进行税务处罚定性的，但它的主体可以是任何企业。

《税收征管法》第五十二条规定，对偷税、抗税、骗税的，税务机关可以无限期追征其未缴或者少缴的税款、滞纳金或者所骗取的税款。

《税收征管法》第六十四条第二款规定的纳税人不进行纳税申报造成不缴或少缴应纳税款的情形不属于偷税、抗税、骗税，其追征期按照《税收征管法》第五十二条规定的精神，一般为三年，特殊情况可以延长至五年。

3. 针对事项

有纳税人问："《企业所得税法》第八条规定，企业实际发生的与取得收入有关的、合理的支出，包括成本、费用、税金、损失和其他支出，准予在计算应纳税所得额时扣除。根据此规定，我企业的利息支出虽然没有发票，但也可以扣除啊！"我说："这是普通法的规定，还有特别法规定。"

如《国家税务总局关于发布〈企业所得税税前扣除凭证管理办法〉的公告》（国家税务总局公告2018年第28号），是关于扣除管理的管理办法，它就是特别规定，是专门针对扣除管理这个事项的。

4. 针对时期

《财政部、国家税务总局关于继续支持企业事业单位改制重组有关契税政策的通知》（财税〔2018〕17号）规定，该通知自2018年1月1日起至2020年12月31日执行。该通知发布前，企业、事业单位改制重组过程中涉及的契税尚未处理的，符合该通知规定的可按该通知执行。

明显看出这是一个特定时期的政策：2018年1月1日起至2020年12月31日执行。其他时间段是不适用的。在特定政策的税法适用中，我们可以根据针对的对象来寻找对自己有利的政策。

5. 针对关键词

税法中的关键词也是我们关注的重点，如或、可、其他、等等、另有规定、包括但不限于。这些词汇的不同理解对税收的影响是非常重大的，有时不同的理解对纳税结果可能起到颠覆性的作用。

6. 针对税法差异

需要特别关注的是：特定条款的规定多引发《税法》与《会计法》的差异，或者《税法》与其他法的差异。

5.11 法律级次

目前我国开征的税种包括增值税、消费税、企业所得税、个人所得税、资源税（含水资源税）、城镇土地使用税、房产税、城市维护建设税、耕地占用税、土地增值税、车辆购置税、车船税、印花税、契税、烟叶税、关税和船舶吨税共17个。

我国的税收法律级次：我国有权制定税收法律法规和政策的国家机关主要有全国人民代表大会及其常务委员会、国务院、财政部、国家税务总局、海关总署、国务院关税税则委员会等。

1. 全国人民代表大会及其常务委员会制定的法律和有关规范性文件

目前，全国人民代表大会及其常务委员会制定的税收实体法律有《中华人民共和国个人所得税法》（以下简称《个人所得税法》），《企业所得税法》，《中华人民共和国车船税法》（以下简称《车船税法》），税收程序法律有《税收征管法》。

全国人民代表大会及其常务委员会做出的规范性决议、决定以及全国人民代表大会常务委员会的法律解释，同其制定的法律具有同等法律效力。

2. 国务院制定的行政法规和有关规范性文件

我国现行税法绝大部分都是国务院制定的行政法规和规范性文件，主要有以下几种类型：

（1）是税收的基本制度。根据《中华人民共和国立法法》第九条规定，税收基本制度尚未制定法律的，全国人民代表大会及其常务委员会有权授权国务院制定行政法规。比如，现行增值税、消费税、车辆购置税、土地增值税、房产税、城镇土地使用税、耕地占用税、契税、资源税、船舶吨税、印花税、城市维护建设税、烟叶税和关税等诸多税种，都是国务院制定的税收条例。

（2）是法律实施条例或实施细则。全国人民代表大会及其常务委员会制定的《个人所得税法》《企业所得税法》《车船税法》《税收征管法》，由国务院制定相应的实施条例或实施细则。

（3）是税收的非基本制度。国务院根据实际工作需要制定的规范性文件，包括国务院或者国务院办公厅发布的通知、决定等。比如 2006 年 5 月《国务院办公厅转发建设部等部门关于调整住房供应结构稳定住房价格意见的通知》（国办发〔2006〕37 号）中有关房地产交易营业税政策的规定。

（4）是对税收行政法规具体规定所做的解释。比如 2004 年 2 月《国务院办公厅对〈中华人民共和国城市维护建设税暂行条例〉第五条解释的复函》（国办函〔2004〕23 号）。

（5）是国务院所属部门发布的，经国务院批准的规范性文件，视同国务院文件。比如 2006 年 3 月《财政部、国家税务总局关于调整和完善消费税政策的通知》（财税〔2006〕33 号）。

3. 国务院财税主管部门制定的规章及规范性文件

国务院财税主管部门，主要是财政部、国家税务总局、海关总署和国务院关税税则委员会。国务院财税主管部门可以根据法律和行政法规的规定，在本部门权限范围内发布有关税收事项的规章和规范性文件，包括命令、通知、公告等文件形式。代表形式如财税〔2016〕36 号、国税发〔2009〕31 号、国税函〔2009〕3 号、国家税务总局公告 2017 年第 1 号等。

4. 地方人民代表大会及其常务委员会制定的地方性法规和有关规范性文件，地方人民政府制定的地方政府规章和有关规范性文件

根据中国现行立法体制，地方只能根据法律、行政法规的授权制定地方性税收法规、规章或者规范性文件，对某些税制要素进行调整。

比如，《中华人民共和国城镇土地使用税暂行条例》规定，税额标准由省、自治区、直辖市人民政府在规定幅度内确定。

再如，《中华人民共和国民族区域自治法》第三十五条规定，在民族自治地方，自治机关（省级人民代表大会和省级人民政府）在国家统一审批减免税项目之外，对属于地方财政收入的某些需要从税收上加以照顾和鼓励的，可以实行减税或者免税，自治州、自治县决定减税或者免税，须报省或者自治区人民政府批准。

5. 省以下税务机关制定的规范性文件

这是指省或者省以下税务机关在其权限范围内制定的适用于其管辖区域内的具体税收规定。通常是有关税收征管的规定，在特定区域内生效。这些规范性文件的制定依据，是税收法律、行政法规、规章及上级税务机关的规范性文件。

6. 中国政府与外国政府（地区）签订的税收协定

国际税收协定是指两个或两个以上的主权国家为了协调相互间在处理跨国纳税人征纳事务方面的税收关系，本着对等原则，通过政府间谈判所签订的确定其在国际税收分配关系的具有法律效力的书面协议或条约，也称为国

际税收条约。它是国际税收重要的基本内容，是各国解决国与国之间税收权益分配矛盾和冲突的有效工具。

截至目前，共对外正式签署 89 个税收协定，生效协定 82 个，与香港、澳门特别行政区签署了避免双重征税安排。

5.12 效力期间

税法是有法律级次的，级次越高效力越大。这个问题已经在上一章讲了。本章主要是研究各个级次法律的有效时间。

当纳税义务发生时，如果某法律对该行为是有约束的，这个法律对该行为者就是有效的；在纳税行为发生的期间，某法律也同时有效力，即当纳税义务发生期间和法律效力的有效期间重合时，这个法律对这个纳税行为才是有效的。以上我们可以看出，一个法律对一个纳税行为的有效性，包括两个方面：一个是关联的有效性，另一个是效力时间的重合性。

我们通常在适用税法上的错误包括：第一，用一个与此业务不相关的税法判定该业务的合法性；第二，用一个已经失效的税法来判定此业务的合法性。

如此葫芦僧判断葫芦案会造成纳税人"惶恐滩头说惶恐，零丁洋里叹零丁"。所以，研究税法的效力，它到底是有效还是无效，它到底适用不适用于此纳税行为，无论是对执法者，还是对守法者，抑或是服务者，都是至关重要的。

1. 税法的生效

税法效力是税法生效的范围，即税法在什么时间、什么地点和对什么人、对什么事有效。税法效力一般分为时间效力、空间效力和对人的效力。①时间效力，指税法开始生效和终止生效的时间。②空间效力，指税法生效的地域范围（包括领土、领水、领空）。③对人的效力，即税法对什么人发生效力。④对事的效力，即税法对哪些税务事务发生效力。

税法生效的时间，有的自法律公布之日起生效；有的是在法律公布后一段时间才生效。税法终止生效的时间，有的是法律本身就规定停止生效的日期，到期自行失效；有的法律随着新法律的颁布而相应地失去法律效力；有的法律是以特别文件宣布终止生效。

税法的时间效力还包括对该项税法颁布以前所发生的事件是否适用的问

题,即是否有"溯及既往"或者"不溯及既往"的效力。

税法效力范围:我国税法一般对过去所发生的行为没有溯及既往的效力。全国性的税法,在全国范围内有效;地方性的税法,在相应地区内有效,不得与全国性的税法相抵触。有的税法还对生效的地域范围做了特殊规定。

2. 税法的失效

税法的失效表明其法律约束力的终止,通常有三种类型:①以新法代替旧法,这是最常见的税法失效方式;②直接宣布废止某项税法;③税法本身规定废止日期。

税法的使用者在关注新法发布的同时,也要关注旧法的废除。目前,我国税法改革较快,大量的新法密集出台,同时大量的旧法也被废除,有的是全文废除,有的是个别条款废除。这些废旧立新的举措不可不察,尤其是个别条款的废除更要仔细斟酌。

3. 税法的不适宜

有些税法虽然未宣布作废,但已经不合时宜,这些法律是不利于纳税人的。

4. 税法的追溯力

税法的追溯力:我国的税法坚持不溯及既往的原则。在税法的实际执行上,坚持"实体法从旧,程序法从新"的原则。

"实体法从旧,程序法从新"这一原则的含义包括两个方面:一是实体税法不具备追溯力;二是程序性税法在特定条件下具备一定的追溯力。即对于一项新税法公布实施之前发生的纳税义务在新税法公布之后进入税款征收程序的,原则上新税法具有约束力。

在一定条件下允许"程序从新",是因为程序性税法具有程序性问题,不应以纳税人的实体性权利义务发生的时间为准,来判定新的程序性税法与旧的程序性税法之间的效力关系。而且程序性税法主要涉及税款征收方式的改变,其效力发生时间的适当提前并不构成对纳税人权利的侵犯,也不违背税收合作信赖主义。

5.13 义务追溯

向纳税人追缴税款是税务机关的责任，但追缴税款要根据税款产生的性质，合理地确认追缴期限，不能无限制地追缴。法律对不同的违法行为，追究责任是有时限要求的，税法也不例外。总体上讲，如果不构成偷税的行为，就不能无限期地查账追缴，区分情况确认查账期间也就是3年或5年。

法律虽讲"天网恢恢，疏而不漏"，但也是讲"法外开恩，网开一面"。税法对各类性质、情节导致的少缴税款行为，是有追缴期限的。掌握纳税义务的追溯期，对于维护纳税人的自身权益是非常有帮助的。

1. 违规行为的追溯

《中华人民共和国行政处罚法》（以下简称《行政处罚法》）第二十九条规定，违法行为在二年内未被发现的，不再给予行政处罚。法律另有规定的除外。前款规定的期限，从违法行为发生之日起计算；违法行为有连续或者继续状态的，从行为终了之日起计算。

税法未规定对于一般的违规的处罚期限，如未按规定取得发票、未按规定开具发票、未及时申报等不涉及税款的违规处罚期限。但根据《行政处罚法》的规定，此类违规行为，二年后发现的不能再进行处罚。

2. 虚假申报的追溯

《国家税务总局关于未申报税款追缴期限问题的批复》（国税函〔2009〕326号）批复如下：《税收征管法》第六十四条第二款规定的纳税人不进行纳税申报造成不缴或少缴应纳税款的情形不属于偷税、抗税、骗税，其追征期按照《税收征管法》第五十二条规定的精神，一般为三年，特殊情况可以延长至五年。

3. 逃避缴纳税款的追溯

《税收征管法》第五十二条规定，对偷税、抗税、骗税的，税务机关可以无限期追征其未缴或者少缴的税款、滞纳金或者所骗取的税款。

4. 税务机关责任导致的追溯

《税收征管法》第五十二条规定，因税务机关的责任，致使纳税人、扣缴义务人未缴或者少缴税款的,税务机关在三年内可以要求纳税人、扣缴义务人补缴税款,但是不得加收滞纳金。

5. 特殊情况的追溯

《税收征管法实施细则》第八十二条规定,《税收征管法》第五十二条所称特殊情况,是指纳税人或者扣缴义务人因计算错误等失误,未缴或者少缴、未扣或者少扣、未收或者少收税款,累计数额在10万元以上的。

6. 纳税义务的法律豁免

纳税义务的法律豁免,包含以下两个方面的含义:一是过了法律的追溯期,不能再进行追缴税款,更不能加收滞纳金和罚款;二是企业破产了,纳税主体已经灭失,相应的纳税责任也会灭失,与企业相关的纳税责任自然灭失。

我们不能因为《税收征管法》第五十二条规定,对偷税、抗税、骗税的,税务机关可以无限期追征其未缴或者少缴的税款、滞纳金或者所骗取的税款,而无限制地追缴到投资者。

我们认为,《税收征管法》第五十二条是有限制条件的,就是在企业存在的状态下,企业灭失不应受此限制。当然有证据证明投资者分配了企业存续期间因偷税而产生的个人所得税的,对投资者追缴个人所得税是可以的。不过如果投资者已经死亡,就不能再向家族成员追缴了。

7. 法间的衔接

通过关注法律与法律、政策与政策、法律与政策之间的衔接关系,判定法律的综合效力。这个法间衔接既包括税法之间的衔接,也包括税法与其他法律间的衔接。毕竟纳税人发生业务是先按照税法外的其他法律,然后才是适用税法纳税的。

也就是说判定纳税人的业务模式是否合法,用的是其他法律,而不是税法。对这种业务模式如何征税,才用到税法。要注意其他法与税法的前置与后置关系。

第6章
总结13大纳税模式

> 纳税模式共分13种：①抵；②免；③加；④减；⑤点；⑥补；⑦退；⑧追；⑨延；⑩核；⑪差；⑫非；⑬全。

企业生产经营有许多模式，模式的不同关乎经营成本的高低、纳税的多少，甚至企业经营的成败。

企业的经营模式有：商业模式、业务模式、销售模式、资金模式、盈利模式、纳税模式，等等。本书中我们统称这些模式为业务模式。要研究纳税模式，首先要研究业务模式，因为业务模式与纳税模式密切相关，采用不同的业务模式，纳税的结果是不一样的。设计与优化业务模式，规范操作业务模式，再去对应纳税模式，企业的纳税结果才会确定。纳税结果确定了，就不会再有税务风险。

企业的纳税模式有：抵、免、加、减、点、补、退、追、延、核、差、非、全。这13种纳税模式是我们对税法（包括税收法律法规、税收政策，下同）潜心研究，总结归纳出来的。无论税法多么复杂、如何变动，税法涉及的就是对谁征税，征多少税，怎么征税。而对谁征税，征多少税、怎么征税的过程与结果，就是纳税模式。

纳税模式就是税法对纳税的要求，即纳税的方式方法与纳税的结果。一条税法或几条税法共同决定一种纳税模式。

业务模式与纳税模式：企业的业务模式有很多种，而我们将纳税模式总结为13种。如果业务模式与纳税模式正好吻合，纳税结果就是确定的；如果业务模式与纳税模式有偏差，纳税结果就是不确定的。确定的纳税结果，谁来审核都是确定的，是无风险的。不确定的纳税结果，谁来审核都有异议，是有风险的。

我们通过业务模式与纳税模式的吻合与不吻合、主动吻合与被动吻合、自然吻合与校正吻合来进行税务风险管理，力求达到纳税结果的确定，实现纳税结果无风险。启动税务风险控制、税收业务策划和税务危机公关机制，同心协力，共同来完成税务管理的目标。

税务"问题"根源所在： 以前，税务机关检查时，说税收出问题了，纳税人很茫然，总是知其然而不知所以然。纳税出了问题，其实是税务机关通过审核，将已经完成的业务模式与纳税模式进行对应后，认定企业所选用的纳税模式错了。这个认定直接的后果就是：税务机关否定了企业已经选定的纳税模式。发生这种情况有两个原因：一是税务机关认定的纳税模式有错误；二是企业自己选用的纳税模式有错误。

6.1 抵

"抵"的纳税模式。"抵"有抵减、抵扣、抵退、抵顶等含义。

无论通过何种途径去抵，都可以减少企业的实际应纳税额。但抵是有前提的，因为"有"所以才"抵"。如果"有"不存在，也就没有了以后的"抵"。抵也是有条件的，并不是什么情况都可以抵，满足了条件，符合了规定，才可以抵。

把"抵"作为一种纳税模式来研究，是因为抵有交换的意味，即用一种利益去交换另一种利益，这与单纯的"免"和"减"，税收意义是不相同的。税收虽然具有固定性、强制性和无偿性的特点，但税收利益其实是有交换意味的。缴了土地增值税，是不是抵回了企业所得税？总公司缴了视同销售的增值税，分公司是不是抵扣了增值税？"抵"可以视为利益平衡的一种手段。

1. 抵减基数

企业所得税应纳税所得额的计算：用成本、费用、税金、损失等扣除项目，抵减企业的收入总额，其余额就是应纳税所得额。成本、费用、税金、损失越大，抵减基数的额度就越大，其余额就越小，纳税就越少。

2. 抵减税额

（1）抵扣进项税额：①对出口企业来说，是指生产企业出口自产货物所耗用的原材料、零部件、燃料、动力等所含应予退还的进项税额，抵顶内销货物的应纳税额。②经营单位是增值税一般纳税人，以所有的进项税额抵扣销项税额。

（2）抵减税额：增值税一般纳税人首次购买的金税卡，可以抵减应纳增值税。

（3）抵免所得税：《企业所得税实施条例》第一百条规定，《企业所得税法》第三十四条所称税额抵免，是指企业购置并实际使用《环境保护专用设备企业所得税优惠目录》《节能节水专用设备企业所得税优惠目录》《安全生产专用设备企业所得税优惠目录》规定的环境保护、节能节水、安全生产等专用设备的，该专用设备的投资额的10%可以从企业当年的应纳税额中抵免；当年不足抵免的，可以在以后五个纳税年度结转抵免。

3. 抵多缴

同一税种、同一事项如果以前有多缴多算，就可以用未来的金额抵减。虽然这种操作并不完全符合税法的规定，但有的企业将其作为应急之法。否则，发生多缴多算，虽然法律规定可以退税，但在实际中，退税的操作并非那么容易。此时的"抵"以前多缴税属于变通之法。

如纳税人发现多缴税款，或者汇算清缴多缴退税，可按正常程序退税，也可以考虑在法律非禁止的情况，用抵的方式自行处理。

4. "抵"的案例

某房地产企业预缴企业所得税，五年了也没有退回来。税务机关也知道这件事，先是考虑财政没有钱，无法做退税手续，后来，财政有钱了，但是税务系统上线并网时，该退税数据没有维护进去。你说咋退？企业只好救助我们。

经过逐年核实，我们认为确实多缴了税款，应该退税。但综合考虑向税务机关退税的难度，经协商税务机关同意，我们为企业出具了五年的涉税鉴证报告，选择了用当年的应纳税所得额抵减的方式，为企业"抵"回了税款。

有人问了："纳税人多缴税款，不是三年内可以退税吗，为什么做五年的报告？"

《税收征管法》第五十一条规定：纳税人超过应纳税额缴纳的税款，税务机关发现后应当立即退还；纳税人自结算缴纳税款之日起三年内发现的，可以向税务机关要求退还多缴的税款并加算银行同期存款利息。

本案中的多缴税款是税务机关和纳税人三年前就知道的，是经过五年还未退，不是过了五年才发现。

6.2 免

"免"的纳税模式。通常说的减免税，包括免税基、免税额、免义务等。

免税指国家为了实现一定的政治经济政策，给某些纳税人或征税对象的一种鼓励或特殊照顾，免税是免征全部税款。免税主要分以下几种情形：

（1）法定免税：是指在税法中列举的免税条款。没有特殊情况，一般不会修改或取消。如：对农业生产单位和个人销售自产初级农产品免征增值税；按照增值税暂行条例规定对托儿所、幼儿园、养老院、残疾人福利机构提供的育养服务免征增值税。

（2）特定免税：多数时候是针对具体的个别纳税人或某些特定的征税对象及具体的经营业务。特定免税一般都需要纳税人首先提出申请，经当地主管税务机关审核批准，才能享受免税的优惠。例如，《财政部税务总局关于实施小微企业普惠性税收减免政策的通知》（财税〔2019〕13号），就是专门针对小微企业进行的税收优惠，其他类型的企业就不能适用。

（3）临时免税：是对个别纳税人因遭受特殊困难而无力履行纳税义务，或因特殊原因要求减除纳税义务的，对其应履行的纳税义务给予豁免的特殊规定。这类免税一般都需要由纳税人提出申请，税务机关在规定的权限内审核批准后，才能享受免税的照顾。

1. 免除义务

（1）《税收征管法》第三十一条规定，纳税人因有特殊困难，不能按期缴纳税款的，经省、自治区、直辖市国家税务局、地方税务局（包括计划单列市国家税务局、地方税务局）批准，可以延期缴纳税款，但是最长不得超过三个月。在批准的三个月里是免收滞纳金的。

（2）个人所得税代扣代缴制度，实际上免除了纳税人的申报义务，减轻了纳税人的申报责任。

2. 免除税额

（1）通过法定免税、特定免税、临时免税，直接免除纳税人的应纳税额。如对困难企业土地使用税的减免，对从事农林牧渔房产税的减免，都是直接免除税额。

（2）通过法定免税、特定免税、临时免税，免除纳税人的纳税基数，也起到了免除税额的作用。如：对小型微利企业年应纳税所得额不超过100万元，减按25%并入应纳税所得额；对100万~300万元的部分，减按50%计入应纳税所得额，就是如此。

3. 法定豁免

（1）时效豁免：关注《税收征管法》中3年、5年内少缴税款的追缴情形。如果不是偷税行为导致的少缴税款，过了3年，至多5年，纳税义务都灭失了，自然也就没有滞纳金了。

（2）税法豁免：由于新法的出现直接否定了旧法，有些时候，自然也就免除了旧法下的纳税义务。如《国家税务总局关于发布〈企业所得税税前扣除凭证管理办法〉的公告（国家税务总局公告2018年第28号）第二十条》规定，该办法自2018年7月1日起施行。那么2018年7月1日以前的事项，是没有按此规定准备扣除凭证义务的。

《国家税务总局关于中央财政补贴增值税有关问题的公告》（国家税务总局公告2013年第3号）规定，按照现行增值税政策，纳税人取得的中央财政补贴，不属于增值税应税收入，不征收增值税。该公告自2013年2月1日起施行。此前已发生未处理的，按该公告规定执行。这个规定直接免除了以前应纳税而未纳税的义务。

（3）破产豁免：企业破产，税务机关可以向人民法院主张欠税。但如果按破产法规定的程序无法得到欠税清偿，自然属于破产豁免了。有些人主张向股东追偿，是违反破产法的。企业破产后税款不能清偿的，破产后法律主体都消失了，向谁清偿？找股东个人追缴企业的税收？谁是纳税义务人？

4. "免"的案例

W企业是养殖企业，应该是免企业所得税的，但近期得到了一笔政府专项资金，是用于补贴万头牛养殖成本的。W企业认为："既然免企业所得税，那么所有收入应该都是免的。"于是W企业就将这笔资金记入了"营业外收入"，直接参与了企业所得的减免。

我们认为，养殖企业免税免的是养殖所得，但这笔资金不是养殖所得，尽管它与养殖所得有关。建议该企业将记入"营业外收入"的补贴冲减企业生产成本。冲减了养殖成本，就增加了养殖所得，而养殖所得是免税的。虽然都想免税，但操作不对也白费。其他企业都因处理不当，补缴了企业所得税和滞纳金，唯有W企业还得到了税务局的夸奖："只有他家做对了！"

6.3 加

"加"的纳税模式。增添一点儿，变大一点儿。税收中的"加"，有照顾或鼓励的成分，如技术开发费的加计扣除，符合条件固定资产的加速折旧；也有限制或打击的成分，如个人所得税劳务的加成征收，税法中0.5~5倍中的加重处罚。"加"依附于一个已经存在的事物，或者扶助其成长或消减其能量。

掌握"加"的纳税模式，在纳税中发挥其功用，可以为纳税人带来意想不到的税收好处。

1. 加计扣除

（1）开发新技术、新产品、新工艺发生的研究开发费用。

研发费用，未形成无形资产计入当期损益的，在按规定据实扣除的基础上，在2018年1月1日至2020年12月31日，再按照实际发生额的75%在税前加计扣除；形成无形资产的，在上述期间按照无形资产成本的175%在税前摊销。

企业应当在不迟于年度汇算清缴纳税申报时，向税务机关报送研发项目文件完成备案（按照国家税务总局公告2015年第76号、国家税务总局公告2015年第97号的规定）。

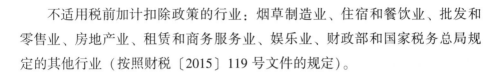

不适用税前加计扣除政策的行业：烟草制造业、住宿和餐饮业、批发和零售业、房地产业、租赁和商务服务业、娱乐业、财政部和国家税务总局规定的其他行业（按照财税〔2015〕119号文件的规定）。

（2）安置残疾人员及国家鼓励安置的其他就业人员所支付的工资。

《企业所得税法实施条例》第九十六条规定，《企业所得税法》第三十条第（二）项所称企业安置残疾人员所支付的工资加计扣除，是指企业安置残疾人员的，在支付给残疾职工工资据实扣除的基础上，按照支付给残疾职工工资的100%加计扣除。残疾人员的范围适用《中华人民共和国残疾人保障法》的有关规定。

（3）土地增值税的加计扣除政策。

《中华人民共和国土地增值税暂行条例实施细则》根据条例第六条（五）项规定，对从事房地产开发的纳税人可按本条（一）（二）项规定计算的金额之和，加计20%的扣除。

开发土地和新建房及配套设施的费用（以下简称房地产开发费用），是指与房地产开发项目有关的销售费用、管理费用、财务费用。

财务费用中的利息支出，凡能够按转让房地产项目计算分摊并提供金融机构证明的，允许据实扣除，但最高不能超过按商业银行同类同期贷款利率计算的金额。其他房地产开发费用，按本条（一）（二）项规定计算的金额之和的5%以内计算扣除。凡不能按转让房地产项目计算分摊利息支出或不能提供金融机构证明的，房地产开发费用按本条（一）（二）项规定计算的金额之和的10%以内计算扣除。

纳税人转让旧房及建筑物，凡不能取得评估价格，但能提供购房发票的，经当地税务部门确认，根据《中华人民共和国土地增值税暂行条例》第六条第（一）（三）项规定的扣除项目的金额（即取得土地使用权所支付的金额、新建房及配套设施的成本、费用，或者旧房及建筑物的评估价格），可按发票所载金额并从购买年度起至转让年度止每年加计5%计算扣除。

（4）企业所得税无发票成本扣除政策。

《国家税务总局关于印发〈房地产开发经营业务企业所得税处理办法〉的通知》（国税发〔2009〕31号）第三十二条规定，除以下几项预提（应付）

费用外，计税成本均应为实际发生的成本。

1）出包工程未最终办理结算而未取得全额发票的，在证明资料充分的前提下，其发票不足金额可以预提，但最高不得超过合同总金额的10%。

2）公共配套设施尚未建造或尚未完工的，可按预算造价合理预提建造费用。此类公共配套设施必须符合已在售房合同、协议或广告、模型中明确承诺建造且不可撤销，或按照法律法规规定必须配套建造的条件。

3）应向政府上交但尚未上交的报批报建费用、物业完善费用可以按规定预提。物业完善费用是指按规定应由企业承担的物业管理基金、公建维修基金或其他专项基金。

（5）自2019年4月1日至2021年12月31日，允许生产、生活性服务业的一般纳税人按照当期可抵扣进项税额加计10%，抵减应纳税额。

2. 加速折旧

（1）对生物药品制造业，专用设备制造业，铁路、船舶、航空航天和其他运输设备制造业，计算机、通信和其他电子设备制造业，仪器仪表制造业，信息传输、软件和信息技术服务业等行业企业（以下简称六大行业），2014年1月1日后购进的固定资产（包括自行建造）。

（2）企业在2014年1月1日后购进并专门用于研发活动的仪器、设备，单位价值不超过100万元的，可以一次性在计算应纳税所得额时扣除；单位价值超过100万元的，加速折旧。

（3）企业持有的固定资产，单位价值不超过5 000元的，可以一次性扣除。企业在2013年12月31日前持有的单位价值不超过5 000元的固定资产，其折余价值部分，可以一次性扣除（按照《关于〈国家税务总局关于固定资产加速折旧税收政策有关问题的公告〉的解读》（国家税务总局公告2014年第64号）、《财政部、国家税务总局关于完善固定资产加速折旧企业所得税政策的通知》（财税〔2014〕75号）的规定）。

（4）《企业所得税法实施条例》第九十八条明确，《企业所得税法》第三十二条所称可以采取缩短折旧年限或者采取加速折旧的方法的固定资产，包括：①由于技术进步，产品更新换代较快的固定资产；②常年处于强震动、高腐蚀状态的固定资产。

3. "加"的案例

在纳税实践中,纳税人根据企业经营情况,合理增加成本或者合理调剂前后期成本,增加本期扣除的,也归属于此范畴。

如W公司2019年9月末预缴企业所得税,本季利润为1 000万元,需要预缴税款250万元。这个利润值已经把各项费用都考虑进去了,是个真实的利润结果。因现金流紧张,企业提出少预缴一些税款,但要合理合法,我们建议将本期没有取得发票的成本进行合理预提,以增加成本。这就是利用了加的纳税模式。

6.4 减

"减"的纳税模式。顾名思义,减就是减少,在原有的基础上,"减"会将基数变小或变无。"减"主要是通过减计收入、降低税率或者减小纳税基数的方式来实现节税。

(1) **税收优惠**:"减"更多地是用间接的方式体现税收优惠,体现国家对特定行业、特定事项、特定群体的税收照顾。我们用"减"的纳税模式,首先从行业、事项、群体角度去发现和查找税收政策。

(2) **业务实践**:"减"也更多地用于企业所得税、土地增值税、个人所得税等所得性质的税种。通过减计收入,或者降低纳税基数,或者提高纳税基数。在通常情况下都是降低纳税基数,但在特殊情况下也可能有提高纳税基数的考虑。

1. 减计

减计收入,从总收入中减去以降低纳税基数。

(1) 企业以《资源综合利用企业所得税优惠目录》规定的资源作为主要原材料,生产国家非限制和禁止并符合国家和行业相关标准的产品取得的收入,减按90%计入收入总额。

(2) 自2009年1月1日至2013年12月31日,对保险公司为种植业、养殖业提供保险业务取得的保费收入,在计算应纳税所得额时,按90%比例减计收入。

（3）财政部、国家税务总局关于农村金融有关税收政策的通知（财税〔2010〕4号）对金融机构农户小额贷款利息收入按90%计入收入总额。

类似以上的减计收入政策，税法中有很多，注意归纳掌握。

2. 减按

减按较低的征收率。

（1）购买90平方米及以下普通住房，且该住房属于家庭唯一住房的，减按1%税率征收契税。面积为90平方米以上的，减按1.5%的税率征收契税就是应缴契税。在正常情况下契税的税率为3%。

（2）企事业单位按市场价格向个人出租用于居住的住房，减按4%的税率征收房产税。在正常情况下，出租不动产从租计征房产税的税率为12%。

（3）纳税人销售旧货，应按4%征收率减半计缴增值税。

类似以上的减按征收的政策，税法中有很多，注意归纳掌握。

3. 减半

减半征收就是少征50%。

（1）企业持有铁路债券取得的利息收入，减半征收企业所得税。

（2）2019年1月1日至2021年12月31日，对增值税小规模纳税人可以在50%的税额幅度内减征资源税、城市维护建设税、房产税、城镇土地使用税、印花税（不含证券交易印花税）、耕地占用税和教育费附加、地方教育附加〔根据《财政部、国家税务总局关于实施小微企业普惠性税收减免政策的通知》（财税〔2019〕13号）规定〕。

（3）企业从事港口码头、机场、铁路、公路、城市公共交通、电力、水利等项目投资经营所得，自项目取得第一笔生产经营收入所属纳税年度起，给予"三免三减半"的优惠。企业从事公共污水处理、公共垃圾处理、沼气综合开发利用、节能减排技术改造、海水淡化等项目的所得，自项目取得第一笔生产经营收入所属纳税年度起，给予"三免三减半"的优惠。

类似以上的减半征收政策，税法中有很多，注意归纳掌握。

4. "减"的案例

W是门窗生产企业，从事门窗生产并安装，收入在一起核算，适用13%的增值税税率。后来通过税务策划改变了业务模式：将安装业务由新成立的个人独资企业运营，建筑劳务按3%计税。通过减税率的纳税模式，使企业生产性的主营业务收入减少，增加关联方企业的建筑服务收入，整体税负得到降低。

6.5 点

税法上的点太多了，有临界点、起征点、时间点，仔细研究会发现税法上全是点，包括税法的生效时间点、税法的失效时间点、纳税义务的发生时间点、开发票的时间点、各税种的申报时间点、居民个人的居住时间点、税收优惠的享受时间点、股息红利的分配时间点、违法的追溯时间点等。这些点，包括一个点位，还包括起点和终点所圈定的区间，起点与终点之间是纳税人的权利与义务区间。

1. 临界点

纳税临界点是税法中规定的一定的比例和数额，当销售额或应纳税所得额超过这一比例或数额时，就应该依法纳税或按更高的税率纳税，从而使纳税人税负大幅上升。反之，纳税人可以享受优惠，降低税负。

（1）土地增值税中的临界点分别为50%、50%~100%、100%~200%、200%以上。这些临界点对应不同的税率，税负差异很大。

增值额未超过扣除项目金额50%的部分，税率为30%；增值额超过扣除项目金额50%、未超过扣除项目金额100%的部分，税率为40%；增值额超过扣除项目金额100%、未超过扣除项目金额200%的部分，税率为50%；增值额超过扣除项目金额200%的部分，税率为60%。

（2）在一个纳税年度内，居民企业技术转让所得不超过500万元的部分，免征企业所得税；超过500万元的部分，减半征收企业所得税。

2. 起征点

（1）工资薪金的个人所得税起征点确定为每月5 000元。

（2）《交通运输业和部分现代服务业营业税改征增值税试点实施办法》（财税〔2013〕37号附件1）第四十六条规定，增值税起征点幅度如下：

1）按期纳税的，为月应税销售额5 000~20 000元（含本数）。

2）按次纳税的，为每次（日）销售额 300～500 元（含本数）。

（3）按照《财政部、国家税务总局关于实施小微企业普惠性税收减免政策的通知》（财税〔2019〕13 号）的规定，小规模纳税人月销售额 10 万元以下（含本数）免征增值税。

诸如此类的起征点有很多，未达到起征点，按规定免税；达到了起征点，则全额纳税。

3. 时间点

时间点包括税法的生效时间、税法的失效时间、纳税义务的发生时间、开发票的时间、各税种的申报时间、居民个人的居住时间、税收优惠的享受时间、股息红利的分配时间、违法的追溯时间等。税法上的时间点实在是太多了，务必要掌握这些时间点对纳税的影响。点与点之间形成区间，在点与点的区间内，承载着纳税人的权利和义务。过了这个点，税务性质可能就发生变化了。

4. "点"的案例

W 公司是一家房地产开发公司，由于管理问题，有部分开发成本不能取得发票，金额约为 5 000 万元。2018 年度，W 公司聘请注册税务师做企业所得税汇算清缴鉴证，要求做鉴证的事务所对这部分无发票的成本进行扣除。他们的理由是："企业的支出是真实的，仅是没有取得发票而已。"

事务所认为虽然业务真实，但扣除凭证不合规定，不能做扣除，只能在 2018 年度调增应纳税所得额。同时事务所统计 W 公司的建安合同金额约 5 亿元，这些合同就包括未取得发票的成本，于是按合同金额的 10% 作为预提成本，在 2018 年度做了纳税调减 5 000 万元。

W 公司认为："这不是多此一举吗？一增一减，对所得税没有影响。"但我们认为在 2018 年度汇算清缴这个时间点内，事务所这样处理是正确的，是对纳税调整点的绝佳把握。其依据就是国税发〔2009〕31 号第二十二条。

6.6 补

"补"的纳税模式。既然是补，定然是以前不足，导致以后追加。如补税，则以前欠，没有缴够。追补扣除，是以前扣除不足，需要抵补回来。即使是补贴，看起来好像是"白"得到钱，但其实是国家出钱，企业办事，钱拿到了，事情得补办，不能光拿钱不办事。

补，有强制补，比如补税、罚款、滞纳金；刑事处罚、罚金。补，有主动补，比如自查补税、纳税评估补税、第三方审核补税，等等。

1. 补贴

补贴，在通常意义上指政府补助，是指企业从政府无偿取得货币性资产或非货币性资产，但不包括政府作为企业所有者投入的资本。政府补助的主要形式有：财政拨款、财政贴息、税收返还、无偿划拨非货币性资产。

政府补助的用途主要有补助费用、补助资产。规范的政府补助主要有如下特征：①无偿性。②直接取得资产。

企业从县级以上各级人民政府财政部门及其他部门取得的应计入收入总额的财政性资金，凡同时符合以下条件的，可以作为不征税收入，在计算应纳税所得额时从收入总额中减除：

（1）企业能够提供规定资金专项用途的资金拨付文件。

（2）财政部门或其他拨付资金的政府部门对该资金有专门的资金管理办法或具体管理要求。

（3）企业对该资金以及以该资金发生的支出单独进行核算。

执行这个税务文件时，有几点需要明确：①县级以上政府包括县。②60个月不按要求支付，形成节余，就成为征税收入了。③要求的三个条件缺一不可，但第三个条件规定的单独核算没有说明标准。

具体参见《财政部、国家税务总局关于专项用途财政性资金企业所得税处理问题的通知》（财税〔2011〕70号）。

2. 补税

补税包括补正税和补滞纳金。补正税和滞纳金可以单独进行，也可以并行。有时正税和滞纳金可能需要同时补；有时可能只补正税，没有滞纳金；但有时可能没有正税可补，因为本期的税款未缴，在以后期实际已经补缴上了，这个纳税行为实质是迟延纳税行为，不过税务检查却需要补滞纳金。这应该引起纳税人的足够重视。

税务检查补税具有强制性，而税务评估补税，或者税务机关要求企业自查补税则比较柔性。至于企业纳税意识强，聘请专业服务机构核查补税，其实已经属于补救的税务策划范畴了。

3. 补办

补发工资、补开发票、补充资料、补充申报，这些都是属于补办范围的。补办就是给纳税人一个改正错误或者自我完善的机会。

对一些非偷税的行为，可以补办，这是法治化的表现。它并没有弱化法治，而是深化了法治。让纳税人知道哪些是法律红线，不可触碰；哪些是自己的疏忽大意，应该受到惩罚。人非圣贤，孰能无过？如允许纳税人在次年5月31日前完善票据，或者做出支付，就属于补办的范畴。

4. "补"的案例

比如：工资不能及时发放，个人所得税怎么扣除？只要企业在账务账上提取，并向主管税务机关说明情况，是可以在工资费用发生的当月进行申报的，无须与发放月份的工资合并计算个人所得税。而这种补发的工资在企业所得税上，也是在实际发放年度扣除的。

比如：以前发票没有开，以后可不可以补开？不允许补开，不仅国家会流失税款，也会给企业经营带来影响。

比如：企业申报的各种纳税资料并不是十分完善，还存在瑕疵，这个是允许企业改正完善的。允许补充提交申报，作为纳税人，这个机会还能再错过吗？

6.7 退

"退"的纳税模式。因为有以前的多缴，所以才有以后的退回。退税有多缴退税、多征退税、出口退税、先征后退、先征后返等多种方式供纳税人选择。

退税是指因某种原因，税务机关将已征税款按规定程序退给原纳税人。它主要包括：①由于工作差错而发生的多征。②政策性退税。③由于其他原因的退税。

退税程序是：纳税人向税务机关提出退税申请，税务机关审批后，根据不同情况予以办理。

1. 多缴退税

多缴退税包括纳税人自行计算错误多缴，也包括税务机关认定错误多缴。但无论何种原因多缴，都是可以申请退还的。

按照《税收征管法》第五十一条的规定：纳税人超过应纳税额缴纳的税款，税务机关发现后应当立即退还；纳税人自结算缴纳税款之日起 3 年内发现的，可以向税务机关要求退还多缴的税款并加算银行同期存款利息，税务机关及时查实后应当立即退还；涉及从国库中退库的，依照法律、行政法规有关国库管理的规定退还。

注意：多缴退税有三年的限制，纳税人应该时刻关注三年内有没有多缴税的情况。过了三年再发现就不能退了。

2. 出口退税

出口退税既涉及税务机关，也涉及海关，有出口业务的企业应密切关注出口退税政策。

实行"免、抵、退"税管理办法的"免"税，是指对生产企业出口的自产货物，免征本企业生产销售环节的增值税；"抵"税，是指生产企业出口的自产货物所耗用原材料、零部件等应予退还的进项税额，抵顶内销货物的应纳税款；"退"税，是指生产企业出口的自产货物在当期内因应抵顶的进项税额大于应纳税额而未抵顶完的税额，经主管退税机关批准后，予以退税。

3. 先征后退

先征后退（包括即征即退）是指按税收政策，先把税征上来，再按税收政策退回去。如部分出版物、软件企业、自产的综合利用生物柴油、核力发电企业生产销售的电力产品、符合条件的水泥产品。

例如《关于继续执行研发采购设备增值税政策的公告》（国家税务总局公告 2019 年 91 号）继续对内资研发机构和研发中心采购国产设备全额退增值税。

从增值税的角度，这样好像是稍显复杂，征完了又退。但是我们要知道，国家还有很多税种，还包括城市维护建设税、教育费附加。城市维护建设税和教育费附加的计税基础是实缴的增值税与消费税之和。

实际上增值税即征即退的目的不仅是为了管理增值税，增值税虽然退掉了，但毕竟实缴过，而城市维护建设税和教育税附加，这两个税是不免不退的。

4. 先征后返

（1）税收政策规定的先征后返：指税务机关将增值税正常征收入库，然后由财政机关按税收政策规定审核并返还企业所缴入库的增值税，返税机关为财政机关。如对数控机床产品实行增值税先征后返。

（2）政府招商引资的先征后返：如政府招商引资合同约定，企业先按税法规定缴纳税款，政府再按纳税金额给予一定比例的返还。

这其实已经不属于税收意义上的先征后返，只是用税收解决企业扶持的资金问题。没有税收的现金流入，政府拿什么去扶持企业？政府用企业缴纳的土地出让金扶持企业，政策允许用企业缴纳的企业所得税地方留成扶持企业，都属于此类。

5. "退"的案例

W水泥企业经过技术改造，按税法要求进行生产试验，满足了增值税即征即退政策，每年节税500万元。这个技术改造，既体现出了税收的优惠，也体现出了企业产品的升级和市场竞争力的提高。

根据《财政部国家税务总局关于资源综合利用及其他产品增值税政策的通知》（财税〔2008〕156号）《财政部 国家税务总局关于资源综合利用及其他产品增值税政策的补充的通知》（财税〔2009〕163号）规定，采用旋窑法工艺生产的水泥，或者外购水泥熟料采用研磨工艺生产的水泥，水泥生产原料中掺兑废渣比例不低于30%，实行增值税即征即退的政策。

6.8 追

"追"的纳税模式。税务机关的税款追征、纳税人的追补扣除成本、纳税人的会计追溯调整，都是本纳税模式需要研究的内容。关于"追"的方式方法，主要研究哪些是有时间限制的，哪些是有条件限制的，哪些是有区域限制的。

另外，还要研究因"追"而产生的税收后果是什么，即哪些"追"对纳税人不利，哪些"追"对纳税人有利。不利的如何不"追"，有利的如何去"追"。

1. 追溯纳税

追溯纳税，在一般情况下追征期为三年，有特殊情况的，追征期可以延长到五年。偷税骗税的无限期追征。

（1）《税收征管法》第三十二条规定，纳税人未按照规定期限缴纳税款的，扣缴义务人未按照规定期限解缴税款的，税务机关除责令限期缴纳外，从滞纳税款之日起，按日加收滞纳税款万分之五的滞纳金。

（2）《税收征管法》第五十二条规定，因税务机关的责任，致使纳税人、扣缴义务人未缴或者少缴税款的，税务机关在三年内可以要求纳税人、扣缴义务人补缴税款，但是不得加收滞纳金。

（3）因纳税人、扣缴义务人计算错误等失误，未缴或者少缴税款的，税务机关在三年内可以追征税款、滞纳金；有特殊情况的，追征期可以延长到五年。

（4）对偷税、抗税、骗税的，税务机关追征其未缴或者少缴的税款、滞纳金或者所骗取的税款，不受前款规定期限的限制。

（5）其他违法行为按《行政处罚法》规定为二年。

2. 追补扣除

《国家税务总局关于企业所得税应纳税所得额若干税务处理问题的公告》（国家税务总局公告 2012 年第 15 号）中对企业以前年度发生的应扣未扣支出做出了规定，对企业发现以前年度实际发生的、按照税收规定应在企业所得税前扣除而未扣除或者少扣除的支出，企业做出专项申报及说明后，准予追补至该项目发生年度计算扣除。以前年度发生应扣未扣支出的追补确认期限为五年。

这个政策对纳税人是有利的。政策考虑了企业发票未及时取得、会计差错等各种原因。允许纳税人对这些未扣除项目进行补扣，而且还给了五年的追补期，够人性化了。以前的规定是当年未扣除的项目，跨年度一律不得再追补扣除的。

用好这个政策，对保护纳税人的利益大有裨益。给了五年的时间还解决不了的问题，是企业管理的问题。

3. 追溯调整

会计上的追溯调整法是指对某项交易或事项变更会计政策，视同该项交易或事项初次发生时即采用变更后的会计政策，并以此对财务报表相关项目进行调整的方法。

那么，因会计政策变更或者会计差错导致的会计追溯调整，对税收的影响是怎样的呢？

（1）因会计政策变更导致的追溯调整不会影响纳税。

（2）因会计差异差错导致的会计追溯调整，对税收的影响还是很大的，纳税人要研究好会计差错的性质，这个差错的结果，是最终导致企业少缴税，还是导致企业多缴税。导致少缴税的差错，可能会加收滞纳金；导致多缴税的差错，需要及时申请退税。

4. "追"的案例

以前W企业的企业所得税是免税的。W企业多提取了五险一金，金额为1 000万元。这1 000万元是在企业免税期间提取的。但现在已经恢复了征税，企业所得税税率为25%。那么，这1 000万元是作为企业所得税的其他收入——无法支付的款项计入本期征税，还是调整免税期的账务呢？

我们认为这是由于企业会计差异造成的，既然确定为多提，那就是以前提错了。以前无论是征税还是免税，都属于企业所得税的费用多扣除了。这个金额在业务发生年度是"实"的，但在本期是"虚"的。应该向以前年度追溯调整，恢复其本来面目。用追补调整的方法，把它恢复到以前那个时点的状态就可以了。

6.9 延

"延"的纳税模式。延缓、推迟、分期、缓交、缓征、缓办，诸如此类，其实就是将纳税义务或者实质课税向后推移。所谓今天再大的事，到了明天都是小事；今年再大的事，到了明年就是故事。因为未来是不确定的，所以我们有足够的时间和方法来应对不确定的未来。

在税收上合理利用"延"的纳税模式，会使纳税人变不利为有利，可能会争取到解决问题的时间，或者争取到好的纳税结果。不过，对纳税人有利的就不要"延"了。

1. 递延纳税

递延纳税是指纳税人根据税法的规定，可以将应纳税款推迟一定期限再缴纳。递延纳税虽不能减少应纳税额，但纳税期的推迟可以使纳税人无偿使用这笔款项而不需支付利息，对纳税人来说等于降低了税收负担。纳税期的递延有利于资金的周转，节省了利息的支出，还可使纳税人享受通货膨胀带来的好处。

合理推迟确认收入的时间，合理规划开具发票的时间，合理前置成本费用与损失的时间，利用税法的分期规定，利用弥补亏损的政策，利用会计政策及变更，积极适用特殊性税务处理，延期申报与延期纳税，征税收入与不征税收入选择，非货币资产债务重组等，都属于"延"的纳税模式。

2. 时间性差异

时间性差异是指由于有些收入和支出项目计入税前会计利润的时间和计入纳税所得的时间不一致而产生的差异。时间性差异发生于某一时期，但在以后时期内可以转回。

时间性差异是指企业的税前会计利润和纳税所得虽然计算的口径一致，但由于两者的确认时间不同而产生的差异。这种差异在某一时期产生以后，虽应按税法规定在当期调整，使之符合计算应纳税所得额的要求，但可以在以后一期或若干期内转回，最终使得整个纳税期间税前会计利润和纳税所得相互一致。

时间性差异是企业会计政策选定的结果，虽然与纳税总额无关，但有些时间性差异可能会起到递延纳税的作用，如不征税收入可以视为时间性差异。但时间性差异管理起来非常复杂，搞不好就会出现错误，形成税收风险。所以，建议在制定会计政策时，没有必要的时间性差异尽量不要保留。

3. 非货币性所得

（1）《财政部、国家税务总局关于个人非货币性资产投资有关个人所得税政策的通知》（财税〔2015〕41号）规定，对于以非货币性资产投资缴纳个人所得税的个人，如果一次性缴税有困难，可以在5个年度内分期缴税。

（2）实行查账征收的居民企业以非货币性资产对外投资确认的非货币性资产转让所得，可自确认非货币性资产转让收入年度起不超过连续5个纳税年度的期间内，分期均匀计入相应年度的应纳税所得额，按规定计算缴纳企业所得税。

第（2）条依据的是《财政部、国家税务总局关于非货币性资产投资企业所得税政策问题的通知》（财税〔2014〕116号）、《国家税务总局关于非货币性资产投资企业所得税有关征管问题的公告》（国家税务总局公告2015年第33号）。

（3）《财政部、国家税务总局关于企业重组业务企业所得税处理若干问题的通知》（财税〔2009〕59号）文件规定，企业债务重组确认的应纳税所得额占该企业当年应纳税所得额50%以上，可以在5个纳税年度的期间内，均匀计入各年度的应纳税所得额。

4. 缓缴与缓征

（1）缓缴。纳税人缴纳税款有困难的，可以申请税款的延期缴纳，但必须经省、自治区、直辖市国家税务局、地方税务局批准，方为有效。延期期限最长不得超过3个月，同一笔税款不得滚动审批。批准延期内免予加收滞纳金。

（2）缓征。《关于继续实施企业改制重组有关土地增值税政策的通知》（财税〔2018〕57号）规定，企业整体改制、企业合并、企业分立、不动产投资暂不征土地增值税。

其他各项税也有暂不征的规定，暂不征就是缓征，现在不征，以后可能会征。"暂不征"，从严格意义上讲，并不是减免性质的税收优惠，其实质是一种递延纳税。

纳税人一定要分清不征、暂不征、免征的政策含义与政策界限。

5."延"的案例

《关于继续实施企业改制重组有关土地增值税政策的通知》(财税〔2018〕57号)规定,企业整体改制、企业合并、企业分立、不动产投资暂不征土地增值税。但上述改制重组有关土地增值税政策不适用于房地产转移任意一方为房地产开发企业的情形。这个政策的好处是先交土地增值税,以后以130%的速率抵减回来。这是对房地产行业的大利好。

6.10 核

"核"的纳税模式。"核"有事前核准与事后核实,"核"的纳税模式更多是从税务管理的范畴来解释与运用的。"核"要充分考虑与税务机关之间的税务证据关系,没有融洽的税务关系,就不会因"核"而得到好的税务证据。

1. 税务核准

通过与税务审批、税务审核、税务备案对比,了解税务核准制,判断其对纳税人的影响。核准制比审批制更加快捷和有效率,也杜绝了权力的寻租,更加公平合理。不过,纳税人也必须明白,核准制其实是将风险转嫁给了纳税人。

(1) 税务核准:是指政府机关或授权单位根据法律、法规、行政规章及有关文件,对相对人从事某种行为、申请某种权利或资格等,依法进行确认的行为。因此,在批准相对人的申请时,只是按照有关条件进行确认。只要符合条件,一般都予以准许。核准的条件都比较明确具体,便于确认。

(2) 税务审批:是指政府机关或授权单位根据法律、法规、行政规章及有关文件,对相对人从事某种行为、申请某种权利或资格等进行具有限制性管理的行为。审批有三个基本要素:一是指标额度限制;二是审批机关有选择决定权;三是一般都是终审。审批最主要的特点是审批机关有选择决定权,即使符合规定的条件,也可以不批准。

(3) 税务审核:是指由本机关审查核实,报上级机关或其他机关审批的行为。

(4) 税务备案:是指相对人按照法律、法规、行政规章及相关性文件等规定，向主管部门报告制定或完成的事项的行为。

随着国家税务总局对"放、管、服"政策的推进，会有更多的纳税事项由审批制转向核准制。由此也对纳税人的税务管理提出了更高的要求。

2. 核定征收

核定征收税款是指由于纳税人的会计账簿不健全，资料残缺难以查账，或者其他原因难以准确确定纳税人应纳税额时，由税务机关采用合理的方法依法核定纳税人应纳税款的一种征收方式，简称核定征收。《税收征管法》第三十五条规定，纳税人有下列情形之一的，税务机关有权核定其应纳税额：

（1）依照法律、行政法规的规定可以不设置账簿的。

（2）依照法律、行政法规的规定应当设置但未设置账簿的。

（3）擅自销毁账簿或者拒不提供纳税资料的。

（4）虽设置账簿，但账目混乱或者成本资料、收入凭证、费用凭证残缺不全，难以查账的。

（5）发生纳税义务，未按照规定的期限办理纳税申报，经税务机关责令限期申报，逾期仍不申报的。

（6）纳税人申报的计税依据明显偏低，又无正当理由的。

《税收征管法》第三十七条规定，对未按照规定办理税务登记的从事生产、经营的纳税人以及临时从事经营的纳税人，由税务机关核定其应纳税额，责令缴纳。

3. "核"的裁量

既然是"核"，就有自由裁量的意味。无论是对核查结果的判断，还是对核定征收的判定，税务机关的自由裁量都始终伴随。如预约定价、企业所得税核定、个人所得税核定等，都有自由裁量的成分在其中。但随着税收管理的严格，纳税人自我约束的推进，无论是核查还是核定，都会日趋规范，"核"的裁量空间会逐渐变小。

4. "核"的案例

如新疆霍尔果斯市对个体工商户、个人独资企业、个人合伙企业的核定征收，各地税务机关对符合条件的企业核定征收企业所得税，等等。

对于纳税人而言，"核"有时是为了与查账征收进行对比，少缴税款。但更多的时候"核"是为了简化管理。税务机关对于"核"也应该有这个理解。

税务机关在企业所得税或个体工商户核定征收管理上，有个别人员经常认为：你是一般纳税人，所得税不能核定。一般纳税人要求正确地计算增值税的销项税额和进项税额，这与企业所得税的应纳税所得额有什么关系？能够正确地计算此税，并不意味着一定能够正确地计算彼税。因为此税非彼税。

6.11 差

"差"的纳税模式。增值税的差额纳税、所得税的收入减成本、其他税种规定的不计入税收基数，其实都是"差"的概念。"差"在这里理解成数学上减法的余额吧。如果理解成"错误"也未尝不可，因为税务检查、税务评估、税务服务都可能有"错误"。但如果理解成错误就不是纳税模式了，而是后面税务危机公关的范畴了。

1. 差额纳税的范围

我们总结了18种差额纳税的情形，包括：金融商品转让，经纪代理服务，融资租赁，融资性售后回租，航空运输，一般纳税人提供客运场站服务，旅游服务，适用简易计税方法的建筑服务，房地产开发企业销售其开发的房地产项目，纳税人转让不动产（不含自建），劳务派遣服务，安保服务，人力资源外包服务，转让土地使用权，物业管理服务中收取的自来水水费，中国移动、中国联通、中国电信等接受捐款，教育中心等考试费收入，中国证券登记结算公司。

2. 差额征税的管理

（1）扣除凭证。

1）基本凭证：发票、签收单据、完税凭证、省级以上（含省级）财政部门监（印）制的财政票据。

2）房地产企业扣除拆迁补偿：提供拆迁协议、拆迁双方支付和取得拆迁补偿费用凭证。

3）扣除不动产：税务部门监制的发票、法院判决书、裁定书、调解书以及仲裁裁决书、公证债权文书、国家税务总局规定的其他凭证、契税计税金额的完税凭证等资料。

4）旅游服务：交通费发票复印件。

（2）会计处理。

1）企业发生的相关成本费用允许扣减销售额的账务处理。

2）金融商品转让按规定以盈亏相抵后的余额作为销售额的账务处理。

3."差"的案例

W公司欲以一酒店资产抵顶地方村镇银行贷款，酒店资产抵贷总额为5亿元。W公司占该银行51%股权。起初设计的方案是W公司按9%的增值税税率开具专用发票，由村镇银行抵扣。但经核实村镇银行体量太小，短时间内无法抵回如此多的进项税额，无奈只好采用简易征收5%的税率开具普通发票。

又经核实，该酒店资产系2016年以前的"老项目"，账面原始计税成本为3亿元，按政策规定可以适用差额征收增值税。差额征收与全额征收相比，少缴税款1 047万元。具体计算为：

$$[（5亿元-3亿元）\div 1.05]\times 5.5\% = 0.1047亿元 = 1047万元$$

注：利用差额纳税的原理，该业务的企业所得税、土地增值税也有所降低。

6.12 非

"非"的纳税模式。非就是该业务不征税，或者暂不征税，或者是尚没有纳入税收管辖。非税模式与免税模式是不相同的。非税模式是不征税，而免税模式是征税，但按税收优惠规定可以享受免税。如将非税业务推定为纳税业务，就侵害了纳税人的税收权益。如农村承包土地收取的承包费，以前就有被误征营业税的。

1. 非税业务

非税业务就是非税模式。这个业务不征税，或者这个业务暂不征税。有时这个税种不征税，那个税种可能征税，所以非税模式并不是哪一个税种都不征。

免税收入与不征税收入也是有区别的。免税收入是企业所得税税收优惠的一种,而不征税收入不属于税收优惠,只是属于国家明确为不予征税的收入。特别强调的是免税收入需要纳税人按规定向税务机关履行备案手续,而不征税收入只需条件符合即可申报。

免税收入是征税模式,而不征税收入是非税业务,属于非税模式。

企业的业务分为征税业务和不征税业务,这个其实关系到国家设定的征收范围。纳入征税范围的才征税,不纳入的不征税。在税收征管实践中,经常有扩大征税范围的情况发生,这是没有划清征税与不征税的政策界限,将非税业务误判为征税业务。

2. 增值税不征税

(1)"按照现行增值税政策,纳税人取得的中央财政补贴,不属于增值税应税收入,不征收增值税。但这个业务可能涉及企业所得税。"[《国家税务总局关于中央财政补贴增值税有关问题的公告》(国家税务总局公告2013年第3号)]。

(2)营改增后,根据《国家税务总局关于营改增试点若干征管问题的公告》(国家税务总局公告2016年第53号)规定,纳税人发生以下三种行为,不征收增值税,但是可以开具增值税普通发票:①预付卡销售和充值业务时对外开具增值税发票。②销售自行开发的房地产项目取得预收款时对外开具增值税发票。③已申报缴纳营业税未开票补开票业务。

(3)目前,不征税业务可以开具不征税的普通发票。打开增值税开票系统,在"商品编码—税务编码"栏目类,可以清楚地看到系统自带的属于"未发生销售行为的不征税项目"里,罗列了一些信息。

增值税的不征税与免税不同,与出口业务的零税率也不同。

3. 企业所得税不征税

(1)财政拨款。

财政拨款是指各级人民政府对纳入预算管理的企事业单位和社会团体调拨财政资金,除国务院以及国务院财政税收主管单位另有规定除外。

（2）依法收取并纳入财政管理的行政事业性收费、政府性基金。

1）国务院或财政部批准设立的政府性基金，国务院和各级人民政府及财政价格主管部门批准设定的行政事业性收费，企业按规定缴纳的这部分收入可以在应纳税所得额中扣除，反之，则不得在应纳税所得额中扣除。

2）企业收取的各种基金和收费，要计算在企业当年的收入总额中。

3）企业按照法律法规以及国务院相关规定收取上缴的政府性基金和行政事业性收费，准许作为不征税收入，在当年报税的时候，应纳税所得额要从总额中减去；没有上缴财政的部分，不能在总额中扣除。

（3）国务院规定的其他不征税收入。

由国务院财税主管部门规定的专款专用且经过国务院审批的财政性资金。这部分资金主要是政府有关部门对企业进行的财政补贴补助以及贷款贴息，也有各种财政专项资金、增值税退税等，但是不包含企业按规定取得的出口退税款。

1）除了国家投资和资金在使用后要求归还本金以外，企业得到的各种财政性资金都要纳入当年企业收入总额。国家投资就是国家以投资人的身份对企业进行投资，增加企业实收资本。

2）对于企业取得国务院批准、国家财税主管部门规定的专款专用的财政性资金，准许作为不征税收入，在计算应纳税所得额时从收入总额中扣除。

4. 其他税种不征税

其他税种也有不征税的规定，在实务中纳税人应注意辨别。

5."非"的案例

（1）如前面讲过中央补贴不征增值税的案例。W企业在转付中央补贴时，要求；转付的企业要求领取单位开具增值税专用发票。这个要求是严重错误的。因为这是个非税业务，如此要求为双方留下了巨大的税收隐患：一方涉嫌虚开增值税专用发票，一方涉嫌多抵扣进项税额。一方少得财政补贴，丧失了企业利益；一方业务操作不当，变相截留了中央补贴。

（2）如某电解铝厂的铝灰属于有害工业排放物，是需要花钱请专业机构处理的，合同约定"由某机构处理利用"。税务机关说铝灰属于副产品，应该视同销售。后来该厂改变业务模式：第一，将铝灰定义为"工业垃圾"；第二，合同改为"由某机构处理"，去掉"利用"两字。税务机关就不再定义其为副产品，不再要求该厂视同销售了。这就是典型的改变业务模式适用非税模式的成功案例。

6.13 全

"全"的纳税模式。全额纳税，没有不征税的规定，也没有优惠，即使通过税务策划，也不能节省税款，必须全额履行纳税义务。相对于其他纳税模式，这类业务是企业经营中最多的。毕竟类似于税收优惠和税务策划的业务，企业在经营中是可遇而不可求的。

在大多数情况下，在企业范围内，多适用于全额纳税的模式。关于全额纳税的业务，纳税人要考虑税务风险的控制问题。

1. 税务风险控制

税务风险控制是指为税收业务设定流程，划分风险节点，并设置岗位责任制，标注风险事项、风险点和证据链，通过"风险事项、风险点、证据链"三线定一点的方式管控风险。详见"设计13大风控流程"。

2. 税务危机公关

税务危机公关是指税务稽查发现问题时，企业启用税收危机公关流程，从自由裁量和税务关系入手，消除税企争议，减少税务误判。详见"植入13大危机管理"。

3. "全"的案例

W公司是一家商场，以出租房屋为主营业务，我们建议其将租金详细划分为房屋租金、物业管理服务、物品租赁，以节省房产税。但是由于以前与租户签订的合同统一为"房屋租赁"，合同签订了5年，W公司与租户协商修改合同，协商不成，暂时只好按规定纳税：增值税老项目的税率为5%，房产税租金收入的税率为12%，印花税税率为1‰，企业所得税税率为25%。

这就是全额纳税模式。企业没有可以利用的条件，是不能转换为免税或减税模式的。但目前全额纳税不一定代表永远全额纳税，一旦条件具备，时机成熟，就可以改变纳税模式。

以上分述的 13 种纳税模式，希望对纳税人有所启发。税务出风险，其根本原因就是适用纳税模式的错误，而不管这个错误是来自于纳税人自己还是税务机关。所以，纳税模式与业务模式的不对应是一切风险的根源。

税务风险管制，就是按业务模式准确地对应纳税模式，勿使之产生偏差。

税收业务策划，就是按预选的纳税模式设计业务模式，并使之恰当吻合。

税务危机公关，就是按纳税模式去修正业务模式偏差，将两者重归于好。

当把税务风险控制、税收业务策划、税务危机公关都归于业务模式对应纳税模式的时候，我们突然发现：所有税务问题都归于纳税模式这个原点，所有税务问题的解决方法，都归于税务风险控制、税收业务策划、税务危机公关这三件事情。

第 7 章
挖掘 13 大纳税条件

> 纳税条件包括以下 13 种：①条件的有用与无用；②条件的主要与次要；③条件状态；④条件符合；⑤条件瑕疵；⑥条件缺失；⑦条件多余；⑧条件冲突；⑨条件限制；⑩条件衍生；⑪条件创造；⑫条件预设；⑬条件利用。

纳税条件是企业要素与税法要素联动产生的。在正常情况下，企业要素和税法要素是静止的，而一旦企业发生经营行为，企业要素就会由"静"变"动"，此时税法要素也会随之联动。企业要素和税法要素共同作用，产生出了纳税的条件。最初的纳税条件是"虚拟"的，但最后会通过税务证据的形式"实现"。

1. 纳税条件

纳税条件其实包括两层意思：一个是纳税所需要的条件；另一个是不纳税所需要的条件。纳税条件的产生是企业要素与纳税要素联动的结果。只要企业发生经营行为，经营要素就会"动"，税法要素必然联动，于是便产生了纳税的条件，纳税条件一旦产生，纳税义务随之产生。

2. 企业要素

传统的企业经营要素包括：人、财、物、供、产、销和行为。企业行为包括决策行为、生产行为和管理行为。企业行为是通过不同的业务模式来完成的。如果完成了企业的行为，就会产生许多条件。这些条件中的一部分会转化为纳税条件。纳税条件体现纳税的结果，这个结果就是纳税模式。

3. 税法要素

在税法要素章节中，税法要素分解为：纳税人、纳税基数、税目、税率、纳税环节、纳税地点、纳税期限、减税免税、违章处理、特定条款、法律级次、效力期间、义务追溯等 13 种。税法要素规定纳税条件,纳税条件的集合就是纳税模式。

在本书中,我们设定某业务模式＝某纳税模式,或者某业务模式≠某纳税模式。当我们知道企业条件与纳税条件的关系、业务模式与纳税模式的关系时,一切的税务难题将会迎刃而解。因为我们已经找到了税务问题的根源。

下面就纳税条件进行详细阐述,因为模式是条件的集合,纳税条件决定着纳税的模式,不分析纳税条件对税收的影响,等于找到了水桶,但没有找到水。

7.1 条件的有用与无用

"找到"影响纳税模式的所有条件,"拎出"影响纳税模式的关键性条件,"察看"其对纳税模式的影响是积极的还是消极的。积极的鼓励,消极的改造,最终令其发挥正能量。什么是正能量?就是实现我们预设的纳税模式,这个预设的纳税模式可能要纳税的,也可能不纳税,总之它是我们所需要的。

不管是纳税的模式还是不纳税的模式,最终的结果都应该是确定的,我们需要这种确定的结果。因为只有确定的结果才没有风险,不确定的结果就会有风险。这个确定的纳税结果是否真正确定,取决于纳税条件的"安分守己"。安分守己就是要求它稳定,不给它当"反动派"的任何机会。

纳税条件的有用与无用是辩证的,有用的含义是:业已存在的纳税条件都是有用的,都是发挥正能量的。无用的含义是:条件在发挥负面的影响,这个影响可能会导致税务结果倒向税负偏高的纳税模式。

纳税条件有时发挥其有用性,有时却发挥其无用性:用途发生变化,有用变无用,无用变有用;此时变有用,彼时变无用;此事变有用,彼事变无用。这些使纳税条件有用性的研究变得复杂而有趣味。

有用的条件到哪里去找?无用的条件如何去发现?在税法要素中,在业务流程中,在策划流程中,在危机流程中,有用与无用的条件都散落其中。

1. 在税法要素中找条件

税法要素包括:纳税人、纳税基数、适用税目、适用税率、纳税环节、纳税地点、纳税期限、税收优惠、违章处理、特定条款、法律级次、效力期间、义务追溯。

税法是由法条组成的，而法条即是条件。一个法条或几个法条就是一个或几个税务条件。一个税务条件或几个税务条件决定着一个纳税模式。我们应好好研究法条，要找到关乎这个业务的全部法条，再剔除已经无效的法条。

例如：残疾人工资的加计扣除适用于"加"的纳税模式，其条件通过税法要素查找如下，这些法条规定残疾人工资加计扣除的要求，符合的适用"加"的模式，不符合的不适用"加"的模式。

（1）《企业所得税法》第三十条第（二）项规定，安置残疾人员及国家鼓励安置的其他就业人员所支付的工资。

（2）《企业所得税法实施条例》第九十六条规定，《企业所得税法》第三十条第（二）项所称企业安置残疾人员所支付的工资的加计扣除，是指企业安置残疾人员的，在按照支付给残疾职工工资据实扣除的基础上，按照支付给残疾职工工资的100%加计扣除。残疾人员的范围适用《中华人民共和国残疾人保障法》的有关规定。

（3）《财政部、国家税务总局关于安置残疾人员就业有关企业所得税优惠政策问题的通知》（财税〔2009〕70号）第三条规定，企业享受安置残疾职工工资100%加计扣除应同时具备如下条件：

1）依法与安置的每位残疾人签订了1年以上（含1年）的劳动合同或服务协议，并且安置的每位残疾人在企业实际上岗工作。

2）为安置的每位残疾人按月足额缴纳了企业所在区县人民政府根据国家政策规定的基本养老保险、基本医疗保险、失业保险和工伤保险等社会保险。

3）定期通过银行等金融机构向安置的每位残疾人实际支付了不低于企业所在区县适用的经省级人民政府批准的最低工资标准的工资。

4）具备安置残疾人上岗工作的基本设施。

2. 在税收业务流程中找条件

税收业务流程：业务发起→税务目标→业务模式→签订合同→税种税事→业务承办→业务交割→资金结算→财务处理→税会差异→审核修正→纳税申报→危机应对。

税收业务流程的13大节点涵盖了企业的所有要素，无论是人、财、物、供、产、销，还是企业的行为。这些业务流程包括已经完成的固化要素，也包括正在发生尚待固化的要素。这些要素在特定的情况下就会转化为纳税的条件。

还是残疾人工资加计扣除用"加"的纳税模式，在税收业务流程中找纳税条件。

（1）在业务发起环节：与每位残疾人签订了1年以上（含1年）的劳动合同或服务协议，并且安置的每位残疾人在企业实际上岗工作。

（2）在业务承办环节：①为安置的每位残疾人按月足额缴纳了企业所在区县人民政府根据国家政策规定的基本养老保险、基本医疗保险、失业保险和工伤保险等社会保险。②具备安置残疾人上岗工作的基本设施。

（3）在资金结算环节：定期通过银行等金融机构向安置的每位残疾人实际支付了不低于企业所在区县适用的经省级人民政府批准的最低工资标准的工资。

3. 在税收策划流程中找条件

税收策划流程：守理念→选业务→抓机会→凑条件→找交易→设模式→拟税态→评风险→写方案→做指导→过申报→办过户→应危机。

税收策划业务是预先设定纳税模式，再去找纳税条件。这个预设的策划流程以及策划流程节点中预设的纳税条件，是我们研究的重点。预计就是预先安排，这个安排是需要设计或优化的。

还是残疾人工资加计扣除用"加"的纳税模式，在税收策划流程中找纳税条件。

如果企业以现金方式发工资，是不符合政策规定的。怎么办？需要启动税务策划流程，在策划流程"凑条件"环节，把现金发放方式设计或优化为银行代发工资方式，以符合政策要求。

4. 在危机管理流程中找条件

危机管理流程：定问题→判性质→察权责→找渠道→辨混淆→知程序→链风险→提主张→能救济→求豁免→行义务→做调整→懂切割。

在税务危机管理中，随着与税务机关的交流，会有许多新的条件产生，一定要重视这些条件，包括对我们不利的条件。因为这些条件是在税务矛盾中发现或产生的，它就是关键的纳税条件。

还是残疾人工资加计扣除用"加"的纳税模式，在危机流程管理中找纳税条件。如果税务检查对残疾人最低工资标准有异议，就需要启动危机公关管理，在"提主张"环节向税务机关提交省级最低工资标准的规定，提交1993年国家统计局又发布的《关于工资总额组成的规定若干具体范围的解释》（统制字〔1990〕1号）对企业工资总额的组成范围的规定。

5. 案例

W企业的会计认为，既然票据不合规的费用不能做税前扣除，干脆财务上也不列支了。如此还省去了纳税调整的麻烦。在他看来，票据不合规是无用的纳税条件，对企业所得税是有不利影响的。财务不入账，就是将无用的条件彻底作为无用，如此处理，将消除其对生产经营期间所得税的影响。

我的意见迥异，我认为这个不合规的费用，尽管在本期所得税申报时，好像是无用的条件，但仔细推敲，它在企业清算时，却是有用的条件。因为它将在未分配利润中影响企业清算所得。如果企业清算有所得，则它会抵减这个所得，减少清算时的企业所得税。

所以，纳税条件的有用与无用是需要综合考量的。

7.2 条件的主要与次要

组成纳税模式的条件有很多，每个条件都有其特定的作用。在纳税模式里，每个条件都是重要的，不分主要与否。通常我们是抓住事物的主要矛盾，但税收上的纳税条件不分主次，都是主要条件。如果非要定出主次，就是已经具备的条件是次要的，不具备的那一个或几个条件是主要的。

1. 条件集合

纳税模式集合着纳税条件，纳税条件决定着纳税模式。将业务模式所产生的纳税条件与税法模式规定的纳税条件进行比对，将企业的业务模式归属到某一纳税模式之中，这就是税法的适用。税法适用是通过业务模式与纳税模式对比来完成的。

纳税模式的税法条件设定为：$\{A_{税}, B_{税}, C_{税}, D_{税}\cdots\}$

业务模式产生的条件设定为：$\{A_{企}, B_{企}, C_{企}, D_{企}\cdots\}$

当业务条件全等于税法条件时，企业的业务模式与纳税模式完全吻合，企业的业务模式符合13种纳税模式的其中一种。全等于的含义：①条件个数相同。②条件与条件完全相符，即：$A_{企} = A_{税}$，$B_{企} = B_{税}$，$C_{企} = C_{税}$，$D_{企} = D_{税}$……

2. 主要条件

纳税模式中的税法条件：$\{A_{税}, B_{税}, C_{税}, D_{税}\cdots\}$

业务模式中产生的条件：$\{A_{企}, B_{企}, C_{企}, D_{企}\cdots\}$

这些条件谁更重要？因为必须要做到 $A_{企} = A_{税}$，$B_{企} = B_{税}$，$C_{企} = C_{税}$，$D_{企} = D_{税}$，所以说，这些条件都重要。企业实际的纳税业务中，$A_{企} \neq A_{税}$，$B_{企} \neq B_{税}$，$C_{企} \neq C_{税}$，$D_{企} \neq D_{税}$，即业务条件与税法条件完全不同，这在纳税工作中是很少见的。通常的情形是只有一个或几个条件不相等或者缺失。但无论是全部不等于，还是一个或几个条件不等于，都是业务模式对应错了纳税模式。

如果一定要适用这种纳税模式，就必须对这一个或几个不相等或者缺失的条件进行完善。这时，这一个或几个不相等或者缺失的条件就成为主要条件。

主要条件是我们进行税务风险控制、税收业务策划、税务危机管理的重点。

3. 案例

西部大开发的税收优惠政策的模式中需要的条件有：①设在中西部地区。②主营业务在国家鼓励产业目录中。③其当年主营业务收入超过企业总收入的70%。④实行企业自行申报，经税务机关审核确认。⑤自2011年1月1日至2020年12月31日。这5个条件组成减税的纳税模式，企业所得税税率减按15%执行。

若 $A_{企} = A_{税}$，$B_{企} = B_{税}$，$C_{企} \neq C_{税}$，$D_{企} = D_{税}$，$E_{企} = E_{税}$ 时，条件 $C_{企}$ 收入比例只占到60%，导致 $C_{企} \neq C_{税}$，就是不符合政策，需要对 $C_{企}$ 这个条件加以

改造，调整业务结构或增加营业额，以使其符合税法条件 $C_{税}$ 中 70% 的比例要求。这个 $C_{企}$ 条件就是主要条件，需要重点解决，令 $C_{企} = C_{税}$。若其他条件再有不同，也需要进行处理。

7.3 条件状态

条件是客观存在的，无论是税法条件还是企业条件。在利用条件进行风险控制、税务策划、税务危机公关时，我们首先要分析条件的状态。条件的状态就是在目前情况下，税法条件和企业条件对纳税的影响，它是有利的还是不利的。

将业务条件与纳税条件进行对比，观察其在纳税模式中发挥什么作用，对纳税模式的适用是有利的还是不利的。如果有一个条件，尤其是关键的或者特殊的条件出现"问题"，就可能影响纳税模式由"此"向"彼"发生颠覆性地转换。

所以，条件很重要，条件的状态更加重要。

1. 条件状态的情形

税法要素中的条件，只要税法不发生改变，它就是静止的、固定的、强制的、不可变的。企业经营中的条件，在生产经营要素"未动"时，并未实际产生，所以它是可以预设的，是可变的；在生产经营要素"已动"时，条件已经产生了，产生后它就是不可变的。产生出的不可变条件开始对纳税发挥作用，产生影响了。这个影响可以是积极的，也可以是消极的。

纳税条件归纳为条件无用、条件多余、条件瑕疵、条件冲突、条件限制、条件符合、条件不足等情形，这也称之为条件状态设定。条件状态设定之目的，是为了使业务模式主动吻合纳税模式。

2. 条件状态的作用

不同状态下的条件在纳税模式中发挥着不同的作用。积极的条件促成纳税模式，消极的条件破坏纳税模式。我们想做税务的风险控制、想做税收业务的策划、想主导税务危机公关，分析不同条件的不同状态，有利于我们抓到税务风险的行踪、税收策划的把手、危机公关的开关。

我们经常说某某人不在状态，就是说他找不到做事的感觉，这时我们需要对他进行点拨与启发。税收条件亦如此。税收条件不在状态时，我们要启发它由"静"变"动"，由"坏"向"好"，促使它通过否定之否定，朝着有利于企业的方向发生量变与质变。

3. 案例

W 公司于 2015—2018 年核定征收企业所得税，2019 年改为查账征收企业所得税。W 公司账面有房产原值 10 000 万元，2015—2018 年已提取折旧 2 000 万元，账面净值为 8 000 万元。2019 年 6 月 1 日出售该房产取得 15 000 万元，假如不考虑其他税种，利润为 7 000 万元（15000－8000），需要缴纳企业所得税 1 750 万元（税率为 25%）。

现在，我们通过前面讲的方法，找到了其中一个最主要的纳税条件，它可以解决所得税的问题。这个条件就是核定征收期间提取的折旧。核定征收期间提的折旧在所得税扣除上是没有意义的。

折旧在 2015—2018 年就是无用的条件，这个条件的状态就是条件无用。那么如何改造它变无用为有用呢？启动税务策划程序，将 2015—2018 年的折旧冲回去，增加房产 2019 年的净值，销售房产的利润就减少了 2 000 万元，企业所得税就减少 500 万元。条件状态发生变化了，纳税模式也就发生改变了。

7.4 条件符合

条件符合就是业务产生出的条件与税法规定的条件相符合，并且全部条件完全相符合。如果条件完全相符合，就是业务模式吻合了我们归纳的 13 种纳税模式之一种。如果有的条件相符合，有的条件不相符合，预设的纳税模式可能就会改变，成为另一种纳税模式。

不相符合的条件通常有三种状态：第一，规定的条件不具备，业务没有产生出与税法规定一致的条件。第二，业务产生的条件与税法规定的条件有差异。第三，业务产生出的条件与税法规定的条件之间有冲突。

1. 自然状态生成而符合

企业按正常的业务模式运行，自然产生出的条件符合了税法的规定。这种符合没有任何人为干涉，它代表着企业正常的纳税状态。比如：发放职工工资，这个工资是真实发生的，有审批手续、工资表、领取人、劳动合同，还缴纳了社保，申报了个人所得税。那么，工资就适用"抵"的纳税模式，即可以抵减企业所得税。

2. 需要经过改造而符合

企业虽发放工资，但没有签订劳动合同，也没有缴纳社保，这不符合税法的规定。怎么办呢？补签劳动合同，并在劳动合同中签订为职工缴纳社保费，社保费用可以约定包括在职工的工资总额中。通过劳动合同的修订改造，既符合了税法规定的扣除条件，也适用于"抵"的纳税模式。

3. 按照设计产生而符合

发放工资时发现个人所得税过高，把按月发放的奖金改成年终一次性奖金形式。工资总额虽然没有变化，但发放形式变了。当然它也符合企业所得税扣除的条件。这是按照事先规划设计的模式运行的，产生出的条件也符合税法规定。由于是经过策划的，事先设定了好多规定的要求，由此产生出的纳税条件也更加规范，与税法的要求更加吻合。

4. 案例

根据《财政部、国家税务总局关于进一步扩大小型微利企业所得税优惠政策范围的通知》（财税〔2018〕77号）第一条的规定，自2018年1月1日至2020年12月31日，将小型微利企业的年应纳税所得额上限由50万元提高至100万元，对年应纳税所得额低于100万元（含100万元）的小型微利企业，其所得减按50%计入应纳税所得额，按20%的税率缴纳企业所得税。

前款所称小型微利企业，是指从事国家非限制和禁止行业，并符合下列条件的企业：

税法条件1：工业企业的年度应纳税所得额不超过100万元（$A_{税1}$），从业人数不超过100人（$B_{税1}$），资产总额不超过3 000万元（$C_{税1}$）。

税法条件2：其他企业的年度应纳税所得额不超过100万元（$A_{税2}$），从业人数不超过80人（$B_{税2}$），资产总额不超过1 000万元（$C_{税2}$）。

某企业系工业企业，适用税法条件1的规定。2018年度所得税申报时，该企业产生的条件为年度应纳税所得税95万元（$A_企$），从业人数80人（$B_企$），资产总额1 100万元（$C_企$）。

在税法模式条件集合$M_税$（$A_{税1}$，$B_{税1}$，$C_{税1}$）和企业模式条件集合$M_企$（$A_企$，$B_企$，$C_企$）的条件对比中完全符合。

7.5 条件瑕疵

纳税条件瑕疵是指业务产生的条件存在不足，这个不足可能会影响纳税模式的适用。瑕疵其实是小缺陷，即欠缺或不够完备的地方。瑕疵是可以补救的，通过一定的手段和方法，可以将不完善的地方填平补齐，从而达到理想的税务状态。

纳税条件瑕疵虽然不是致命的缺陷，但可能会产生致命的纳税影响。一个小瑕疵可能会产生大的税务风险，影响预设的纳税模式不能适用。

1. 条件瑕疵形成风险

千丈之堤以蝼蚁之穴溃，百尺之室以突隙之烟焚。这些说的都是存在微小瑕疵，产生致命的风险。某医药企业对仓库保管员500元的处罚，导致税务机关认定其药品损失是由于管理不善造成的，要求企业转出增值税进项税额500万元。

本来药品过了有效期是市场原因造成的，非管理原因，是不需要转出增值税进项税额的。但确定为保管员的责任，就会被认定成人为的管理原因，进项税额必须转出。这个例子很典型，执行企业内控制度时不考虑税收后果，因一个小瑕疵，导致数额巨大的损失。

2. 条件瑕疵影响策划

做税务策划业务时应该考虑缜密，不要以为"运筹帷幄，决胜千里"，只是动动脑子，"眉头一皱，计上心来"。税务策划业务需要消耗大量脑细胞。每一个步骤、环节、细节不规划设计好，不认真工作好，都可能会导致方案失败。

有一个企业要搞重组，想设计成为免税的模式。税务策划师把方案想好了，企业也照章去做了，税务申报也通过了，是不是策划就成功了？不！它被税务机关要求补税了，什么原因？

原来是由于税务师没有和企业交代明白一件事：财税〔2009〕59号第五条第（五）款规定，企业重组中取得股权支付的原主要股东，在重组后连续12个月内，不得转让所取得的股权。股东不知道此规定，在12个月内把股权又卖了。一个小小的疏漏，导致一个方案失败。

3. 条件瑕疵可以补救

既然千里之堤，毁于蚁穴，我们就查蚁穴好了；既然百尺之室，毁于火星，我们就用土封堵好了。条件瑕疵是说造成的严重后果，不是说瑕疵本身有多严重，而是说瑕疵因其小而经常被忽视。

人们一般善于抓大而放小，容易见大而忘小。税收无小事，不要因小而失大，要学会去弥补小的漏洞，做到瑕不掩瑜。什么叫瑕不掩瑜？就是对玉的瑕疵进行修整、掩饰、设计，将玉的瑕疵融入整体题材，赋予新的意义。

4. 案例

W企业将"收到拆迁款"修改为"收到拆除款"，将"委托乙企业处置与利用"修改为"委托乙企业处置"，将"因仓库管理W保管工作不力，罚款500元"的决定撤回。诸如此类，事件不同，道理相同。一个原则就是：补救、完善瑕疵。

7.6 条件缺失

"……天之道，损有余而补不足。人之道则不然，损不足而奉有余……"（《老子》第七十七章）

自然规律会把万事万物进行平衡，太高的山，会倒塌；太深的谷，会被填平。水从高处流到低处，低处的水位也因此而变高。浓的气味会扩散到淡的地方，于是淡的地方的气味就变浓。这叫"天之道，损有余而补不足"。

如果纳税条件多余，自然需要消减去除；如果纳税条件缺失，自然需要补充完善。多了无益，可能还会起反作用；少了不足，不符合税法之规定。

这正是税收上的"天之道，损有余而补不足"。

因为纳税条件缺失一个或几个，纳税的模式自然不成立了，税收利益会化为乌有；纳税条件充分，少纳税的模式自然成立，税收利益会应有尽有。

1. 查找缺失的条件

《税收征管法》第三十五条规定，纳税人有下列情形之一的，税务机关有权核定其应纳税额：①依照法律、行政法规的规定可以不设置账簿的；②依照法律、行政法规的规定应当设置但未设置账簿的；③擅自销毁账簿或者拒不提供纳税资料的；④虽设置账簿，但账目混乱或者成本资料、收入凭证、费用凭证残缺不全，难以查账的；⑤发生纳税义务，未按照规定的期限办理纳税申报，经税务机关责令限期申报，逾期仍不申报的；⑥纳税人申报的计税依据明显偏低，又无正当理由的。

税法上的核定征收共需要6个纳税条件，具备其中一个即可。如果纳税人想利用核定征收这个"核"的纳税模式，先看看是否具备条件，不具备的补上就可以了。

2. 补足缺失的条件

接上例，如果纳税人想利用核定征收这个"核"的纳税模式，就要看看需要具备哪个条件，不具备的条件补上就可以。但是如何补上呢？

我们知道，如果适用于核定征收，其实是有两种情况的：一种是事先向税务机关申请，经税务机关核准后，实行核定征收；另一种是税务机关可能先按查账征收进行管理，但纳税人在建账建制的查账申报过程中不符合规定要求，导致税务机关无法执行查账的规定，在事后的检查中被迫核定征收。

如果我们知道了这个原理，并且也知道了法律规定不得核定征收的行业，想适用核定征收，补上核定征收的条件，就可以了。

3. 案例

W是小规模纳税人，因业务需要欲申请成为一般纳税人，根据《国家税务总局关于增值税一般纳税人登记管理办法》（国家税务总局令第43号）的相关规定，W具备一般纳税人的申请权利。

W想申办一般纳税人，看似好像没有缺失的条件，可以申请办理，但是国家税务总局第43号令第三条规定，年应税销售额未超过规定标准的纳税人，会计核算健全，能够提供准确税务资料的，可以向主管税务机关办理一般纳税人登记。本办法所称会计核算健全，是指能够按照国家统一的会计制度规定设置账簿，根据合法、有效凭证进行核算。

W以前是小规模纳税人，没有建账，显然不符合会计核算的要求。要想符合税法规定的纳税条件，补足这个缺失的条件方可。如何补足？W可以采用以下两种方法：一个是聘请专业会计来做业务，但是成本会较高，另一个是找代理记账，但是参与管理的程度较差。

7.7 条件多余

既然知道"天之道，损有余而补不足"，自然会将缺失的补上，将多余的减除。纳税条件的多余就像机构中的富余人员，他们不干事同时可能会干坏事。因为他们没有正事可干，闲散之余偶尔干出一点坏事也未可知，尽管他们并不是存心想干坏事。

税法中的多余条件正如机构中的富余闲散人员，多余的条件在纳税模式中其实是没有用的，这有两个含义：一是它们在纳税模式中不会发挥作用和影响；二是它们有可能会在某个时机发挥作用和影响，而这个作用和影响可能是对纳税人不利的。

1. 舍弃多余的条件

舍弃多余的条件，正如围棋中的弃子。不忍痛割爱，就无法切割风险或者取得更大的利益。另外，多余的条件虽然并不发挥作用，但可能会给执法者提供过滥的信息，干扰或影响执法者的判断。

如报销业务招待费时，写上招待某某，这是画蛇添足；向税务机关申报股权转让合同时，把股权取得的合同也申报了，这是多此一举；税务机关要求说明耗用偏低的原因，却提供生产定额，这是答非所问。

2. 多余条件的利用

有些多余的条件，现在没有用途，但日后可能会有水到渠自成之效果。

某企业由于各种原因,自 2012 年至 2018 年,有的年度企业所得税申报不实,有的年度并未申报。税务机关要求该企业补充申报近 5 年的,即从 2014 年至 2018 年。

该企业聘请我们做所得税鉴证,做补充申报之用,我们建议从成立的 2012 年补起。该企业认为补 2012 年和 2013 年是多余的,因为税务机关未要求补这两年。

我们解释道,企业所得税和其他税种不一样,有连续 5 年的弥补亏损。如果不从成立伊始补,可能会影响该企业的利益。后来,果不其然,经过我们逐年鉴证:2012 年度应税所得为 -200 万元,2013 年度应税所得为 -350 万元,2014 年度应税所得为 +500 万元,2015 年度为 +50 万元,2016 年度应税所得为 -150 万元,2017 年度应税所得为 +100 万元,2018 年度应税所得为 -350 万元。

2014 年度和 2015 年度盈利 550 万元,弥补了 2012 年度和 2013 年度的亏损 -550 万元,无企业所得税。2017 年度弥补了 2016 年度亏损,无企业所得税。整个企业经营期间并无企业所得税。

如果不做 2012 年和 2013 年的"多余"条件,企业 2014 年和 2015 年的利润就要缴所得税 137.5 万元(税率为 25%)。

3. 案例

W 是某建筑公司的会计。她认为向农民工发放临时工资,应该在个税申报系统中申报。同行认为建筑业的临时用工不属于劳动合同范畴,不用在个税系统中申报。税法对此也无明确规定。W 做申报后,老板认为是多余的,不应该申报,但考虑到未达起征点,不涉及代扣代缴个人所得税的问题,也就默许了。

后来,税务机关对建筑企业进行检查时,认为未履行代扣代缴义务的临时用工工资属于劳务范围,应该开具发票扣除,列工资表支付的不能在所得税前扣除。W 因已经申报了个税,被认定为工资费用而正常扣除了。

7.8 条件冲突

条件冲突是各相关税法间的规定冲突,或者企业部门(环节)的操作结果冲突,导致最终纳税条件发生冲突。条件冲突会使纳税的结果左右摇摆,无法确定。如果叠加税务机关的自由裁量权，可能会对纳税人产生不利的影响。

条件冲突在税务机关方面，是对法间或者政策间的关系没有考虑好，或者是考虑不周造成的。在纳税人方面是由于各部门（环节）各自为政，互相之间缺乏税收业务协调而导致的。

1. 税会冲突

《企业所得税法》第二十一条规定，在计算应纳税所得额时，企业财务、会计处理办法与税收法律、行政法规的规定是不一致的，应当依照税收法律、行政法规的规定计算。此规定解决了税法与会计法冲突时如何纳税的问题，即用纳税调整的方法协调税法和会计法间的关系。税法代表国家利益，会计法代表股东利益，应以国家利益为重。各税种都可能产生税法与会计法间的差异，均参照此规定执行。

2. 税法冲突

内蒙古自治区地方税务局公告2016年第8号第一条规定，关于建制镇房产税征收范围的问题：《内蒙古自治区人民政府关于进一步明确我区房产税征收范围的通知》（内政字〔2006〕371号）明确了建制镇房产税的征收范围，经请示自治区人民政府，**此规定仅指建制镇行政区域内农牧民自有房产自用于非经营的农林牧渔业和居住用房不征收房产税。对其他范围内从事农林牧渔业生产经营用房产应照章征收房产税。**

《内蒙古自治区人民政府关于进一步明确我区房产税征收范围的通知》（内政字〔2006〕第371号）第一条规定，**要建制镇行政区域内，除农林牧渔业和农牧民居住用房以外的所有从事生产经营用房产均征收房产税。**

《国家税务总局关于调整房产税和土地使用具体征收范围解释的通知》（国税发〔1999〕44号）第二条规定，关于建制镇具体征税范围，由各省、自治区、直辖市地方税务局提出方案，经省、自治区、直辖市人民政府确定批准后执行，并报国家税务总局备案。**对农林牧渔业用地和农民居住用房屋及土地，不征收房产税和土地使用税。**

我认为内蒙古自治区地方税务局公告2016年第8号与内蒙古自治区政府

的规定和国家税务总局的规定是冲突的。内蒙古自治区政府是不征的，国家税务总局也是不征的，它的解释是征的。当下位法与上位法发生冲突时，执行上位法是毫无异议的。

3. 业务冲突

《税收征管法》第三条规定，任何部门、单位和个人做出的与税收法律、行政法规相抵触的决定一律无效，税务机关不得执行，并应当向上级税务机关报告。纳税人应当依照税收法律、行政法规的规定履行纳税义务；其签订的合同、协议等与税收法律、行政法规相抵触的，一律无效。

据此规定，包税合同在税法上是无效的。由纳税人完成纳税义务，双方同意由另一方垫付税款或者负担税款，在税法层面是无效的。但是并不排除双方可以通过民法或合同法主张因税收而产生的经济利益。

在税收管理实践中，业务贯穿不同的部门（环节），组织制作税务证据，务必使不同部门（环节）对同一业务的证据不发生冲突，否则税务机关发现后，可能会按照有利于纳税做出解释。

4. 案例

W公司与客户签订代垫运费合同的条款：W公司为客户垫付运费，代办铁路运输事宜，客户将运输款项支付给W公司。如果W公司的代垫运费符合以下规定，是不缴纳增值税的。

根据《中华人民共和国增值税暂行条例实施细则》（以下简称《增值税暂行条例实施细则》）第十二条第三款的规定，同时符合以下条件的代垫运费不属于价外费用：承运部门的运费发票开具给购货方的；纳税人将该项发票转交给购货方的。因此同时符合以上条件的代垫运费不征收增值税。

但是，铁路部门办理运输时，不把发票开给W公司的客户，坚持开给W公司。W公司万般无奈只好接受铁路部门的发票，然后再开运费发票给客户。如此操作导致业务与合同发生冲突，企业操作与税法规定发生冲突。企业这样操作，将一个不纳税事项变成了纳税事项，而且还留下了虚开增值税专用发票的风险。W公司要想彻底解决此冲突问题，必须修改双方的合同，重新梳理运费模式。

7.9 条件限制

纳税的条件限制是由于某个或某几个条件的存在,使已经完成的业务模式不能适用预先设定的税法模式,且对纳税人而言是不利的。这某个或某几个条件限制的原因是:某个条件的存在,否定了有利于企业的纳税模式。如企业申请延期缴纳税款。

纳税人因有特殊困难,不能按期缴纳税款的,经省、自治区、直辖市国家税务局、地方税务局批准,可以延期缴纳税款,但是最长不得超过三个月。

根据《税收征管法实施细则》第四十一条的规定,纳税人有下列情形之一的,属于有特殊困难:①因不可抗力导致纳税人发生较大损失,正常生产经营活动受到较大影响的。②当期货币资金在扣除应付职工工资、社会保险费后,不足以缴纳税款的。

W企业想申请延期缴纳税款,符合条件②,但不符合条件①。原因是W企业的亏损属于经营亏损,不是不可抗力导致的亏损。想申请延期缴纳税款,直接受到条件①的限制。

1. 找到限制条件

想找到限制条件是比较简单的事情。纳税人的某一业务想适用税法的某种纳税模式时,需先找齐所有的税法,将税法纳税模式中的条件一一列出,再将企业业务产生的条件一一与税法纳税模式中的条件做对比。判断哪一个或哪几个条件在制约,分析那一个或几个条件与税法条件的差距以及在纳税模式中的作用,评判其影响力。如上例中的条件①即是如此。

2. 解除限制条件

当我们找到了条件①,是它限制了企业使用"延"的纳税模式时,我们有没有办法解除它的限制?如果不能解除,就不能适用"延"的纳税模式;如果能够解除,可以照常使用"延"的纳税模式,为企业争取税收利益。税收利益就是三个月内不用缴纳此税款,并且可以不用缴纳滞纳金。

我们有没有办法破解危局?如果我们找到企业存在不可抗力的证据,就解除了条件①的限制。如企业亏损、现金流量为负,虽然可能更多的是经营本身的原因，但若恰好发生过一次台风，找到当地气象部门开具的证明，再找到一些资产损失的证据，就符合了条件①的规定。

3. 案例

W 企业是一家物业管理公司，旗下有一家钢材市场。钢材市场经营状况一般，W 企业想开发房地产，于是成立甲房地产开发有限公司，拟将土地以企业分立的方式从 W 企业转移到甲房地产开发有限公司名下。

但《关于继续实施企业改制重组有关土地增值税政策的通知》（财税〔2018〕57 号）第五条规定，上述改制重组有关土地增值税政策不适用于房地产转移任意一方为房地产开发企业的情形。也就是说 W 企业的运作是无效的，需要缴纳土地增值税。

我们很容易就找到了"免"税模式的限制条件：甲公司是房地产开发公司。那么，能不能解除这个限制呢？其实只要 W 企业不是房地产开发公司，甲公司也不是房地产开发公司，就 OK 了。

如果我们在方案设计中不成立甲公司这个房地产开发公司，而是成立甲钢材市场物业管理有限公司，将原钢材市场的业务分立出去，土地增值税就没有了。过一段时间，甲钢材市场物业管理有限公司根据情况改变经营范围，变为甲房地产开发有限公司。这样是不是解除了税法条件的限制？

7.10 条件衍生

条件衍生也叫引发条件或者一个条件引发另一个条件。条件衍生在税务风险管理、税收业务策划以及税务危机公关中特别重要。一个条件的存在会有许多附属条件的存在。同理，一个条件的产生也可能会导致很多新条件的产生。新条件的产生很有可能会产生出新的纳税问题与结果。

无论是税务机关还是纳税人，当我们提出一个新的纳税条件时，一定要考虑到因这个条件的提出是否会产生其他条件，因为产生的其他条件会对税收的结果产生影响。这个影响可能是正面的，也可能是负面的。

1. 充分考虑衍生条件

既然税法条件的作用是相互影响的，我们就要认真研究其关联关系。研究增值税，不能不考虑所得税；研究契税，不能不考虑折旧；研究劳务服务，不能不考虑发票，因为它们是有关联性的。既然无法割裂它们的关联性，就应该并入纳税模式中统一考虑。分析纳税模式时，我们需要对这个纳税模式产生的所有税种进行一一研究，缺一不可。

纳税人必须从业务角度研究所有的税种，对纳税模式内的所有税种进行认定，既要找到所有的税法条件，还要找到相互作用产生的衍生条件，分析其对各个税种的影响。

2. 评估衍生条件的作用

衍生条件的影响：第一，负面影响，因新条件的产生，可能会对纳税结果不利。第二，正面影响，因新条件的产生，可能会对纳税结果有利。第三，新条件本身可能会产生新的纳税结果。评估衍生条件的影响，我们择其善者而从之，择其不善者而改之。如果忽略衍生条件，或者忽略衍生条件的影响，就会出现"头痛医头，脚痛医脚"的忙乱状态，更有甚者，不仅于事无补，可能还会起到反作用。

3. 案例

条件1：某企业未经过税务策划，导致用于养殖的房产一直缴房产税。

条件衍生：由于缴了房产税，所缴的房产税在企业所得税前就能够扣除。

条件2：经过税务策划后，税务机关核准房产税不用缴了。

条件衍生1：以前的房产税多缴了，申请退税。按《税收征管法》规定可以申请退三年的房产税。

条件衍生2：由于退以前年度的房产税，导致需要补缴因退房产税而产生的企业所得税。

条件衍生3：由于补税或退税是否产生滞纳金或利息？如有，该怎样处理？

如果还有新的条件衍生，如此循环再分析下去。

7.11 条件创造

在条件缺失的章节中，我们讲过，如果纳税条件多余，自然需要消减去除；如果纳税条件缺失，自然需要补充完善。多了无益，可能还会起反作用；

少了不足，不符合税法之规定。这正是税收上的"天之道，损余而补不足"。

纳税条件缺失，我们需要去补足，以适应所需要的纳税模式。条件缺失就是不具备这个条件，没有这个条件，想去补充是每个人都应该想到的，但想补就能补得上吗？根本就没有条件，如何去补救？这时就得依照税法的规定，"创造"出这个缺失的条件。

铁人王进喜曾经说过一句很经典的话："有条件要上，没有条件创造条件也要上！"创造就是发挥人的主观能动性，由无变有，由有变多。

1. 条件创造的合法性

可能大家最关心的是，缺失条件时我们去创造条件，这样做符合不符合税法的规定？它与"偷税"的界限到底在哪里？不会一失足而成千古恨，滑向犯罪的深渊吧？其实条件创造就是事先关注、事先规划、事先策划。通过事先策划创造纳税条件的行为属于纳税人的经营决策权利。

2. 条件创造的方法

条件创造的方法其实就是税务策划的方法，"研究13大策划技法"中总结了13种，包括：转嫁、调整、假借、规避、有无、分合、关联、补救、变换、修正、选择、增减、创造。具体可以到该章中详细了解，这里不再详述。

3. 条件创造的思维

回忆一下第1章中的创新13大纳税理念，这些理念都是条件创造的思维。我们把风险的理念、管理的理念、策划的理念、负税的理念、诚信的理念、成本的理念、权利的理念、义务的理念、规范的理念、交易的理念、依据的理念、合同的理念、反制的理念进行综合运用，有利于税务风险的管控与策划。

4. 案例

W公司是一家会计师事务所，年营业额为800万元，适用6%的增值税税率。但此类公司进项税额较少，实际税负较高。W公司决定成立甲会计咨询服务公司，实现业务分离，以适用小规模企业3%的税率。在W公司未成立甲之前是没有条件适用3%税率的，通过创造条件——成立甲会计咨询公司，产生了新的纳税条件，纳税模式也因之发生变化，实现了降低税负的预想。

这就是条件创造的效果！设立企业是不是 W 的权利？关于业务分离，法律允许不允许？你说它合法不合法？答案显而易见。

7.12 条件预设

条件的预设是与纳税模式的预设是相关联的。税法已经为不同的纳税模式设定了不同的条件，这些条件的集合形成纳税模式。在税务策划中，我们要提前预设纳税模式，预设纳税模式时，定然要预设纳税条件。

所谓预设纳税条件，是指按照税法的要求，虚拟业务条件，再按照这个虚拟的条件去完成业务。因为条件是规划好的，如果也是按照这个规划好的条件去做，做完的条件定然与税法条件相一致。做完的条件和税法规定的条件相一致了，我们所预想的纳税模式就完成了。

如果纳税人的每一个业务都按照这个方式去完成，不仅税务风险得到了控制，企业税收成本降低，就连税务检查也省去了许多的麻烦。

1. 预设纳税模式

什么是预设纳税模式？在"总结 13 大纳税模式"中，我们将纳税模式分为 13 种：抵、免、加、减、点、补、退、追、延、核、差、非、全。这 13 种纳税模式是纳税人应该研究的。纳税人做业务时不能只拉车不看路，而应该先看好路再拉车，"牛困人饥日已高，市南门外泥中歇。"（摘自《卖炭翁》）后面的故事是悲剧。

纳税人做业务时应该改变以前的不良习惯。什么是以前的不良习惯？就是盲目地去做业务，被动地适用税法条款。将税法当作橡皮筋，随意套，套上哪个是哪个，没有主动选择，只有被动应对。

现在，我们要反其道而行之，先找到税法这根橡皮筋，看看它的宽紧度，适合套到我的哪个部分。一根、两根、三根……用多个橡皮筋把我的头发盘起来，个数恰好，宽紧适度，是不是把自己打扮得很美丽？这就是预设纳税模式。

2. 预设纳税条件

纳税模式选好了，就开始找对应的纳税条件了。纳税模式集合了许多的纳税条件，多个纳税条件组成一种纳税模式。就像一个家庭是由人组成的，家和万事兴，其实不是家的作用，而是家庭成员的共同作用。

给家庭每一个成员一个职位、一个安排、一个责任、一个任务、一个作用，让他们各安其位，各得其所。十指并用，同频共振，才能弹奏出美好的乐章，预设纳税条件就是这个道理。

找到每一种纳税模式下的纳税条件，并假设我们能够按照要求完成它，就是预设纳税条件。

3. 生成预设条件

按照预设的纳税条件去制作条件。预设条件是标准，生成条件就是按标准"制作"条件。"制作"与标准相符了，纳税模式自然无可更改。如果纳税模式无可更改了，税收的结果是不是确定了？纳税结果确定了，税收还有风险吗？税务风险的产生不就是纳税结果不确定导致的吗？

生成预设条件，不是一个部门能够完成的，需要企业各个部门、各个环节协同。每个部门、每个环节按规划完成任务，这个任务就是生成纳税条件。一个个的纳税条件串连起来，就组成了税务的证据链。

当税务证据链出现时，纳税条件的身份出现了转换，它由条件变成了税务证据，由"虚"的条件变成了"实"的证据，实现了蜕变与蝶化。税务证据证明我们依法需要履行纳税义务，或者依法不需要履行纳税义务。它证明税收结果的确定性和无可更改性。

4. 案例

W企业是一家风电铝一体化公司，进行技术改造时，听取了税务师的策划意见，享受购买安全生产设备抵免企业所得税的税收优惠。那么，如何预设条件呢？

第一步：别怕麻烦，找到所有相关的税法文件。

（1）《企业所得税法》第三十四条。

（2）《企业所得税法实施条例》第一百条。

（3）《财政部、国家税务总局关于执行环境保护专用设备企业所得税优惠目录 节能节水专用设备企业所得税 (优惠目录和安全生产专用设备企业所得税优惠目录有关问题的通知》（财税〔2008〕48号）。

（4）《财政部、国家税务总局、安全监管总局关于公布安全生产专用设备企业所得税优惠目录（2008年版）的通知》（财税〔2008〕118号）。

（5）《财政部、国家税务总局关于执行企业所得税优惠政策若干问题的通知》（财税〔2009〕69号）。

（6）《国家税务总局关于环境保护节能节水、安全生产等专用设备投资抵免企业所得税有关问题的通知》（国税函〔2010〕256号）。

（7）国家税务总局公告2018年第23号及企业所得税优惠事项管理目录(2017年版)。

（8）《财政部、国家税务总局、应急管理部关于印发〈安全生产专用设备企业所得税优惠目录（2018年版）〉的通知》（财税〔2018〕84号）。

以上是找税法条件的过程。

第二步：认真分析，确认本业务采用"抵"的纳税模式。

以上政策支持企业购买安全生产设备享受税收优惠：该投资额的10%可以从企业当年的应纳税额中抵免；当年不足抵免的，可以在以后5个纳税年度结转抵免的企业所得税。由此判断即适用"抵"的纳税模式。

第三步：与企业业务结合，按照税法条件生成纳税条件。

（1）找到《财政部、国家税务总局、应急管理部关于印发〈安全生产专用设备企业所得税优惠目录（2018年版）〉的通知》（财税〔2018〕84号）目录中的电力设备：SF6泄漏报警装置（GB/T8905，DL/T846.6）。

（2）按目录规定起草招投标文件。

（3）按招投标文件要求采购、安装、调试设备。

（4）按招投标文件要求开具发票，做好财务核算。

（5）按"自行判别、申报享受、相关资料留存备查"管理规定，计算可抵扣税额并申报扣除。

以上完成"抵"的纳税模式选择、该纳税模式下的条件预设、该事项所需要的各个条件。企业产生的条件和税法规定的条件完全相符，实现了税务条件向税务证据的转化。企业享受税收优惠事项的税务结果确定且不可更改，税务核查无风险。

7.13 条件利用

在纳税模式中，条件是最活跃的因素。某个或某几个条件发生变化，或者择机发挥作用，对纳税模式将产生非常重大的影响，有的可能会直接颠覆原已选择的纳税模式。我们研究条件利用，就是固定纳税条件，固化纳税模式，引导条件向有利的纳税模式转换。

条件利用要求：有利的固化之，不使其转向不利；不利的改造之，使其趋于无害；中立的引导之，使其转向有利。有缺陷的修复，有瑕疵的补救，有冲突的剔除，多余的舍弃，没有的创造，有用的留用，无用的舍弃。

这是个综合研究、综合利用的问题。蒋干无能，盗书欺之；魏延反骨，马岱制之；周瑜刚愎，丞相气之。此犹指挥千军万马，指挥、调度、任用、进退，全凭将帅号令。

税法条件是要求，是标准。业务操作中按照税法要求、标准制作的"结果"叫证据。要求、标准是虚拟的条件，只有证据才是真实的"结果"。进行税务风险管理、税收业务策划和税收危机管理，都需要将条件转化为证据，我们最终需要的是这个税务证据。此时，再回忆一下"理顺13大证据关系"中的内容，会更有心得。

1. 条件的虚拟

（1）税法条件是虚拟的。因为税法是对未来纳税事项的规范。制定税法时，纳税的业务并没有真实发生，它只是对未来纳税事件的一种预期。既然如此，税法虚拟的条件只是我们的依据，并不是我们的纳税结果。

（2）业务条件是虚拟的。纳税人做业务，要依据各种法律，包括税法，来事先拟订承做业务的条件。既然如此，在业务策划中拟订的条件，只是我们做业务的依据，尚不是我们的纳税结果。它也是虚的。

（3）税务证据是真实的。国家虚拟税法条件，是为了征收税款。纳税人虚拟业务条件，是为遵守法纪。而按照国家税法条件、企业业务条件所完成的结果，是我们所需要的证据。你凭什么说纳税是对的而不是错的？是因为有证据证明"结果"是符合税法要求、业务要求的。

（4）所有的税务条件最后都要转化为税务证据，即实现由"虚"向"实"的转化。

2. 证据的真实

税务条件变为税务证据，实现了由"虚"向"实"的变化，所承载的一切就是真实的。

证据是真实的,是因为证据反映着纳税条件的结果。证据中所承载的一切信息已经是纳税的完成情况了。我们做业务时对各种条件的利用,其结果也早已反映在税务证据中了。此时,大多证据已经不能修改。

税务策划与偷税的界限就在于此:税务策划是先设定税务条件,再按税务条件组织制作税务证据;而偷税是没有税务条件设定过程,直接按照纳税预想的结果,修改已经完成的税务证据。

3. 案 例

企业欲享受小型微利企业的税收优惠政策。

税法条件1:工业企业的年度应纳税所得额不超过100万元($A_{税1}$),从业人数不超过100人($B_{税1}$),资产总额不超过3 000万元($C_{税1}$);

税法条件2:其他企业的年度应纳税所得额不超过100万元($A_{税2}$),从业人数不超过80人($B_{税2}$),资产总额不超过1 000万元($C_{税2}$)。

某企业系工业企业,适用税法条件1的规定。2018年度所得税申报时,企业产生的条件为年度应纳税所得额95万元($A_{企}$),从业人数80人($A_{企}$),资产总额3 100万元($A_{企}$)

在税法模式条件集合 $M_{税}$($A_{税1}$,$B_{税1}$,$C_{税1}$)和企业模式条件集合 $M_{企}$($A_{企}$,$B_{企}$,$C_{企}$)的条件对比中,我们发现($A_{企}$ = $A_{税1}$,$B_{企}$ = $B_{税1}$,$C_{企}$ ≠ $C_{税1}$),即 $A_{企}$、$B_{企}$ 条件符合,$C_{企}$ 条件不符合,企业条件集合中出现了"坏分子"$C_{企}$,自然"减"的纳税模式就不成立了。

欲使该企业适用"减"纳税模式,就必须对 $C_{企}$ 进行改造,使其符合 $C_{企}$ = $C_{税1}$。

但是由于资产总额超过了标准,限制了政策的使用,如何解除这个限制条件?

经过分析得到:资产总额是会计的概念,年终结账前,对资产总额合理调整至3 000万元以下是可行的。因为这一调整在会计层面很容易就得到解决,而且并不违背会计法。通过对 $C_{企}$ 进行改造,使其符合了 $C_{企}$ = $C_{税1}$,限制条件就解除了。

以上,通过对条件的合理利用,我们得到了预想的纳税结果。

第 8 章
把握 13 大时机坐标

> 税务策划把握的时机坐标包括以下 13 个方面：①可行性研究的策划机会；②企业设立的策划机会；③产品设计的策划机会；④资产交易的策划机会；⑤经营变化的策划机会；⑥业务合作的策划机会；⑦税收调整的策划机会；⑧经济调整的策划机会；⑨会计调整的策划机会；⑩清产核资的策划机会；⑪企业重组的策划机会；⑫企业注销的策划机会；⑬评估检查的策划机会。

要想做好税务风险管理与策划，抓住时机是很重要的。因为税法既是实体法，又是程序法。实体法规定了纳税人的权利和义务，而程序法规定了办理的时限。在规定的时限内全面履行义务，才能赢得纳税人最大的税收权利。抓时机、找方向，时机就是时间和机会，方向就是目标坐标，在规定的时间内寻找机会，找到解决问题的突破点。

时机坐标，就是化危为机，找到风险点，解决税务风险的控制问题；

时机坐标，就是围点打援，找到突破点，解决税收业务的策划问题；

时机坐标，就是达成共识，找到契合点，解决税务检查的危机问题。

时机就是机会，坐标就是目标。抓不住机会，努力白费；找不到目标，结果不对。如果我们没有方向，找不到目标，抓不住最有利的时机，想解决企业税务风险控制与策划的问题，恐怕不易。

把握 13 大时机坐标，将会为你提供各种税务风险控制机会、各种税务策划的机会、各种危机公关的机会，但你能不能把握住这些机会？尽管需要天时、地利与人和的条件准备，但更需要你有"心有灵犀一点通"的敏锐嗅觉。

给你一个支点，你能否撬动地球？所谓："机不可失，失不再来。"当税务风险、税务危机已经来临，你用什么方式迎接它们呢？需要好好地考量。

8.1　可行性研究的策划机会

可行性研究是指在投资决策之前，对拟建项目进行全面的技术经济分析。在投资管理中，可行性研究是指对拟建项目有关的自然、社会、经济、技术等进行调研、分析比较以及预测建成后的社会经济效益。在此基础上，综合论证项目建设的必要性、财务的盈利性、经济上的合理性、技术上的先进性和适应性以及建设条件的可能性和可行性，从而为投资决策提供科学依据。

可行性研究报告的内容很多，其中项目的经济性是必不可少的。经济性研究离不开税收，因为税收对企业的影响越来越大。我看了一些项目的可行性研究报告，其中税收的影响虽然多有涉猎，但是分析的内容缺乏广度和深度，对于税收风险、税收优惠、税负影响的分析还停留在表面。

建议深化税收的分析，评估税收对该项目的影响程度，尤其是税收的风险性应该予以充分地揭示。

如一个项目如果没有税收优惠，则它的可行性是多大；有税收优惠的可行性又是多大；税收优惠的实际税负与名义税负有无差异；经过税务策划，可以合理地降低多少税负。如果我们多加上一个税收影响的因素，就多出一个参数，对项目的评定结果可能就产生变数。

1. 论证投资项目的税种税负

我建议在论证项目的可行性时，对该项目涉及的税种进行全面认定，即该项目到底涉及几个税种。通过对税种的认定进行研究，并考虑税种间的相互作用，综合测算其实际税负。我们国家的税法已经形成体系，对每个税种规定得都比较全面，做这样的税收影响分析从技术上讲是可行的。

目前，国内的可行性报告研究是有弊端的，研究机构对税收领域不是很专业，导致可研项目的税收数据或不全面，或分析肤浅，或根本就没有。这个功课一定要补上。

我认为可以从行业、地区、性质、项目、产品、技术等方面入手分析；也可以从经营要素"人、财、物、供、产、销"等方面入手分析；还可以从税务风险、税务策划、税收环境等方面入手分析；更可以从国家税收征管的改革方向、税务征收管理的模式、税种的开征与停征方面进行分析。

2. 论证投资项目的税收优惠

要研究税收对项目可行性的影响，考察税种虽一马当先，但税收优惠更不可缺位。国家在税收立法上，以行业税收优惠为主，兼顾特殊业务和产品需求。可以说每个企业都会有税收优惠，就看企业怎样去争取。

有些税收优惠是直接给的，凡是这个行业的成员都普遍享受。如对农林牧渔行业的税收优惠，相关的税种都有直接的规定，像免土地使用税、房产税、增值税、企业所得税等。有些税收优惠是间接给的，也就是需要企业达到一定要求才给予的。如技术研究开发费加计扣除税收优惠，高新技术企业减按15%计算企业所得税等。

税收优惠的政策还有一个特点，就是没有名额限制，只要符合条件，无论是谁都可以享受。那么就有一个问题：如果你争取不到税收优惠，他人却能够得到税收优惠，你在行业中的竞争显然就会处于劣势。

3. 案例

W是我的朋友，想搞肉羊养殖。W向我咨询："我要大规模养殖，成立一个什么企业好？涉及何种税收？"表面看这好像仅是一个税务咨询问题，其实这是项目可行性研究的税务问题。

我说："国家在税收上对农林牧渔业是鼓励的，税收大多是免税的，比如：农业初级产品免征增值税；农林牧渔业所得免征企业所得税；直接用于农林牧渔业的房产免征房产税；直接用于农林牧渔业的土地免征土地使用税；对个人独资企业和合伙企业从事种植业、养殖业、饲养业和捕捞业（以下简称'四业'），其投资者取得的'四业'所得暂不征收个人所得税。"

想做肉羊养殖，如果成立有限责任公司，股东则可能只缴个人所得税；如果成立独资企业或合伙企业，则什么税都没有。至于到底成立什么性质的企业，是W决策时需选择的问题，需要综合判断不同性质的企业对经营有什么实质的影响，再决定是成立有限责任公司还是成立独资企业。

毕竟，成立企业时税收问题是一定要考虑的，但还有比税收更需要考虑的问题，比如融资问题、规模问题、技术问题和人力成本问题等。

8.2 企业设立的策划机会

企业刚开始成立,犹如一张白纸,可以添加更多税收元素在里面,让企业的蓝图更加多元。

税收元素的添加,可以从公司性质、经营范围、经营地址、出资方式、人力资源、内控制度等多方面进行考虑。充分评估这些因素对税收的影响,选择对企业最有利的纳税模式。如果这些条件企业目前尚不具备,可用税务策划的思维去补充完善。

在企业投资设立环节进行税务策划研究,就相当于建筑的规划设计,建筑做成什么风格,用什么材料,达到什么效果,这个定然要事先规划。投资环节的税务规划也是如此。比如:是投资此行业还是投资彼行业;是选择有限责任公司还是选择独资企业;是选择用实物出资还是选择用货币出资;是选择混业经营模式还是选择单一经营模式;如此考虑得越多,纳税的方案越合理。

税务元素的各种搭配组成不同的纳税模式,无论是对股东、对员工,还是对国家的税收利益,累积影响是十分巨大的,并且,重大涉税因素如果在投资时失察,日后可能无法得到修正。

1. 影响税收的因素

企业成立之初的重大税收机会研究包括如下几个方面:

(1) 企业因素。如行业、注册地点、企业性质、出资方式、经营范围的选择等。

如果单纯地选择行业,每个行业的税收优惠都是不一样的,国家鼓励的行业是基础产业和先进产业,这两个行业的税收优惠是最多的;如果单纯地选择注册地点,国家的自贸区、高新产业园区、经济开发区,地方政府的招商引资取得的经济利益是最多的;如果单纯地考虑企业性质,有限责任公司、私营企业的所得税税负是不一样的;如果单纯地考虑出资方式,货币资金与实物出资的涉税也是不同的;如果单纯地考虑经营范围,不同经营项目的税收负担又是不同的。

所以税收的考量一定是一个综合因素的评定结果,需要专题与专业地研究，不能仅凭一两个因素就匆忙做出税收安排。

（2）集团架构。母子公司、总分公司及其交易安排对税收的影响也是很大的。

税收上独立的组织承担独立的纳税义务。什么是税收上独立的组织？增值税由独立核算的单位计算缴纳；与不动产相关联的税收在不动产所在地缴纳；企业所得税由独立承担民事责任的法人缴纳；其他与行为相关的税种由机构所在地缴纳；关联方的交易按照独立交易进行纳税调整。

对于这些税法的规定，纳税人是要遵从的，但遵从的方法是各有选择的。纳税人在适用税法上，最大的权利是选择权，有权利选择对自己最有利的方式去纳税。

（3）交易对象。关联方与非关联方的交易选择是非常重要的。正常的交易是非关联方的交易，因为它是真实的交易。但在特殊情况下，关联方的交易却非常普遍。税法不限制关联交易，只关注交易价格的公允性。如果价格不公允，结果则是特别纳税调整，不过特别纳税调整的后果可不是偷税。

（4）产业链条。企业处于产业链的哪个位置是非常重要的。产业链位置不同，税收话语权是不相同的。全面税务风险管控与策划的基本前提还需要有税收的话语权，否则怎么执行税务管理？说话力度不够，效果自然减分。

2. 策划事项与空间

（1）税收优惠。税收优惠也并非是自然状态下的产物，是需要策划才能得到的。税收优惠有很多，包括税种、行业、事项、地区等。这些税收优惠不经策划，直接享受的可能性虽然有，但是太小了。因为一个企业的经营行为如果不加以规划，税收的优惠可能就缺少条件。

有些企业不服气："同处于一个行业，它有优惠，为什么我没有？"这个你还别生气，都是人，但有穷人、富人、达官贵人、草芥莽夫，你知道人家付出了什么？你真以为是命运的安排吗？别人的付出你不知道，别人的做法你不知道。不要羡慕嫉妒恨，需要努力和发奋。

（2）投资环境。它包括招商政策、执法环境、经济环境、人文思想等。这些因素有些是可以量化的，有些全凭主观判断。不过这里要提醒的是，不同的地区确实存在税收差异。

（3）要素指向。对产能、材料、人力、市场、交通等要素的考虑是非常重要的。这些既与税收关系重大，更关系到企业的生产经营成本。税收虽然很重要，但在企业的生产经营成本中，税收也只能占到10%左右。我们研究税收，但不能就税收论税收，研究税收还需从企业整体利益出发。那种单纯为节税而做出的税务策划，如果不从企业整体利益出发，则是可耻的。

3. 案例

W公司欲投资成立甲企业，占甲企业80%的股权。W公司可以选择以货币出资，或以存货或者设备出资，或以房产土地出资，或以持有的第三方股权出资，这是W公司的权利。但是采用不同的投资方式，税收的结果是不一样的，需要综合考虑。

以货币出资仅涉及印花税，没有多少。以存货或设备出资则视同销售，可以开专用发票，出资方缴税，被投资方抵税。以房产土地出资，房地产企业还多了一道土地增值税。以持有的第三方股权出资与货币出资涉税相同。如何选择？这要看出资的意图、出资的比例、股东的洽谈结果，不能一而概之。

8.3　产品设计的策划机会

产品设计（包括服务，下同）环节是存在税务策划机会的。以前我们经常忽略这个机会，我们应该知道在产品设计的环节有税务策划的机会，而且这个机会还很大。

工程师当然是不懂税务的，让他在设计产品时考虑到税收，超出他的工作能力了。任何人都没有权力要求一名设计师去学习税法，除非这是基于工程师的个人爱好。虽然推行全面税务风险管控与策划，但也不应该要求每一个部门都去学习枯燥的税法，当然财务相关部门另当别论。

设计工程师不学税法，却还要求他关注设计环节的税收，看似很矛盾，其实很好解决。告诉他不就行了嘛，他只需知其然不需要知其所以然。把产品设计相关的税收事宜列出1、2、3、4，他只要执行就可以了。那么，这个1、2、3、4是什么呢？以下几点是必须要告知的。

1. 节约设计成本

产品的质量、外在的美观、使用的方便,这些基础功能体现了产品的使用价值。满足使用价值是必需的,但产品的经济价值也必须详加核算。材料成本、制作成本、维修的成本要综合考虑。节约这些成本,会使产品的单位利润提高,能起到转嫁税负的效果。

设计师采用的新理念、新工具、新材料、新工艺会决定产品成本的高低。我们在设计上经常会犯以下错误:要么为了保质量而浪费原辅材料,要么为了美观而增加制作成本,要么过度地节约成本而轻视了维护保养费用。

产品成本过高,可能包括不必要的成本。我发现好多产品的功能其实是多余的。好多产品的功能其实并没有达到使用者的要求,也是不必要的。所以,闭门造车式的设计似乎与税收无关,其实增加了产业链条的税负。

产品成本过高,可能无法实现成本的转嫁,即使实现了,也加大了购买者的成本。税收既然是以价格为基础计算的,当然价格越高,最终端的税负就会越高。设计时无用的成本必然导致不必要的税收成本。

2. 归集研发支出

技术研究开发费需要按照税法的要求进行归集。因为这个费用是可以加计扣除的,所以对企业所得税的影响很大。技术研究开发费可以加计75%扣除,节省企业所得税。不过这个政策被有的企业浪费了。工程技术部门不懂税收政策,财务部门不懂技术开发,导致所发生的技术研究开发费被混同为一般的生产费用,失去了加计扣除的机会。

为了弥补这个过失,纳税人需要制作税务操作标准,专门对技术研究开发费做出规定。从项目立项,到费用支出、费用凭证,再到财务核算,按照统一的标准去操作,以符合税法加计扣除的要求。

当然设计环节的高新技术企业的税收优惠也是要重点考虑的。高新技术企业有税收优惠,企业所得税的税率为15%。高新技术企业有好多的条件要求,但产品和服务的设计与其密切相关。

3. 考虑后期保养

有的产品的销售价格可能会低于同类产品,不过如果后期的使用费用过高,反而增加了用户的使用成本。成本增加,就会导致许多税事发生,令用户对税务问题目不暇接。如保养费用的发票取得问题，税务机关质疑产品生产效率或废品率过高的问题，费用支出的合理性问题等。

我们一再强调，税务风险会在产业链中进行传导。我们既要共同管控税务风险，更要考虑不给下游企业制造无谓的税务麻烦。

把好产品设计关，避免因产品设计的瑕疵给使用者增加税务麻烦，这些都是设计者需要考虑的。

4. 案例

我工作过的W企业是一家塑钢大棚骨架厂，生产蔬菜大棚用的棚架。以前这些棚架是用钢筋焊接的，它存在一个问题就是容易腐蚀，而且铁锈污染塑料棚膜，影响透光。W企业从沈阳引进了塑钢大棚骨架的生产技术，但是没有进行改造设计，结果导致承重过载，棚架变形塌落。

这个教训就是领导是外行，引进技术时不经过改造设计。本来在沈阳是用的拱棚，拱棚跨度小，受力均匀，塑钢大棚骨架发挥了它的优势。我们这边是冬棚，需要承重，且棚架呈蚌线状结构，受力不均匀。不改造产品结构和生产工艺的后果可想而知。

我问："为什么不采用传统的焊接方式，而采用打孔拉链的方式？"领导的理由是外面镀聚乙烯（就是塑料），如果焊接，电焊的温度太高，焊接时外面镀的塑料就融化了，失去了该技术的本来意义。

我是搞财务的，本不应该关心技术。但这个业务是我承揽的，是我家乡的重点项目，毁于我"手"，我"恨"不过，就去车间看个究竟。我先让车间主任按照他们的说法进行焊接，果然如其所说。我仔细观察了他们的焊接过程后，告诉车间主任："马上去打一壶水来！"车间主任以为我渴了，问凉水还是热水。我等不及了："什么水都可以！"

水来了，我告诉车间主任："你继续焊！"于是他一边焊，我一边给他浇水。水火交融，塑料哪是软骨头，根本就没有融化。成功了！

我们且不说其他问题，只说税务问题：大棚塌了，W企业的钱肯定要不回来了，定制的厂家也声名狼藉。双方的损失都很大，这一边要增值税进项税额转出（这是产品质量问题），那一边要申报缺失扣除（以前是审批制的，不易获批）。

8.4 资产交易的策划机会

广义的交易资产，包括会计报表上的所有资产项目。我们这里所说的资产交易主要是大宗、大额、重要的资产交易。资产通常泛指货币资产、应收账款、投资资产、各类存货、机械设备、房屋建筑物、土地使用权和其他无形资产等。

资产交易中什么是大宗、大额和重要，纳税人根据企业的状况自行确定。这里我们给出一些参考标准：一是单笔买卖的金额大；二是单笔成交的数量多；三是对生产经营的影响大；四是该笔资产交易特殊，如涉及关联方交易、非货币交易或者企业重组等。

为什么强调大宗、大额和重要？这完全是从税务策划角度上讲的。我们要进行策划，一定要抓大放小，不能眉毛胡子一把抓。要抓大方向、大事项、大事件，抓主要矛盾和矛盾的主要方面。以上所说的资产交易与税收关系十分敏感，涉及税收的金额较大，涉及税收的事务较多，是非抓不可的策划事项。

1. 资产的购置

（1）资产项目：包括货币资产、应收账款、投资资产、各类存货、机械设备、房屋建筑物、土地使用权和其他无形资产等。

（2）交易方式：交易的方式即是交易的类型，我们在"锁定13大合同条款"中将交易的方式分为13种，即买卖、交换、捐赠、盘点、借贷、租赁、委托、分配、评估、兼混、调整、重组、清算，同时，对交易的税负也进行了研究分析。

（3）涉税因素：主要包括计税成本、折旧与摊销、税收优惠、估价入账等。

1）计税成本。资产的计税成本与会计的入账价值在很多的时候范围是相同的。我们将目标放在税法差异上，这些差异会影响折旧或摊销的税前扣除。关于时间差异，会有专门章节详述。

2）折旧与摊销。如无特殊情况或者非企业利润所需，资产折旧与摊销年限、残值预留、摊销方法应与税务处理保持一致。即不必要的时间性差异不需要保留，它会使企业的税收管理变得复杂。

3）税收优惠。它主要考虑：第一，同等价格、同等条件下的安全生产、节能节水、环境环保按采购额的10%，抵减企业所得税。第二，结合折旧与摊销，考虑资产是否适用加速折旧的政策。第三，资产是否符合单位价值不超过500万元一次扣除的情形。

4）估价入账。估价入账的固定资产可以先行按估价提取折旧，但12个月内未取得发票的，应该调整已经扣除的折旧。估价入账的存货资产应该在次年的5月31日前取得发票，否则不得扣除销售成本。

2. 资产的处置

（1）资产项目：同资产的购置。

（2）交易方式：同资产的购置。

（3）涉税因素：主要包括计税价格、残值处理、税收优惠。

1）计税价格。合同总价加上税法规定的各种价外费用，确认为计税价格。

2）残值处理。残值处理分为：第一，产生变价收入进行的实际处置。第二，按评估价格预估收入、税金，待实际处置时调整收入和税金。此种方法并不符合残值的处置原则，需要有其他证据佐证，并报主管税务机关同意。

3）税收优惠：企业重组方式的交易可以选择适用应税和免税，免税重组和应税重组本质上是时间性差异。企业要区分情况，合理选择利用应税重组和免税重组。对于销售旧货的处理适用于4%减半征收增值税的，一定是未抵扣过进项税额的资产。这个需要在账面上记载清楚，不能"想当然"和"我认为"。

3. 案例

W是某上市银行的市级支行，拟处置某项抵贷资产。该项资产系甲企业的房产土地，甲企业是有限责任公司。但甲企业已于3年前就被工商部门吊销营业执照了，税务登记也已经注销。法院已经裁定该资产归属于银行，但到产权登记部门过户时，需要缴纳相关税费。

缴各种税费，银行都认可，但以谁的名义缴？这是抵贷资产普遍存在的问题。甲企业已经注销了，股东早已失联了。银行和该资产的买家找到我们，请我们提供税务策划，研究资产过户的纳税问题。

经过与当地税务机关的多次协商，终于在上、中、下三策中选一策，完成了资产的二次过户，将税费总额控制在了15%以内。

第一策，将原企业税务登记恢复，交完税后再注销。此策由于没有股东的协助，按目前的工商和税务管理规定不可能完成。

第二策，以原企业股东的个人名义缴纳该税费，毕竟企业注销后，资产其实已经归属于股东了。此策由于税务机关担心股东找麻烦、出风险而作罢。

第三策，税务机关用原甲企业的名义办理临时税务登记，开完发票并缴完税后注销。

后来，我们商定选用了第三策，增值税按简易征收5%，契税按3%征收，企业所得税和土地增值税核定征收。完成第一次过户到银行后，银行再申请自开票以原价出售给现买授人。由于价格并未超过第一次抵贷价格，银行只缴了印花税，不会产生其他税收。

关于资产抵债的处置，情况还是十分复杂的。

8.5 经营变化的策划机会

企业的经营是动态的，动态的经营为我们创造了很多的税务策划机会。业务拓展、模式创新、管理变革、股东变动、投资融资、异地经营等，只要是企业要素发生变化，都是经营变化。这些变化会带来很多的税务策划机会。

但是，如果没有鹰隼的慧眼和利爪，估计机会稍纵即逝。为什么经营发生变化时，会有税务策划的机会出现呢？其实企业的经营变化导致税务条件发生了变化。税务条件发生了变化，纳税模式就发生了变化。

1. 发生新业务

以前没有发生过的业务，税收上是如何规定的，我们尚不清楚。怎样去纳税，怎样去防控风险，需要从头做起。新业务需要从头做起，对于纳税人而言，这是有难度的。不过也正因为以前不知道，才不会受旧经验和旧思想的限制。"跳出三界外，不在五行中"，因为没有经历过，所以能找到更好的方法。

2. 业务模式的调整

业务模式的调整是税务策划和税务风险控制的最好时机。企业要调整业务模式，大多是从业务角度考虑的，但它的调整一定会影响到税收。关于业务模式调整的话题，已在"总结13大纳税模式"和"挖掘13纳税条件"中详述。

3. 重大特殊业务

重大的业务就是金额大、成交大、影响大。特殊的业务就是以前没有遇到或者不常遇到的。重大特殊业务的判定标准：一是单笔买卖的金额大；二是单笔成交的数量多；三是对生产经营的影响大；四是该笔资产交易特殊，如涉及关联方交易、非货币交易或者企业重组、重大诉讼等。

不用赘述，重大或特殊的业务一定是税务风险最大、策划收益最多的业务。"挽弓当挽强，擒贼先擒王。"

4. 企业重组

企业重组包括改变企业性质，更换股东，对外重大投资，重大融资行为，重大资产出售，企业合并、分立，股东转让，模式改变等涉及企业重大的业务调整或者业务模式的调整，其中蕴含重大的税务策划机会。尽管税务风险大，策划收益却不少。

5. 案例

W是某企业的财务总监，多次听我的课，深受启发，觉得企业的纳税并不规范，税务风险很大。为此他向董事长建议聘请我们做税务顾问，为企业排查风险，并对重大特殊业务进行税务策划。

可董事长认为："我花钱聘请财务总监，这些工作是财务总监应该干的，怎么还花钱再请第三方？再说这么多年没有请第三方，不也过来了吗？"董事长未同意W的建议。

后来，该企业被收购，在收购的过程中，发现该企业税收隐患太多，新任董事长主动让W找一个业务好、职业道德高尚的人做税务顾问。W及其企业也终于得到了聘请税务顾问带来的好处。W规避了自身的工作风险，该企业也规避了自身的税务风险。

但是由于该企业问题已积累多年，错过了最佳的处理时机，尽管税务顾问为企业挽回一些损失，但有些问题已经得不到有效的处理，丧失了很多的税收权益。

8.6 业务合作的策划机会

合作方的业务操作一定会对企业产生影响。在双方的业务合作中，有一方是起主导作用的，起主导作用的一方会直接或间接地对另一方施加影响。这种影响有积极、正面的，也有消极、负面的，如何去利用呢？可谓仁者见仁，智者见智。我们希望在业务合作中，双方互相配合，取长补短，实现共赢，找到控制税务风险的方法，找到税务策划的机会。

1. 向能者学

君子生非异也，善假于物也。就是说成功的人并不是天生聪明，而是善于学习、取长补短的结果。在业务交易中一定要主动向对方学习，当对方提出不同的主张时，暂不要以权衡利益的角度去争辩，而是抱着学习的态度探求究竟。既然对方提出了主张，一定有理由，哪怕他的理由是错误的。

择其善者而从之，择其不善者而改之。向能者学，学能者。

2. 学而时习之

善于学习是很重要的，但不能学以致用，还不如不学。学而时习之，时习之就是将学来的东西用于实践。《礼记·中庸》有云："博学之，审问之，慎思之，明辨之，笃行之。"强调的也是实践，理论联系实际。

如对方做税务风险控制、涉税业务鉴证、税收业务策划，我们要跟上对方的节奏；在找专业机构做税务咨询时，将思想、能力、方法调整到同一频道。

3. "合"才能"同"

合同的本意是"合"在一起，才能相"同"；"和"在一起，才能相"通"。没有合作，就不是合同。合同不是动用法律"死磕"对方的，而是通过法律来"引导"对方的。这个观点在"锁定13大合同条款"中有专门论述。

在执行涉税合同时，我们强调：双方的财务部门和业务部门需要加强沟通与合作，将"分歧"消灭在萌芽状态。将"分歧"变"争议"，将"争议"变成"事件"。不断升级税务矛盾的做法，必将两败俱伤。

4．案例

W 公司是甲公司多年的业务合作好伙伴。最近出了点税务问题，在我们的协调沟通下，双方进行合作，税务问题解决得很好。事情的经过与解决方法是这样的：

W 公司通过甲公司购买原材料，甲公司向乙公司购买原材料供应 W 公司。但是现在的情况是 W 公司将款项支付给了甲公司，甲公司将款项支付给了乙公司；乙公司向甲公司供应了货物，甲公司向 W 公司供应了货物。资金流、物流都对应了。但是乙公司由于经济原因被法院查封了，无法向甲公司开具发票，导致甲公司不向 W 公司开具发票。

W 公司本来是有权利直接向甲公司主张开发票的。但是 W 公司没有将责任推给甲公司，而是双方配合，一起找到了乙公司所在地的税务机关，向司法机关提交证据，证明此业务的真实性与合法性。最后司法机关和税务机关同意解封对乙公司的发票控制，乙公司为甲公司开了发票，甲公司为 W 公司开了发票。

如果 W 公司不配合甲公司的工作，认为你的事与我无关，最后的结果可能是谁都得不到发票。所以进行业务合作，共同解决税务问题，应该成为税务管理的常态。

8.7　税收调整的策划机会

目前国家正处于税收改革期，再加上税收政策变化快的特点，导致税法经常变化。政策的频繁变化增加了应用税法的难度，但也为税务策划提供了政策机会。这个机会不能尽早抓住，就会使企业的税收利益受到损失。

当然税收调整不仅仅是税法的调整，税收征收体制的改革，如国地税合并、以税务风险为导向的税收征管模式变革，也属于税收调整之列，同样也会为企业带来策划机会。

鲁迅先生说："时间就像海绵里的水，只要愿挤，总还是有的。"我们说，税务策划的机会也像海绵里的水，只要挤，总是会有的。

1. 税收政策调整

近几年来，国家的大政策是税制改革，税制改革总体上是减税降费。营改增、降税率、扩优惠、放管服等，这些政策红利，纳税人应该主动领取。纳税人一定要利用好这个大好时机，改造企业的业务，优化税收结构。

如果税法的调整走向是减税，根据税收执法"实体从旧，程序从新"的原则，对以前的不规范行为就不会追溯。此时企业需要跟上税收改革的步伐，放下包袱，做好以后的税务规划。

2. 税收征管改革

以税务风险为导向的税收征管改革一直在路上。国家从2005年推行税务风险管理，2013年上线推行"金税三期"。改革是漫长的，但效果是显著的。税务风险管理是手段，"金税三期"是工具。

随着纳税人的数量越来越多，纳税人的规模越来越大，跨地区、跨行业经营的情况越来越多，税收征收模式必然要变革。否则，继续沿用以前"征、管、查"的模式，是无法对纳税人进行有效管理的。税务干部再扩编、再敬业、再精通，但是仅凭人力去稽查，一年能查多少企业？

现在，有了"金税三期"这个税务风险管理工具，纳税人的一切行为都在监管之下。就像交通警察管理交通，单靠交警人工抓违章怎么行？得安装电子眼，让大数据来管理。"金税三期"就是税务上的电子眼、大数据。

纳税人应该抓住税收征管改革的机会，获取改革红利。

3. 国地税合并

国地税合并对纳税人而言绝对是利好。国家税收管理成本降低了，纳税人的税收管理成本也降低了。

4. 案例

以前W企业有一部分收入是不入账的，基于"金税三期"的震慑，企业老板和财务负责人决定，将所有的收入全部入账纳税。他们意识到，不能再不规范了，不能再给企业留下风险了。

有一天，W 企业接到税务机关的通知："金税三期"系统风险预警，毛利率明显高于去年同期，让 W 企业说明原因。"毛利率今年高于去年的原因……"，这个如何能说得清楚？W 企业无奈，只好按税务机关的要求，依本年的毛利率补缴了三年的税款。

我们无法评价 W 企业的困惑，但有一点是可以肯定的：W 企业正在国家税改的大趋势中，走向规范、合法、成熟。

8.8 经济调整的策划机会

纳税人经常犯的毛病之一：只关注国家税务总局的政策，却忽视了省级的政策；或者相反，只关注省级的政策，而忽视国家税务总局的政策。其实应该同时关注。

纳税人经常犯的毛病之二：只关注税务机关的税收政策，而忽略了当地政府的经济政策。税收政策学得挺明白，但对经济政策的调整还不知道。地方要发展经济，经常会调整经济政策，扶持与鼓励、限制与淘汰都会在经济政策中得到体现。有些对税收的扶持政策也会体现在经济政策中。不知道这个，就相当于少了一只耳朵，迷了一只眼。

1. 政府行业发展政策

每年的两会期间或者之后，可能会有经济政策密集出台。企业家应该多关注央视新闻、地方新闻、互联网、广播报纸等。关心经济政策的作用有两个：一个是身处于这个行业，如何与政府的经济政策合拍，及时调整企业的经营方向；另一个是准备转型的企业如何搭上经济政策的直通车，少走弯路。

我们以前都学过"政治经济学"，这门学问好像很宏观，但其实很现实。政治经济学，政治挂帅，经济拉车；政治在前，经济在后。这是不能本末倒置的。政府的经济政策就是政治的外在表现，体现着政府的意志。不遵守，不关注，就会失去经济机会。

2. 招商引资政策

因专业化、规模化、区域规划的需要，政府发展经济，会以经济园区为载体。园区内会有许多鼓励的政策，以吸引资金与投资者。这些政策是需要归集与研究的,尤其是想到哪个地区投资,对它的招商引资政策务必仔细商酌。最好是到当地考察,亲自与当局者谈,合作时签好合同协议,以保证自身的利益。

招商引资政策哪都有,多少、力度、兑现方式有区别而已。有些政府补助、政府返税的政策可能会囊括其中。对于政府补助类的资金,纳税人一定要与税法结合,做好妥善处理。因为政府不懂税收,而税务局不参与招商,纳税人经常先喜后悲。政府前面给钱,喜出望外;税务局后面盯着要税,措手不及。

3. 案例

W 是某省的粮食企业。2007 年因行业原因,粮食企业普遍不景气,该省为了粮食企业的发展,出台了对本省粮食企业减免房产税和土地使用税的经济政策。但是当地的税务机关并没有转发此文件。好多粮食企业也不知道政府有这个文件,大部分纳税人其实并没有享受到政府的照顾性减免税。

我们代理服务的纳税人按我们提供的政策集中向税务机关申请减免,那个时候税务机关的税收任务正紧,但我们知道政策,有"尚方宝剑"在手,且申请时间及时、理由充分、证据完整,税务机关也只能配合不执行。

法律讲究"谁主张,谁举证",税收也一样。过了这个村就没有这个店了。机会,机会,还是机会,你抓住了吗?

8.9 会计调整的策划机会

会计法服务的主体是投资者,税法服务的主体是国家,税法以会计法为基础,税法与会计法规定不同的,按税法调整纳税,这是形成税法与会计法差异的理论依据。

会计政策的变更、会计调整,有些时候还是会影响到税收的。如会计政策的调整有追溯调整法和未来适用法。未来适用法是不影响税收的,但追溯调整法就可能影响税收。又如会计差错的调整,如果涉及损益的,就可以影响税收。

我们这里所说的会计调整,既包括会计政策变化导致的调整,也包括会计差错导致的调整。

1. 国家会计政策调整

国家主导的会计政策变更，调整的方法需遵循国家的要求。比如是调整资产的价值、负债，还是调整损益。这里如果涉及税金尤其是企业所得税，国家通常是豁免的。甚至因涉及资产增值而调整资产价格的，国家可能会允许增值不缴企业所得税，有些时候还会允许按未纳过税的增值提取折旧进行税前扣除。

如《财政部、国家税务总局关于中国工商银行股份有限公司重组改制过程中资产评估增值有关企业所得税问题的通知》（财税〔2006〕81号）规定，对中国工商银行改制过程中发生的资产评估增值，经财政主管部门确认并计入国有资本金的，其按规定应缴纳的企业所得税不予征收。中国工商银行股份有限公司可以按照评估后的资产价值计提折旧或摊销，并在企业所得税税前扣除。

2. 企业会计政策调整

企业自行选择的会计政策调整，是企业制订、遵守、修改本企业财务会计制度，或者执行集团统一的会计制度时，进行的会计调整。

这些会计调整与税收的关系可以归纳为：如果是收入确认条件发生变化，导致提前或迟延确认收入的，要按税法的规定进行严格对比，以确认是否涉及迟延纳税；如果是成本费用确认条件发生变化，导致调整成本费用，符合追补扣除的，可以追溯调整扣除，但不得超过五年。

通常为了减少会计政策变更调整从而影响纳税，一般企业都采取未来适用法，以规避与税务机关发生争议。

3. 会计差错的调整

会计差错的调整可能会影响纳税，这个务必与会计政策调整相区分。会计差错对纳税的影响有以下三个方面：

第一，由于会计差错导致少缴税的，会计调整后应该及时补缴税款并支付滞纳金。

第二，由于会计差错导致多缴税的，会计调整后应及时向税务机关申请退税，《税收征管法》规定申请退税的权利是三年。

第三，如果会计核算正确，本来是不纳的事项，但会计人员记错了，改变性质变成纳税了，更正这个会计差错就需要有其他有力的证据支持才可以。如不征税收入不符合单独核算要求，即是如此。

以上原因导致的会计调整，可能会给纳税人带来正向的有利的纳税影响，也可能会给纳税人带来负面的、不利的影响。纳税人一定要提前预估其影响，以采取相应的措施，扩大正向有利的影响，消除负面不利的影响。

4. 案例

W公司由于投资比例增加，将投资核算方法由成本法改为权益法。如此会计政策变更导致财务核算出现变化，纳税调整也发生相应变化。以前是被投资企业不分配不做财务处理，也不调整所得税，现在是无论被投资企业是否分配利润都要进行财务处理和调整所得税。已经形成的时间性差异该如何调整？对于这个事项调整的总体原则是该项收入不影响纳税。

8.10 清产核资的策划机会

无论是国有企业还是民营企业，经营了一段时间后，资产、负债和所有者权益都可能不再反映真实的经营情况。一些不良资产、虚增的负债会导致会计报表的信息失真。此时，需要通过清产核资的方式摸清企业的"家底"。

类似的摸家底，许多企业自己在搞，如每年小范围的资产盘点、重点的往来核对，还有的借助外力，如企业被兼并、收购，或者应个别股东的要求或国家财务政策的统一要求。

自行管理式的清点清查和外力监管式的清点清查，有时效果是不一样的，以外力监管式的清点清查效果为最好。其原因是，外力既然施加了影响，定然会有对应的"红利"，清产核资的积极性会高一些，清查的范围会更广泛一些，工作结果也更接近于真实。

1. 盈亏的税务处理

凡是清产核资，必然会涉及资产和负债的盘盈与盘亏。经过对资产和负债的彻底核实，剔除了不良资产，核实了虚增负债，调整后的会计报表反映了企业的真实状态，达到账表相符、账账相符、账实相符。无论是股东、管理层、财务人员，还是相关第三方，操作都相对顺畅。

对于盘盈与盘亏的处理，会计处理上是计入未分配利润，还是计入资本公积，已经不重要了，我们只关心纳税的问题。

国家主导的清产核资会跟进税收的支持政策。企业主导的清产核资，盘盈的应并入应纳税所得额，盘亏的按资产损失进行税务处理。盘盈与盘亏既包括资产，也包括负债。

2. 增减值税务处理

凡是大规模的清产核资活动，清查完资产和负债后，可能会对盘点后的资产进行重新估价。估价会涉及资产的评估增值与评估减值问题。资产评估增值减值与盘盈盘亏的性质并不相同，注意两者的区别。盘盈与盘亏是数量或金额核对的差数，而评估增值减值是根据《中华人民共和国资产评估法》（以下简称《资产评估法》）进行的价值重整。

资产评估的增值减值的处理方法有两种：一种是评估不调整账务；另一种是评估后调整资产公积。但无论哪一种，都只是财务处理的选择，与税收没有关系。资产评估的增值与减值只有以此为依据产生交易后，才会影响税收，否则仅是评估与调账，与税收一点关系都没有。

3. 第三方报告采信

对于清产核资中聘用的审计机构、评估机构，我们需要其报告。但是其报告中涉及税收问题的，还是要多听取注册税务师的意见。毕竟，"闻道有先后，术业有专攻"。注册税务师应该对审计报告、评估报告中涉税的敏感描述进行专业判断，评判其对纳税的影响是正面还是负面。

有一个问题需要澄清：个别纳税人或者评估机构、审计机构误导纳税人，将无发票的资产评估入账，说能扣除折旧或扣除成本费用的，纳税人千万不要相信。这种行为是在用《资产评估法》抗辩税法。

4. 案例

W企业是国企下属的集体企业，这类企业在全国已经不多见了。经营历史长，企业包袱重。财务报表已经不能反映其真实情况，其中最典型的就是大量的应收款项无法收回，大量的应付款项虚挂多年。

W企业多次想处理，但是无法处理，一是得不到上级的指令，二是大量的应付款项无法支付，需要并入应纳税所得额，而大量应收款项无法收回，按税法要求做税前扣除，却无法取得有效证据。

怎么办呢？机会终于来了！这些集体企业按照国务院指示要改制了。

这可是千载难逢的好时机，抓紧进行清产核资，对不良资产进行处理吧！这期间，税务师积极地为企业出主意、想办法，动用媒体、网络、诉讼等各种手段，帮助W企业获取坏账损失在税前的扣除证据。大量的应收账款坏账顺利地得到税前扣除，解除了企业的困扰。

8.11 企业重组的策划机会

国家税收是鼓励企业重组的，其实质是放水养鱼。所以遇到企业重组的事情，首先要知道：只要是企业重组，就一定是有税收优惠政策的，就看这个政策怎么去用。用好了，基本无税；用不好，暂时无税，事后税务核查发现问题，连本带利都没了。

企业重组分为应税重组和免税重组，这两种方式纳税人都可以选用。你觉得哪种方式对你有利，你就选用哪一种，没有人强迫你必须选用哪一种。但你要多一点常识：免税的重组与应税的重组，在税收上其实仅是时间性差异而已。考虑清楚了，就没有必要为应税重组和免税重组纠结了。

1. 企业重组的形式

企业重组的形式包括：企业法律形式改变、债务重组、股权收购、资产收购、合并、分立。其实还可以加上一个产权转让。这些重组形式的概念和税收政策可以自行查询，在此不一一列举。

2. 企业重组形式的税种认定

企业重组涉及各个税种。一边说企业重组是有税收鼓励的，一边又说大多的税种都会涉及，你会问："这是什么意思呢？"我们要把与重组相关的资产找到，再把与其相关的重组政策找到，并仔细研究：重组资产交易会涉及哪些税种？哪些税种是有政策优惠的？税法是如何鼓励重组的，条件是什么？我们需要找到这些条件并严格遵守。

认真研习"总结13大纳税模式"和"挖掘13大纳税条件",就会知道这样讲的逻辑所在。

3. 企业重组的税收优惠

企业重组涉及的税种,基本都有税收优惠。关键是怎么去用。用对了,可能什么税都免;用错了,可能什么税都免不了。

为了控制风险,我建议先设计税务策划方案,按此方案完成重组后,再做涉税鉴证报告,这样做最为妥当。

企业重组是特殊业务,是大问题,应该找专业服务机构、专业人士进行咨询策划。

4. 案例

2014年10月,W企业按照上级公司的要求,需要成立单独的甲公司去承揽特殊的业务。注册甲公司必须保证出资1 000万元,而且要求实缴不是认缴。可W企业账面没有可出资的资产,W企业董事长有些发懵,但这是上级公司的要求。W企业有病乱投医,于是找了一个税务高手进行策划:

(1) W企业账面可出资的资产是房产土地,账面净值为200万元。

(2) W企业累计经营亏损为-500万元。

(3) 需要将土地评估增值到2 500万元,弥补所有者权益-500万元,剩余2 000万元,用来出资1 000万元,还有1 000万元,计入资本公积,增加W企业的净资产。

(4) 如此,W企业符合出资额不超过净资产的50%的公司法的规定。

此方案税金测算:增值税为137.5万元,土地增值税无,企业所得税为1 800×25% =450(万元),印花税略,契税为75万元(被投资企业承担)。综合税收为662.5万元。

该方案的关键点:①需满足实缴1 000万元注册资金的需要。②满足公司法累计出资不能超过净资产50%的规定。

这是什么方案?新公司法于2014年3月1日起实施,已经没有出资不能超过净资产50%的规定了。真的不知道吗?评估出巨额的房产土地增值,再拿去做投资,出现很大一笔税款,W企业无力承受,方案执行不下去了。

现在，我们修订一下这个方案：将房产土地评估成 1 000 万元（不含税），用来出资。营业税及附加 55 万元（当时尚未改征增值税），土地增值税无（因双方均不是房地产企业），印花税略，企业所得税为 300×25% = 75（万元），契税为 30 万元（被投资企业承担），综合税收为 160 万元。修正后的方案不再考虑公司法的规定，因为新公司法对此无规定。

以上两个方案进行比较，原方案由于误用了旧的公司法，导致企业多缴税 502.5 万元。

8.12 企业注销的策划机会

依照公司法的规定导致公司注销的原因有以下几种：

①公司章程规定的营业期限届满或者公司章程规定的其他解散事由出现；②股东会或者股东大会决议解散；③因公司合并或者分立需要解散；④依法被吊销营业执照、责令关闭或者被撤销；⑤公司经营管理发生严重困难，继续存续会使股东利益受到重大损失，通过其他途径不能解决的，持有公司全部股东表决权百分之十以上的股东，可以请求人民法院注销公司。

但无论哪一种注销，都需要处理税收事务。如果注销期间处理不妥，不知日后何时又会找到当事人。那时麻烦更大，要多支付很多成本。

1. 经营期间的税收清算

企业要注销，首先要对经营期间的税收做清算。这个清算一般是三年，有特殊情况向前延长到五年。但如果涉及偷税的，就无限期向前追溯了。企业可以自己做，也可以委托注册税务师做，当然也可以请税务机关做。税收清算有两个含义：一是查看是否有少算税、少申报的情况；二是查看是否有欠缴税的情况。

向前三年实行税务清算，三年内凡是企业经营期间涉及的税种，要逐一进行核实，不得遗漏。清算日如果在年度中间的，从当年的 1 月 1 日起截至清算日为一个所得税申报年度，需要做所得税汇算清缴申报表。房地产企业土地增值税未清算的，也要在清算日前进行清算。

说起来简单，但实际做起来还是比较复杂的，原因是：第一，时间跨度长；第二，涉及的税收事务多，需要耐心和时间。有时税务机关还可能复核，时间就会更长一些。这个期间要做的一件事,就是把以前遗漏的税收抓紧补缴,免去以后的麻烦。一般而言,此时补税,不会被定性为偷税。

2. 清算期间的税收清算

清算期间是指成立清算组到清算完成日的期间。这期间主要是对账面的资产、负债和权益进行处理,也就是账面"变现"。这期间处理资产、负债和权益时也是涉税的。处理资产相当于变卖,各类资产涉及的税收不能遗漏。资产变现后要对负债进行清偿,不用清偿的负债并入损益。

企业所得税将清算期间单独作为一个所得税申报年度,如果有盈余是需要缴纳企业所得税的。清算期间没有任何所得税优惠,税率统一为25%。不论以前是免税,还是享受优惠税率为15%,缴完企业所得税后的利润要在股东间进行分配,如果扣除投资额后有盈余的,还要代扣代缴股息红利的个人所得税。

3. 注销时的增值税进项税额的处理

企业注销清算时进项税额是得不到国家退税的,没有抵扣完的进项税额只能损失了。

不过对于以下两个政策,准备注销的纳税人可以灵活采用。

(1)《国家税务总局关于一般纳税人迁移有关增值税问题的公告》(国家税务总局公告2011年第71号)规定,增值税一般纳税人因住所、经营地点变动,按照相关规定,在工商行政管理部门做变更登记处理,但因涉及改变税务登记机关,需要办理注销税务登记并重新办理税务登记的,在迁达地重新办理税务登记后,其增值税一般纳税人资格予以保留,办理注销税务登记前尚未抵扣的进项税额允许继续抵扣。本公告自2012年1月1日起执行。此前已经发生的事项,不再调整。

(2)《财政部、国家税务总局、海关总署关于深化增值税改革有关政策的公告》(财政部、国家税务总局、海关总署公告2019年第39号)规定,自2019年4月税款所属期起,连续六个月(按季纳税的,连续两个季度)增量留抵税额均大于零,且第六个月增量留抵税额不低于50万元。

4. 注销时的亏损处理

若企业注销清算，未弥补完的亏损也无用了，国家也不给退企业所得税。

不过企业出售"壳"资源，法定弥补期内的亏损还是"有用"的。关键是会不会用，能不能用。

5. 案例

W企业已经注销了，但有人举报其经营期间偷税，税务稽查后，发现其果然存在偷税行为。经确认偷税额累计为100万元，包括增值税、土地使用税、企业所得税等。但W企业的工商营业执照已经注销，税务登记证也已经注销，这笔税款找谁追呢？找股东要增值税、土地使用税、企业所得税，他也不是纳税义务人啊？不找股东追缴，《税收征管法》规定的对偷税行为无限期追缴，又如何落实？

本人认为，找股东追缴增值税、土地使用税、企业所得税，并无法律依据，但追缴其个人所得税还是有理由的。毕竟各种税已经转化为股东所得了，对于这部分所得，股东在清算时已经分配了。当然，清算亏损时股东并未得到清算利益分配的除外。

企业注销清算时，千万不要认为只要注销就万事大吉了。

8.13 评估检查的策划机会

无论是税务机关的评估、检查，还是注册税务师代理企业的评估、自查，其实都为我们提供了税务策划的机会，关键看怎样理解与应用这个结论。被税务机关发现问题，看似不太好，其实换个角度想，这个问题早发现比晚发现好。

税务机关检查与企业自查的不同之处是：税务机关是强制的，发现问题不得更改，且需要接受处罚；企业自查是自愿的，发现问题可以修正，受处罚的可能性较小。我们建议企业抓住税务检查、聘请注册税务师代理自查的机会，将税收问题合法化。对税务问题早发现、早规范、早解决，不留隐患，讳疾忌医要不得。

1. 检查的机会

税务风险评估、税务检查、税务稽查或者审计检查，其实都归属于此。只要不是定义为偷税或者虚假申报性质的行为，我认为都是企业的利好，需要持积极的态度。纳税人不要把税务机关当"敌人"，税务机关介入企业税收事务，目的不一定就是处罚，从"放、管、服"的执法理念看，纳税服务也是税务机关的职责之一。

2. 自查的机会

相比较而言，注册税务师代表企业的自查，是值得纳税人考虑的，毕竟他们是站在企业的角度，对于发现的问题会提出中肯的建议。他们不会仅就事论事，而是将一个税务事项贯穿到业务的前后期，将其连贯起来才容易搞清事实的真相。而且，注册税务师出主意、想办法，帮助企业修正错误是他们的职责，这与协助企业做假账、偷税漏税是风马牛不相及的。

3. 案例

W企业的机械设备折旧年限为8年，税法规定不低于10年。该设备累计多提取折旧100万元。W企业当年盈利为50万元，企业所得税税率25%。企业申报所得税12.5万元。

如果税务检查，结论就是：多提折旧未进行纳税调整，根据《税收征管法》第六十四条的规定，按虚假申报处理。

《税收征管法》第六十四条第二款规定，纳税人不进行纳税申报，不缴或者少缴应纳税款的，由税务机关追缴其不缴或者少缴的税款、滞纳金，并处不缴或者少缴的税款百分之五十以上五倍以下的罚款。

如果税务师自查，结论就是：多提折旧未进行纳税调整，建议W企业抓紧到税务机关更正申报，补缴税款与滞纳金。W企业就不会被处以不缴或者少缴的税款百分之五十以上五倍以下的罚款。

这个折旧多提未调整纳税的问题，不是W企业的主观故意，而是由于W企业不掌握税会差异造成的。但税务检查和企业自查的税务结果却是不同的。

第 9 章
搭建 13 大策划模型

> 搭建策划模式所需要的 13 种因素如下：①守理念；②选业务；③抓机会；④凑条件；⑤找交易；⑥设模式；⑦拟税态；⑧评风险；⑨写方案；⑩做指导；⑪过申报；⑫办过户；⑬应危机。

对于税务策划，有三类人最需要：①企业老板想通过税务策划省钱；②注册税务师想通过税务策划赚钱；③税务干部想通过税务策划发现问题。但无论谁需要税务策划，都得搞清楚两个问题，否则就会陷于怀疑与质疑之中：第一个问题，税务策划是否合法；第二个问题，税务策划的方法是否有效。

（1）合法性的问题。《国家税务总局关于发布＜涉税专业服务监管办法（试行）＞的公告》（国家税务总局公告 2017 年第 13 号）第五条第（四）款规定，涉税专业服务机构可以从事下列涉税业务：税收策划，是对纳税人、扣缴义务人的经营和投资活动提供符合税收法律法规及相关规定的纳税计划、纳税方案。

（2）方法有效的问题。所谓戏法人人会变，各有巧妙不同。每个人、每个专家、每个组织的策划方法都可能是不同的，因为税法是技术，策划是思想，思想+技术=？技术都是一样的，但思想不同，结果一定不同。

比如：一把宝剑，放在侠客手中是抑暴安良的武器，放在刽子手中就是助纣为虐的凶器，放在收藏家手里就是保值增值的宝器。这就是思想不同，理念不同，导致结果不同。但宝剑还是那把宝剑。

我们的策划方法是通过"搭建 13 大策划模型"来体现的。这个模型包括：守理念、选业务、抓机会、凑条件、找交易、设模式、拟税态、评风险、写方案、做指导、过申报、办过户、应危机 13 类因素。这正是：税务策划并不难，预设模式凑条件，条件不足会创造，十三技法能变换。

9.1 守理念

我们提出的税务策划核心理念是把握企业的经营自主权,经营自主权就是企业的决策权,纳税人要牢牢地把握住企业的经营自主权。税务策划就是通过自己的经营决策权,去选择恰当的业务模式,因为业务模式不同,产生的条件不同,适用的纳税模式就会不同,税收结果也就自然不同。

税务策划是合法的,它的根源正在于此。企业的经营决策权是法定的,没有人敢于动摇。正因为企业有选用不同业务模式的决策权力,所以企业进行税务策划的权力是没有人可以剥夺的。税法不能,税务机关不能,某个个人更不能。税务机关可以运用税法,去审核企业选用业务模式对应纳税模式的合法性与规范性,但是没有权力为企业指定业务模式。

1. 策划理念

企业行使决策权是需要税务策划理念来做支撑的。税务策划的理念是什么?理念就是原则,它相当于一个人的灵魂。人没有灵魂,就是死人。做事没有理念,就是没有原则。做事无原则,就像没有根基的蒲公英,摇摆不定,随风飘落。

所以要做税务策划,必须有理念,并且坚守这个理念。没有理念的税务策划,注定不会走远。

我们提出的税务策划理念是:"我能不能不缴税?我能不能少缴税?我能不能晚缴税?我能不能让别人缴税?我能不能不出问题?我能不能不挨罚!"

我们提出这个策划理念的依据是:"法无禁止即可为,法无授权不可为,法定职责必须为。"对于这个策划理念,我们是这样诠释的:

(1) 我能不能不缴税,是说我不应成为纳税义务人。

(2) 我能不能少缴税,是说我要承担有限的纳税义务。

(3) 我能不能晚缴税,是说我可以利用迟延纳税的政策。

(4) 我能不能让别人缴税,是说我不想成为税收的负担人。

(5) 我能不能不出问题,是说我想纳税安全无风险。

(6) 我能不能不挨罚,是说我应该有维护税收利益的权力。

2. 策划目标

本书将税务策划的目标确定为：①通过方案的策划与优化，实现不多缴税的目的。②通过减少或有损失（如罚款、滞纳金），控制税收风险。③因实现特定管理目的而发生交易，不增加或少增加税负。

这与传统的税务筹划的节税理念是不相同的。我们的税务策划包括风险控制，包括不多缴税，还包括特定管理用途的策划。更重要的是我们的策划目标是不多缴税，不缴冤枉税，而不是传统意义上节税、省税的概念。

3. 监管理念

相应地，我们提出的税务监管理念是："你凭什么不缴税？你凭什么少缴税？你凭什么晚缴税？你凭什么让别人缴税？你凭什么不出问题？你凭什么不挨罚！"

纳税人一定是策划在先的，税务机关一定是监督在后的。纳税人的税务策划是合法的，税务机关的监管也是合法的。两者只是角度不同，权力界限不同而已。税务机关无权干涉纳税人的税务策划行为，但有权监督纳税人的业务操作。直白一点说就是："你咋干我不管，你干得不对我才管。"

税务机关对税务策划的监管包括三个方面：第一，纳税人执行的税务策划方案是否合法。第二，纳税人执行的税务策划方案操作是否规范。第三，纳税人选定的业务模式所对应的纳税模式是否正确。

4. 策划案例

W是煤电硅一体化的企业，欲在新三板上市。辅导券商尽职调查时认为，该集团内有同类企业，涉嫌同业竞争，需要将W企业中的硅冶炼业务分离出去。

W企业设计了一套方案：成立甲企业，将硅冶炼业务的相关资产卖给甲企业，W缴纳17%的增值税后，再由甲企业抵扣回来，整个集团内没有多缴税。本次交易增值税涉税金额约2 000万元。

我们调查并分析后，认为该方案会形成实质纳税，W企业缴纳的增值税可能在甲企业抵扣不回来。理由是：目前硅冶炼业务处于停产状态，剥离出去后，在短期内可能形成不了生产力。虽然理论上可以由甲企业抵回，但我们预计三年内几无可能。即使三年后能够抵回，2 000 万元的资金成本三年下来也需 800 万元。

W 企业采纳了我们的建议，希望化解困局。我们制定了企业产权转让模式，将硅冶炼相关的资产、负债、人员一并转移到甲企业，采用此方案后按税法规定，增值税是无须缴纳的。

特别值得注意的是：本方案本质上不是节税的方案，而为了实现特定管理目的而出具的涉税策划方案。W 企业无论采用哪种方案，增值税都既不会多也不会少，仅是节省了企业的资金成本，控制了企业的或有风险。看来做税务策划，眼睛不能总盯着"税"字，应该更多地在企业经营管理上用功夫。

9.2 选业务

税务的策划目标有三个：①通过方案的策划与优化，实现不多缴税的目标。②通过减少或有损失（如罚款、滞纳金），控制税收风险。③因特定管理目的发生交易，不增加或少增加税负。那么，广义上的税务策划是包括企业所有业务的。只是我们需要根据税务管理的目标，确定以哪些业务为重点而已。

（1）不多缴税的策划以关键、重大、特殊的新业务为重点。

（2）风险控制策划以常规、习惯、熟悉的业务为重点。

（3）不多缴税的策划内容包括风险控制策划。

在我们搭建的税务策划体系中，不多缴税的策划是纵轴，风险控制的策划是横轴。所以，也可以这样来理解："设计 13 大风控流程"是风险控制的策划，"搭建 13 大策划模型"是不多缴税的策划。两种策划叠加在一起就是我们倡导的"企业税务风险管控与策划"。

1. 不多缴税的策划

不多缴税的策划主要在以下业务中选择：可行性研究、企业设立、产品设计、资产交易、经营变化、业务合作、税收调整、经济调整、会计调整、清产核资、企业重组、企业注销、评估检查、签订重大的经济合同，等等。

这些业务是税务策划的重点，因为它们是关键、重大、特殊的新业务，其中蕴含的"节税"机会非常大。

我们说的"节税",是指业务没有经过策划与经过策划的税负差额。这个差额的意义是指没有经过策划而多缴税了,并非是经过策划而少缴税了。本书中涉及"节税"的含义都是如此,都是不多缴税的意思。

2. 风险控制的策划

经过策划评估后,如果一个业务没有"节税"的空间,就要进行税务风险的控制。税务风险控制的流程设计如下:业务发起→税务目标→业务模式→签订合同→税种税事→业务承做→业务交割→资金结算→财务处理→税会差异→审核修正→纳税申报→危机应对,共13个环节。

在每一个环节中,设定税务风险事项、税务风险点和需要组织的证据链。纳税要动员企业各部门、各环节共同参与,一起完成税务风险的控制,而不是财务部门孤军奋战。与"节税"业务策划相比,此类业务总量最多。这些业务可能"节税"的空间很小,但税务风险控制的空间很大。

税务风险的管控也是需要策划的,我们设计的业务风险控制流程其实也是策划的过程。

3. 管理需求的策划

为了完成特定的经营管理目的,企业需要完成一些业务。如何解决这些业务的税收问题是企业所关心的,即不能因为此业务的发生导致多缴税款,更不能因为此业务的发生而留下税收隐患。

如企业为了控股需要追加投资,但追加投资时会不会产生税收,会不会有税收风险,这是需要税务策划的。又如企业改制,分公司改子公司、合并分立等都是基于此管理目的。但要实现这个特定的管理目的,就涉及税收,需要策划。

4. 策划案例

W 企业是一家水泥厂,注册资本为 5 000 万元。2016 年该地区修建高铁,高铁公司要求供应商的最低注册资本不能少于 10 000 万元,而且必须是实际出资,不能认缴出资。为了投标需要,W 企业将资本公积、盈余公积计 5 000 万元转增了股本。

企业投标要求达到了,但税务出问题了。2018 年,纳税评估要求补缴个人股东转增股本的个人所得税款 1 000 万元(原来 W 企业全是个人股东)。该咋办呢?

为了完成特定管理目的,W 企业进行了"业务规划",但业务规划没有和税收很好地结合起来,这 1 000 万元税款是必须要缴的。虽然说这笔税早晚要缴,但如果无此业务规划,股东暂时是不需要分红的,资金就会在 W 企业中周转。但是现在不行了,不仅税款要缴,滞纳金甚至罚款也是要缴的。

如果结合业务规划进行税务策划,完全可以选择其他方式,如向股东借款可不可以?找人垫资可不可以?现金增资完再减资可不可以?

9.3 抓机会

税务策划需要机会,而机会是稍纵即逝的,需要时刻把握。纳税人的策划机会在哪里呢?

在"把握 13 大时机坐标"中,我们把重大的策划时机分为:可行性研究、企业设立、产品设计、资产交易、经营变化、业务合作、税收调整、经济调整、会计调整、清产核资、企业重组、企业注销、评估检查 13 大类。只要发生这些业务,纳税人均有策划的机会。

但机会是需要去抓的,给了机会,自己不去抓或抓不住,就只能空留遗憾了。通常导致纳税人错过策划机会的原因有很多,以下两个最常见:

第一,不重视,不屑于。纳税人本身没有这个意识,怎么会想到去策划?这是不重视。跟他讲税务策划找专家,他想"我有会计人员啊,会计人员什么不会"?这叫不屑于。由于不重视、不屑于而错失策划机会。

第二,税务关系差。我们强调的税务证据关系,他做不到。和各方面的税务关系都一般,包括税务机关、合作伙伴和内部员工在内,大家都不愿意为你出力,什么事情也做不了。

1. "变"的机会

凡事都是变化的,这叫运动永恒。永恒的变化,相对的静止。变是常态,只有变才有机会。税收政策变了,政府政策变了,业务形态变了,人事管理变了,企业规模变了,合作伙伴变了……所有这些变化都是税务策划的机会。

这些变化，其实就是条件变化，条件变化会引发业务模式变化，业务模式变化，税收结果就跟着变化了。

每天我们都应该关注周边发生了什么，今天和昨天有什么不同。这些细微的变化，别人还没有察觉，而你已经"春江水暖鸭先知"，河里的鱼是不是你第一个吃到？税务策划的机会是不是你第一个抓到？企业管理者要发现"变"的机会，抓住"变"的机会，用好"变"的机会。

2. "查"的机会

税务检查也会给企业带来很多的机会，包括业务改进和税务策划的机会。有些纳税人害怕税务机关的介入，这是不对的。从税收管理上讲，纳税人应该对税务检查持欢迎态度。假如三年不检查，一查查三年，一个小问题累积成了大问题，甚至连纠错的机会都没有了。

3. "要"的机会

"要"就是向别人申请。特定时期的税收政策减免，包括国家的特定减免、地方政府的特定减免，需要申请才能得到。如困难企业减免土地使用税和房产税，大修期间超过半年的免房产税等。

"要"就是自己争取，企业符合税法规定的某些的不征税条件，或者免税、减税、退税条件。如高新技术企业按15%的税率征收企业所得税，是向自己"要"出来的。

"要"就是自己具备，既然税务策划是属于企业的经营决策权，自己的事情自己先办到，再向外主张或申请，才可能得到。自己都没有，怎么向别人"要"？

无论以上什么情况下，其实都是"要"来的。自己不要，没有人主动给你。你要光明正大地"要"，这个"要"是自己努力得来的。这个"要"不是乞讨，是你的权利。

4. 策划案例

W企业是一家养殖场，人家养鸡他养鸭。以前效益不错，但被禽流感害了，自2015年以来一直亏损，W企业已经濒临破产了。W企业每年缴纳土地使用税和房产税约300万元。养殖企业的土地使用税和房产税在很多省份是免的，但 W 企业所在的省要征收。我们建议 W 企业申请 2015—2017 年土地使用税和房产税的困难减免。老板说："我都准备破产了，还申请什么啊？"

2018 年 W 企业走破产程序，但是没有执行，法院裁定破产重组。结果"天不灭曹"，2018—2019 年，猪肉价格上涨，老百姓改吃鸭了。W 企业效益突然好了，一年就赚了 5 000 万元。

有一天，老板兴冲冲地来找我："这回得帮我申请减免税了，我的企业不破产了，破产重整成功了。"这还申请得了吗？之前省政府的减免指标用不完，你不申请。这一阵财政都开不开支了，你又要去申请。再说企业效益已经好转，有能力缴税了，已经不困难了啊！机会没抓住就没了。

9.4 凑条件

企业所具备的条件决定某个业务模式是否能够实施，所以条件的具备就非常重要。有些条件是直接就有的，有些条件是随着业务的开展而具备的，有些条件是需要创造才具备的。

搞税务策划，如果什么条件都具备，那是再好不过了，按照我们的预想就直接实现"节税"的目标了。但更多的时候，总有那么一个或几个（最好别超过三个）条件是不具备的。如果条件不具备，则预想的纳税模式就不能用，怎么办？

我们要研究的就是如何具备这个条件，以适用预想的纳税模式。要实现这个预想，还需要回到"总结 13 大纳税模式"和"挖掘 13 大纳税条件"中，仔细感悟。

在 13 种纳税模式中，每一种的纳税条件都是不同的。不同纳税条件的集合组成不同的纳税模式。纳税条件分为主要条件和次要条件，主要条件在模式中起决定作用，次要条件起次要作用。但决定纳税模式不同的是特殊条件，要找到这个特殊条件。如果有特殊条件，再去查找次要条件，如此查找后，我们会发现哪些条件不具备，哪些条件有瑕疵。不具备的补足，有瑕疵的完善。

这个过程就是税务策划，我们称之为凑条件。凑是一个一个地找，将预想纳税模式中的条件补齐或完善。所以叫凑，但千万不要理解成"拉郎配"或"做假账"。

关于凑条件之法，本书中总结如下：转嫁、调整、假借、规避、有无、分合、关联、补救、变换、修正、选择、增减、创造 13 种方法，放在"研究 13 大策划技法"中讲述，学习者宜灵活用之。

1. 条件审查

条件审查就是研究纳税模式中的条件。这个研究包括以下几方面：

第一，纳税模式的税法条件。一个纳税模式的形成可能是由多个税法组成的，要注意找全税法，同时还要判断税法条文的有效性和税法之间的衔接性。如果税法以其他法为前置，还要研究其关联性。

第二，纳税模式的业务条件。业务模式产生出的条件要与税法条件一一对比，察看其个数是否相符，要求是否相符。找到业务条件与税法条件的差异，将有差异的条件作为重点对象进行管理，尤其是与税法有明显冲突的条件，一定要采取有效的措施进行处理。"三维定风险，四象分要急，发现坏分子，立马就隔离"，不使其影响、干扰纳税模式。

第三，条件的时效性研究。条件到最后会生成税务证据，它的有效性直接决定着税务证据的有效性。条件审查时，必然要关注条件是否有效，无效的条件就是多余条件，应予以删除。

2. 条件改造

如果业务条件与税法条件相比有瑕疵、不足、不利和多余，就需要对这些条件进行改造，或修补，或完善，或整改，或删除，以使存在的业务条件满足税法条件的要求。

常言说得好："长木匠，短铁匠，不长不短是石匠，可长可短是皮匠。"根据不同的行业，材料的选取要求是不相同的。木匠的用材可长，长了可以锯，短了就废了；铁匠的用材可以短，短了砸一下就够长了，但长了不好切断；石匠的要求就更高了，不能长也不能短，长了没法剪，短了就报废；至于皮匠就灵活些，长了多绕几匝，短了就抻一抻。对业务条件进行改造，使之符合税法的要求，也是同样道理。

以前生产工具太落后，这是人们的经验之谈，也是劳动中闪光的智慧。我们应该借鉴这些智慧，以启发我们的思维。

3. 条件创造

已经有的条件,满足的直接用之,不足的改造用之,可是没有的呢?就需要"创造"。创造不是闭门造车,是有样板的。条件创造的样板就是税法规定的条件。虽说比照葫芦画个瓢的时代已经过去了。但税务条件创造这个"瓢",还非得比照税法这个"葫芦"来画不可。

4. 策划案例

W企业的应收账款已经10年没收回来了,10年间企业法人变更,业务人员变更,企业名称变更,财务人员变更,如此众多变更,即使想要钱但连账都对不清了。W企业想申报资产损失扣除,但按税法要求又不够条件。对方没破产,也没有被吊销执照,经营得好好的,也没有经营困难的情形。对于这些应收账款,审计查,股东问,就是处理不了,怎么办?只好长期挂账。

学习了条件创造之法后,W企业账务总监顿悟:和法院联系,起诉该企业,最后以证据不足败诉,取得了法院判决后,条件创造出来了,税前扣除就解决了。

9.5 找交易

无论什么业务,都是需要交易来完成的,按照本书中对交易的解释,只要是导致资产负债表项目发生变化的,都是交易。既然是交易,就得有交易的对方,无论它是独立于企业外的真正交易者,还是集团内的关联交易者,还是基于内部调整需要虚拟的交易者,这些都是我们要找的交易对象。

我们预设好了纳税模式,找到了所有的条件,也想好了业务如何产生出这些条件。可是找谁来实现这个交易,实实在在地产生出所要的条件呢?

再好的业务模式都是需要双方配合来完成的,所以合作非常重要。交易者可能是政府、企业、组织、个人,也可能是独立方、关联方还可能在境内或境外。

我们找到他,千方百计地说服他同意我们的方案,我们签合同,做业务,办交割,结价款,做申报。业务完成了,所需的条件就具备了。

业务做完了,业务条件就已经转化为税务证据了。当业务条件转化为税务证据时,我们的税务策划才有保障。

1. 关联方交易

以下就是关联方企业,这些企业间发生的业务就是关联方交易。关联方之间的交易容易达成协议,好多的税务策划方案是通过关联方来完成的。

(1)该企业的母公司。

(2)该企业的子公司。

(3)与该企业受同一母公司控制的其他企业。

(4)对该企业实施共同控制的投资方。

(5)对该企业施加重大影响的投资方。

(6)该企业的合营企业。

(7)该企业的联营企业。

(8)该企业的主要投资者个人及与其关系密切的家庭成员。主要投资者个人,是指能够控制、共同控制一个企业或者对一个企业施加重大影响的个人投资者。

(9)该企业或其母公司的关键管理人员及与其关系密切的家庭成员。关键管理人员,是指有权力并负责计划、指挥和控制企业活动的人员。与主要投资者个人或关键管理人员关系密切的家庭成员,是指在处理与企业的交易时可能影响该个人或受该个人影响的家庭成员。

(10)该企业主要投资者个人、关键管理人员或与其关系密切的家庭成员控制、共同控制或施加重大影响的其他企业。

2. 独立交易

以下就是非关联方企业,也叫独立企业。这些企业间发生的业务就是非关联方交易,也叫独立交易。非关联方之间的交易是按市场需要和市场价格达成的协议,是最真实的交易。如此完成的税务策划的风险最低。

(1)与该企业发生日常往来的资金提供者、公用事业部门、政府部门和机构。

(2)与该企业发生大量交易而存在经济依存关系的单个客户、供应商、特许商、经销商或代理商。

（3）与该企业共同控制合营企业的合营者。

（4）仅仅同受国家控制而不存在其他关联方关系的企业，不构成关联方。

（5）受同一方重大影响的企业之间不构成关联方。

3. 策划案例

W企业是生产乙炔气体的厂家，以前业务不规范，对个体的零星收入也没开发票入账，有些成本也因没有取得发票记在了账外，其性质确属账外经营。税务稽查发现W企业的这些问题后，要对其进行处罚。

W企业向税务机关陈述：虽然有收入没有入账，涉嫌偷税，但能否考虑企业实际情况，允许没有取得发票的成本补开发票。考虑账外经营是要并入账内一起核算的，W企业还向税务机关声明，没有取得发票的业务绝对真实，就是没有开发票而已。现在补开，对方也同意。

W企业与这些企业没有关联方关系，合作方基于对W企业的信任，愿意与其配合，为其补开发票。W企业在规定的时间里，会同律师、税务师、会计师和税务机关一起会见客户。客户为其补开了发票。由于发票的补开，所得税额降低，按税法规定减轻了对W企业的处罚。

W企业在税务检查时突发灵感，找到了机会，并与业务方完成了策划好的交易。虽然这属于小案例，但细细研究，意义颇深。如果对方不配合，结果又会如何？

9.6 设模式

设模式有两个层面：一是在税法层面，根据业务预设一个纳税模式；另一个是在业务层面，需要用什么业务模式才能符合预设的纳税模式。业务模式是用来对应纳税模式的。不同的业务模式产生的纳税模式可能是不同的。企业做一个业务，可能有多种业务模式可以选择，选择哪一种模式既是企业决策的权力，也是税务策划的方法。

选择一种业务模式，也就相当于选择了一种纳税模式；选择一种业务模式，并按这种模式完成了业务，也就相当于为纳税模式准备了所有的纳税条件。纳税条件备齐，预设的纳税模式实现了，税务策划就成功了。

税务核查的时候，将由税务条件转换成的税务证据提交就可以了。

由此可见，当税法模式确定之后，找到与之对应的业务模式是非常重要的，它是税务策划的核心。一种业务模式如果能完成业务，同时又不多缴税，用还是不用？当然我们想采用的业务模式有时条件可能并不具备，如果不具备，需要再想办法研究。

关于业务模式中条件的研究，参照本章找条件的内容和"挖掘13大纳税条件"。

1. 预设纳税模式

关于预设纳税模式参见"总结13大纳税模式"。抵、免、加、减、点、补、退、追、延、核、差、非、全，这13种纳税模式，需要根据业务判断可以适用何种纳税模式。

2. 设计业务模式

关于设计业务模式的流程，参见"设计13大风险流程"。① 业务发起→②税务目标→③业务模式→④签订合同→⑤税种税事→⑥业务承办→⑦业务交割→⑧资金结算→⑨财务处理→⑩税会差异→⑪审核修正→⑫纳税申报→⑬危机应对。如此设计业务模式，做到事前规范，事中有理，事后有据。

3. 优化业务模式

优化业务模式是指对企业原有的业务模式进行改造，以更好地适应纳税模式。改造包括拉长或缩短业务流程，增加或减少税务事项，设置风险管控点等。既然是改造，就是原来已经存在，只是完善而已。这个与设计业务模式有区别，设计是重新创造一种新模式，优化是完善一种旧模式。

4. 策划案例

《财政部、国家税务总局关于煤炭资源税费有关政策的补充通知》（财税〔2015〕70号）第三款规定："原煤及洗选煤销售额中包含的运输费用、建设基金以及伴随运销产生的装卸、仓储、港杂等费用应与煤价分别核算，凡取得相应凭据的，允许在计算煤炭计税销售额时予以扣减。"

该通知第四条对运输费用的扣减凭据明确为发票或者经主管税务机关审核的其他凭据。《办法》第三条明确应税煤炭的计税销售价格不包括从坑口到车站、码头或购买方指定地点的运输费用。

W企业年煤炭收入40亿元，运费4亿元，运费包括两部分：坑口（A点）到第一次破碎点（B点）的运费为1.5亿元；第一次破碎点到第二次破碎点（C点）的运费为3.5亿元。现在当地税务机关只认同B点到C点的运费可以扣除，不认同A点到B点的运费，因为税务机关认定从B点起的运输与销售有关，而A点到B点属于企业内部作业行为，其间发生的运费不能从销售价格中扣减，去抵减资源税。所以税务机关要求W企业补缴三年的资源税4 500万元。

如何破解困局？只有从业务模式上解决了。我们了解到A点到B点的距离约为4千米，为何不将B点向A点移近，而拉长B点到C点的距离，如此A点到B点的距离缩短了，此段的运费少了，资源税可以扣除的运费就多了，这就是税务策划的增减之法。

想想再想想，可行性有多少。如果此业务模式转换成功，企业至少年节约资源税1 000万元。

9.7　拟税态

纳税模式定下来，业务模式定下来，需要拟订一个税收的状态，这个状态就是该业务的税收风险控制流程。它是税务策划中重要的组成内容。拟就是模拟，假设真实业务发生的场景。"设计13大风控流程"中的13个步骤，就是拟税态的典型代表。

在拟税态中，不仅要拟订业务的流程，还要在每个环节上布设"风险事项""风险点""证据链"。仅做流程是没有用的，不添加管理目标、管理方法、管理结果，相关部门责任人是不知道干什么，怎么干，干成啥样。

1. 拟订业务流程

业务发起→税务目标→业务模式→签订合同→税种税事→业务承办→业务交割→资金结算→财务处理→税会差异→审核修正→纳税申报→危机应对。

2. 拟订风控要素

（1）**部门岗位**。将税务风险控制的要求落实与分解到该业务涉及的部门与关键岗位。每个部门与关键岗位都知道自己的税务责任是什么,且知道干什么、怎么干、干成啥样。

(2)风险事项。在本环节所有的税收事项中,找出最有可能产生风险的税务事务。根据业务类别、业务流程以及涉税的重要性,确定至少一个税务风险事项,作为本环节税务风险管控的重点。

(3)风险点。风险点是指风险事项的一个点。一个风险事项可能存在多个风险点。这些风险点包括:税务关注的重点事项、容易忽略或混淆的事项、其他企业已经出现问题的事项或者有瑕疵的事项,等等。这些点可能会引起相关人员对涉税业务产生误判。

(4)证据链。证据链是指在该环节上需要制作、搜集与提交的税务证据。税务证据链用来证明税收操作的合法性和税收结果的确定性,凡是与此相关的涉税资料都是税务证据。所有业务环节上的证据组成证据链,所有证据都是证据链的组成部分。通过税务证据的制作与采集达到控制税收风险之目的。

3. 风控实施

企业要按流程中各节点的目标、事项和要求来完成业务,制作或取得相关税务证据。详情参见"设计13大风控流程"。

4. 策划案例

W企业推行企业税务风险控制与策划制度,为其所有的业务类型设计税务风险控制流程。我们不负使命,按照我们的思想、理念的方法,完成了此制度。限于字数限制,我们从该企业9大类,118个业务中择取一个环节展示如下。

《企业税务风险控制手册(修理费)》第(五)项:税种税事认定环节。

【部门岗位】财务部、税务岗。

【风险事项】鉴定业务税种,判定税收事务。

企业所得税:

(1)日常零星修理费用可以直接计入管理费用、制造费用或职工福利费。

(2)《企业所得税法》第十三条第(三)项所称固定资产的大修理支出,是指同时符合下列条件的支出:①修理支出达到取得固定资产时的计税基础

50%以上；②修理后固定资产的使用年限延长 2 年以上。

（3）《企业所得税法》第十三条第（三）项规定的支出，按照固定资产尚可使用年限分期摊销。《企业所得税法》第十三条第（四）项所称其他应当作为长期待摊费用的支出，自支出发生月份的次月起，分期摊销，摊销年限不得低于 3 年。(企业所得税法实施细则第六十九、第七十条)

☑ 增值税：用于生产经营性质的修理增值税进项税额可以抵扣，用于职工福利设备的进项税额不可扣除。

☑ 印花税：修理修配属于加工承揽合同，即花税税率为万分之五。

＜风险点＞：延长使用年限的应在本环节进行确认。

＜证据链＞：上述标注的法律文件条款。

9.8　评风险

税务策划是风险性决策。评估其风险时，可以从税务事项、风险点、风险度、证据链几个方面入手，为税务策划方案的选择提出建议，为实施税务策划方案提出意见。

评风险，可以引入国家税务总局发布的《税务风险评估技术》。税务策划中的风险评估内容可以简化为三个方面：第一个是风险识别，也就是发现风险事项；第二是评价危害程度，也就是风险发生概率和风险度；第三个是风险管控，也就是如何防控与化解风险。

（1）风险识别。税务策划中的风险事项，要重点关注的是：①纳税模式的选择及其条件的恰当性。②业务模式的可行性及其条件的齐全性。③业务模式归属纳税模式的吻合性。④业务条件转化为证据的现实性。

（2）风险测评。确认该风险事项的危害程度有多大。以极度、高度、中度和低度，来表示风险的危害程度，简称风险度。

（3）风险管控。通过风险度进行风险分类，不同类别的风险采取不同的控制措施。将纳税模式中的特殊条件、关键条件、红线条件进行筛选标记，与业务所产生出的"影子"条件进行严格比对，并及时修补。

1. 方案设计组的风险预判

税务策划先由方案设计组进行设计。首先要对企业进行尽职调查，考察企业的经营情况和纳税信用情况。然后对所策划的业务进行梳理，查找税收法规、行业法规。综合评定该业务能否进行策划，策划方案是否具有可行性。

（1）审核企业原方案执行情况，对原方案进行税负测算和风险评价，向委托企业报告原方案的利弊得失。

（2）向委托企业征询策划意向，如果有节税方案、风险控制方案或者较之原方案更理想的方案，委托人是否愿意采纳。

（3）签订代理策划合同，为委托人制定策划方案。依据策划理念，遵循策划方法，出具策划方案草案，并进行风险预判，报专家评审组审核。

2. 专家评审组的风险评定

专家组对方案组的策划草案进行综合评定，提出草案的修改或完善意见。专家评审组主要从方案的风险性和可行性两个方面进行评价。

3. 项目实施组的风险跟踪

专家评审组出具评审意见，交由项目实施组与企业进行对接，着手实施该方案。项目实施组要跟踪整个方案的实施过程，实时监控风险，直到策划方案全部完成。项目实施组要及时解决所遇到的问题，突发重大风险导致方案受阻的，应与项目组、专家组共同研究补充、调整、修改、完善之法。

4. 策划案例

接着讲9.6中的"设模式"案例：调整运距，加大资源税运费扣除基数的风险分析。

如果将B点向A点移近，拉长B点到C点的距离，则A点到B点的距离缩短了。此业务模式如转换成功，则至少年节约资源税1 000万元。

那么，如此操作有什么风险呢？技术上到底可行不可行呢？

风险评估：经到企业实际调研，走访技术部门，公司技术总工认为以前规划设计时没有考虑资源税，其实B点是可以向A点移近的，选址和技术上都没有问题，就是需要改造费用。

风险1是：改造费用约1 000万元。风险2是：方案需要报上级批准。风险3是：改造可能会影响生产。税务方面对此无限制，因为其只认B点到C

点所发生的费用，至于B点设在哪儿，不是税务局决定的。

风险化解：①一年的税款足以支付技术改造费用。②尽快形成方案向上级申请批复。③尽量在检修期和用煤淡季进行改造。

9.9 写方案

在税务策划行业，经常有"税务策划就是一个点子"的说法。因为怕这个"点子"泄漏，所以总是遮遮掩掩，显得既不高雅也不大气。税务策划离不开"点子"，但它绝不仅仅是一个"点子"。

策划是为税收业务制作整个实施方案，哪一个环节都要考虑到，怎能以点带面？业务的13步流程链接了多少风险事项，提出了多少风险点，组织了多少证据链？岂是一个点子能说清的？

说税务策划仅是一个"点子"的，如果是注册税务师，则说明还处于初级水平；如果是企业人员，则说明根本不懂税务。在税务策划中"点子"只起画龙点睛的作用，如果没有更多笔墨去勾画龙体，"点睛"画出来的就是龙吗？

我们要为委托人出具一份完整的策划报告。这份报告涉及全程业务规划、全程风险控制、全程跟踪实施，但这份报告绝不是只为了讲一个"点子"。仅仅告诉企业管理者一个"点子"，而没有全流程的规划，如果出问题，实施不下去了，是不是会出现矛盾纠纷？

我们的策划报告包括两部分：第一部分是税务策划方案报告；第二部分是税务策划鉴证报告。第一部分是提交给委托企业的。第二部分是提交给税务机关的。税务鉴证报告具有两种用途，它既是税务策划方案实施结果的证明，也是策划方案风险控制的保证。

1. 税务策划方案报告

（1）委托说明。它包括但不限于：税务策划的法律依据，明确委托方的证据责任，受托方的报告责任。

（2）业务事项。它包括但不限于：委托项目时间的要求，双方确认的委托事项，事项所达到的预期效果。

（3）情况调查。它包括但不限于：企业基本情况简介，企业总体纳税评价,税企之间的税务证据关系评价,目前委托事项所处的状态。

(4)原有方案。它包括但不限于:税种认定,相关政策引用,税负测算,风险评估,可实施性分析,证据评价。

(5)策划方案。它包括但不限于:方案设计,流程规划,风险点布控,税种认定,相关政策引用,税务测算,其他争取到的税收利益,风险控制措施,可实施性分析。

(6)方案对比。它包括但不限于:节税额度,风险规避,其他好处。

(7)实施方法。它包括但不限于:方案实施步骤,方案跟踪服务措施。

(8)税务证据。它包括但不限于:各步骤涉及的所有证据清单及证据要求。

(9)双方责任。它包括但不限于:双方的权利义务事项,争议解决方法,责任分担,利益清偿。

2. 税务策划鉴证报告

(1)委托说明。它包括但不限于:税务策划的法律依据,明确委托方的证据责任,受托方的报告责任。

(2)业务事项。它包括但不限于:双方确认的委托事项,事项所达到的预期效果。

(3)情况调查。它包括但不限于:企业基本情况简介,企业总体纳税评价,委托事项目前所处的状态。

(4)税种认定。它包括但不限于:税种认定及税收政策,税收优惠。

(5)鉴证结论。它包括但不限于:发表税务结论,报告目的指向,报告用途限制,报告责任。

(6)税务证据。它包括但不限于:按证据清单查点证据,证据质量要求,制作证据档案。

3. 提交税务文书

凡是与策划方案、实施方案、危机公关有关的文书,都需要帮助委托方准备齐全。它包括但不限于:股东会议决定,公司章程,备案文书,审批文书,陈述意见书。

9.10 做指导

在实施方案的过程中,会遇到各种各样的问题,需要及时处理解决,否则方案不能实施。不能实施的方案,就是失败的方案。为了保证方案的实施,需要跟踪服务,及时指导。指导是双向的,一个是对纳税人的指导,一个是对税务工作人员的指导。

对纳税人的指导:见到税务工作人员应该怎么说。虽说教的曲儿唱不得,但鹦鹉学舌,也有可像之处。纳税人不会说的原因,是缺乏税收综合知识,被询问时,没词了,畏缩了。所以,将沟通的重点提前告知纳税人还是十分必要的,毕竟税务策划的沟通更多还是要靠纳税人自己。

对税务工作人员的指导:税务策划方案在实施的过程中,经常会遇到税务机关不认可的情况,导致无法进行。这种情况大多是由于税务工作人员没有接触过这种业务,担心自身的风险,拖而不决所致的。而真正懂业务、见识广的税务工作人员是不可能拖延不办的。我们说的做指导,就是给他们提供证据支持,让他们放心。

建议在去税务机关办事时,能够随时与策划方保持联系。只有知道问题的症结,才能对症下药。知道和税务工作人员说什么就是最好的应对。

1. 协调关系

既然认定税务的事情其实就是自由裁量权,我们就应该协调好税务关系。协调税务关系是指用足自己的权利,做足自己的义务。不卑不亢,有礼有节。做得对,怕什么?做得不对,怕也没有用。我们要有纳税自信心,多找几个部门,多找几个人,多说几句话。

以上这段话,无论对纳税人还是对方案出具者,都是有效的。纳税人没有过五关斩六将的勇气,就别做策划了,让缴多少就缴多少,反倒省心省力。税务策划者没有和税务部门面对面的勇气,建议也别出方案,免得纸上谈兵。

再强调一遍:税务关系协调不是请客送礼,也不是搞人际关系。税务关系协调是将"理顺13大证据关系"的理论应用于实践。

2. 指点迷津

老虎总有打盹儿的时候,人总有犯困的时候。这就叫"酒不醉人人自醉,色不迷人人自迷"。被迷住了，就听不进别人的意见，就自以为是。这时，我们都需要冷静。纳税人别憋火，税务人员也别怄气，都是为了工作，彼此多站在对方的角度考虑。

纳税人多学学心理学还是必要的。他不懂你非要给他讲懂，你是在搞税务培训吗？你在讲企业的实际情况，可他是学税法的，不是学经营管理的，你讲的他未必懂，懂了也未必信，得慢慢来才行。

税务工作人员也要多学些企业经营管理。你讲的是税法，纳税人讲的是业务，得合辙押韵吧。税法是给业务用的，业务都搞不清，怎么用税法？

纳税人和税务工作人员在沟通的时候得同频。指点迷津就是相当于调频调幅，让他们说到一处去。他有来言你有去语。双方沟通，首先得明白对方说得是啥意思。如果双方真的说不到一块儿，跟踪服务的老师就得学会当"翻译"，做好场外指导。

3. 策划案例

以下是一个牛皮档案袋的故事。

W是我服务客户的业务员，注意是业务员，她不是会计。我们为企业出具税务策划方案后，要到税务局办理。老板觉得W语言表达清晰，沟通能力强，就让W到税务机关办理此事。而在正常情况下，老板应该派财务人员去才对。

W对税收一点不懂，跑了税务局又跑不动产局，工作并不顺利。大约两个月的时间，W几乎天天打电话向我汇报在税务局和不动产局遇到的问题。我不厌其烦，耐心地解释叮嘱。

两个月后W高兴地告诉我："事情办成了。"于是我们一起欢呼雀跃。

我问W："你一个外行，去办这么复杂的业务，是怎么办成的呢？"

W从兜里拿出一个破碎的牛皮档案袋，神秘地说："您看看这个。"

这个牛皮档案袋已经破得不能再破了，上面密密麻麻写满了大大小小、深深浅浅、横横竖竖的字，仔细看看，全是与业务相关的术语。我明白了，向W竖起了大拇指。

W说："首先我认为您说得肯定对，他们不给办，我就天天找他们，找专管员，找科长，找局长。直到他们都明白了这个业务是咋回事儿，就办成了。"

9.11 过申报

纳税申报通过了,方案接近于成功,注意这里说的是"接近于"。

申报通过包括三个方面的内容:一是税务机关案头审核通过;二是纳税系统能够通过;三是按规定取得或开具发票。有的时候人工案头审核就会提出很多问题,有的时候却是系统不支持,还有的时候会在开具或取得发票时遇到障碍。我们一定要适时修改、补充、完善方案。

方案策划得再好,如果申报通不过,也等于0。所以通过税务申报这关非常重要,它直接决定着方案的成败。申报期间,纳税人可能会面临税务机关相关部门的审核,他们会提出各种各样问题。这些问题,有的是方案本身存在瑕疵,有的是税务证据提交得不完整,有的可能是税务人员没接触过此类业务。

在申报时,我们一定要了解清楚税务审核通不过的真正原因,以便对症施策。万不可随意猜测原因,给下一步采取的措施造成误导。

过申报这一关是最难的,遇到各种障碍都是正常的,办事人员一定要有信心:我们的方案都是合法的,通不过不是业务本身的原因,而是方案不完善或者双方沟通的原因。我们要结合税务机关提出的疑问或意见,及时修改、完善、补充资料证据。

1. 案头审核

案头审核会按照税务内部工作流程逐步推进。这其中不同的岗位会有签字授权,出于对工作负责任,或者出于对执法风险的考虑,税务工作人员经常在此环节提出质疑。这时,纳税人耐心的解释、证据的补充甚至合理的建议都是必不可少的。

2. 网上申报

现在有"金税三期"申报系统,纳税事项申报需要导入系统中,一些特殊的事项在导入时可能会遇到技术性的障碍。这个既是客观存在,也可能是工作人员的借口。遇到此类问题时,就要在技术上找原因,在思路上找方法。

无论系统多么先进,一定会有特殊的情形考虑不到。造成不能申报的,只要不是事项本身和办事人员的问题，其他根本就不是问题。

3. 开具发票

方案通过人工审核、系统申报之后，就需要开具发票了。这影响到业务的双方，不开具发票属于违反发票管理办法的行为。不索取发票的，日后的麻烦太大，怎么去列成本？

对于常规的销售业务，大家都有意识去要发票，可是特殊的业务，如合并、分立、投资等行为，经常被认为不需要发票。一方没有开票的意识，或认为开发票就要缴税；另一方也没有索票意识，或认为这个事项不需要发票。等时过境迁，想补都来不及了。

《中华人民共和国增值税法（征求意见稿）》第三十九条规定，纳税人发生应税交易，应当如实开具发票。什么是应税交易？其实就是纳入税收征收管理的交易，这个交易本身可能是免税的，也可能是不征税的。

4. 策划案例

W企业分立时，已经向税务机关申报备案，税务机关签署了分立享受企业重组的各项税收优惠的意见，不动产登记部门也办理了相关的登记手续。但是由于不知道企业分立还可以开具发票，半年过后，W企业得知可以申请开具发票之后，再次向税务机关申请授权增票，税务机关又重新发起一轮审核。其复杂程度堪比重组备案。

由于办理房地产过户登记时需要纳税前置程序，税务机关要进行审核。基层的税务人员对企业业务不熟悉，需要反复研究，才得以线下、线上均通过。但无论是企业、税务机关，还是服务的机构，都忽略了开发票的事，导致二次申请，造成重复劳动。

9.12 办过户

部分业务的税收申报通过了，还不算完成，还需要政府其他部门办理过户或核准。如以实物出资时，资产需要过户，这些资产包括车辆、不动产、股权等。

办理过户看似是一个程序，但随着业务的上网上线，需要的流程和资料很多，一些企业的资产在过户时可能会遇到需要补充资料的情况。补充资料说起来简单，真正做起来是非常难的，严重时可能会导致业务处于停滞状态。

虽然过户时已经与税收脱离了关系，但有些纳税人要的是结果，会提出以资产过户时点为服务截止的时点，迟迟不能过户就会影响业务的完成。

策划机构在签订合同时，需要办理过户的，合同条款上就需要特别注意，尽量考虑到各种情形，分清不能过户的责任。

在考虑这个问题时，我们只需要在尽职调查中追加审核程序，审核过户资产的产权是否明晰、资料是否存在重大缺陷，这些对过户造成重大影响的问题就迎刃而解了。

1. 验收

各类投资资产、抵押资产、抵债资产都是需要验收的，需要对质量、数量、交付时间做出规定，取得验收手续。验收一定是双方或多方共同的行为，否则会出现争议。服务机构要参与资产、债务的交割与验收，以第三方的身份做监督，及时解决其中的纠纷。

2. 过户

股东之间的股权需要过户，不动产需要过户，各种权利如专利权、商标权、林权、矿权、期权、债权等，都是需要过户的。不同的资产项目过户的程序和需要提交的资料证据是不同的。税务策划方案应考虑到这些权利过户的要求，以及权属是否清晰，为日后的过户排除隐患。行百里者半九十，不要"死"在最后一千米。

3. 策划案例

W是我多年的服务客户，我曾经为其处理过一起产权交易的纳税纠纷。双方因为税收约定不清，签订了一份包税协议，到最后资产过户时发现税负太重。双方都不愿意承担税款，导致资产不能过户。双方都着急，但均无良策。后来通过我的策划，解决了税负过重的问题。

由于开始双方对我的方案持怀疑态度，为了给他们信心，我在合同中写下了"资产过户完毕后，支付款项"。我认为我的方案肯定没有问题。事实上，税务机关已经通过申报了，但在资产过户时，才知道这项资产在行政管辖领域发生争议,影响到过户迟迟不能进行。

县级机关说是市级机关管,市级机关说归县级机关管,来回推脱。后来好不容易确定归县级机关管,县级机关要求重新实录数据和资料。实录数据和资料导致半年过去了,因为涉及勘察、确权,还需要四邻签字、处理争议。直到本书成稿,尚未完成土地过户。

尽管我对此保持百分百的信心和耐心,但还是因审查程序的一点点欠缺,合同签订时的一点点疏忽而遗憾。

所以在后来的一个纳税事项上,我们吸取了教训。还是W企业的一宗土地要转让,要我们出节税方案。我们先对其进行产权调查,调查中发现:这宗土地是属于国有的,该企业是租赁的,租赁期已经过了5年。但是租来的土地已经过期了还在对外租赁,收取租赁费用。企业资产管理部、法务部居然对此事均一无所知,还想做土地转让。

这个审查做得太好了,不仅避免我们自己白费功夫出具方案,还为企业避免一起重大风险。如果国有土地过期不办理延期,或者取得土地使用权,现租赁人有优先取得土地使用权的权利。

9.13 应危机

税务方案从策划到实施整个流程通过后,接下来就等待税务风险预警或者税务检查了。如果发现问题,就抓紧启动税务危机公关方案。过了最后的一关,税务检查认可了该方案,没有提出异议,方案才算真正成功。

目前,很多税务事项已经从审批制、备案制走向备查制,"放、管、服"既为纳税人提供了便利,也为纳税人留下了风险。如果税务审核通不过,就需要补税加滞纳金,严重的可能被认定为偷税。这时就需要"植入13大危机管理"来化解了。13大危机管理包括:①定问题是不是?②判性质大不大?③察权责有没有?④找渠道要不要?⑤辨混淆清不清?⑥知程序错不错?⑦链风险好不好?⑧提主张对不对?⑨能救济行不行?⑩求豁免有没有?⑪行义务够不够?⑫做调整会不会?⑬懂切割可不可?

危机管理的目的就是纳税问题确定、纳税性质确定、纳税结果确定。搞清了这三个确定,税收自然无风险。

1. 纳税问题确定

税务机关提出的问题到底是不是问题。税务检查时，对问题的提出是需要得到确认的，确认通常有两种结果：一是税务检查发现的问题是确定的，企业存在税收违法行为；二是税务检查发现的问题并不是问题，可能是检查人员的误解或误判。

问题确定这个环节，对纳税人而言是必不可少的，也是非常重要的。因为税务检查受制于检查人员业务能力的综合性、证据提取的完整性、对业务的熟知性等因素，所发现的问题并非一定都是问题。对不是问题的问题，需要提交证据资料，说明理由，以证明它不是问题。

2. 纳税性质确定

如果税务机关提出的问题是问题，那么它到底是个什么问题。即：它是一般的漏税的问题，还是客观的偷税问题；是属于行政管理范围内的问题，还是上升到的刑法责任的问题；是可以补救的问题，还是无可挽回的问题。这些判断就是把握问题的"严重性"与"复杂性"。但无论有多么严重和复杂，只要性质确定了，我们就可以采用应对方案了。

3. 纳税结果确定

如果问题已经得以确定，性质已经得到鉴定，那么要给出税收结果。税收结果是指税收的金额有多少，罚款的金额有多少，滞纳金的金额是多少，是否需要承担法律上的或者信用上的责任。

税收的结果是需要核实的，有些时候，计税的依据、税率、纳税的时间都影响税收结果，税务机关和纳税人需要核实。对税收结果有异议的，应该及时向税务机关申请更正。

4. 策划案例

W是一家银行，税务机关检查时认为向客户赠送的宣传品应该视同销售，三年累计金额涉及1 000万元。税务机关要求按照视同销售17%的税率计算缴纳增值税，并加收滞纳金。对于这个问题，如果从税法上去找依据，确认不是视同销售，还是比较难找的。那么，如何与税务机关进行"三定"呢？即：

定它是不是问题，定是什么性质的问题，定这个问题的税收结果。

（1）定问题。如果确认为不是视同销售，最为理想。问题的关键在于它是无偿赠送吗？这不是给存款户或者贷款户的业务宣传品吗？

（2）定性质。如果我们不能拿出足够的证据否定税务人员的定论，就成了真问题。只要是真问题，就得按《税收征管法》六十三条偷税进行处罚，或者按《税收征管法》第六十四条虚假申报进行处罚。我们应该注意，真问题并不一定都是因纳税人做错了而导致的，有时，纳税人拿不出足够的证据证明自己没有错，也是"真"问题。

（3）定结果。金融企业是一般纳税人，其主营业务的税率为6%。而这个"视同销售"业务中的宣传品也没有抵扣过进项税额，取得的是普通发票，按17%的税率计税是否合适？可不可以按简易征收3%的税率执行呢？

如果从以上三个方面去确认这个问题，该企业与税务机关的协商还是有空间的。

第 10 章
研究 13 大策划技法

> 税务策划技法分为 13 种：①子鼠想转嫁；②丑牛会调整；③寅虎擅假借；④卯兔欲规避；⑤辰龙信有无；⑥巳蛇巧分合；⑦午马求关联；⑧未羊学补救；⑨申猴知变换；⑩酉鸡懂修正；⑪戌狗要选择；⑫亥猪来增减；⑬人我能创造。

13 种策划技法配以 12 生肖的灵性，赋予人的智慧，组合成思维的方式方法，为税务策划预设纳税模式和挖掘纳税条件找到支点。下面将税务策划的思维方法写出来与大家一起分享，让人人都可以成为税务策划专家。让每个人都能够凭借自己的专业经验，轻松地找到税务策划的"支点"。

10.1 子鼠想转嫁

关于鼠的趣说："鼠无脑，撂下爪就忘。"

在汉文化中，民间有老鼠嫁女的传说。有人认为，作为民俗文化的老鼠嫁女，表达了民众根绝鼠患的愿望。之所以采用"遣嫁"方式，是因对鼠患充满畏惧，于是以提供食物、熄灯禁光等迎合鼠类习性喜好，以献媚的行为来掩饰真实目的，这是一种在矛盾心态中的趋利避害的选择。

嫁灾观念，由来已久。有种说法："嫁，往也。自家而出谓之嫁，由女而出为嫁也。"所谓嫁灾、嫁非、嫁鼠，包含把灾祸、是非、鼠虫逐出家门的意思。

今天，我们将"老鼠嫁女"转嫁风险的寓意用之于税务管理，当属企业税收风险控制与策划技法之创新。

1. 转嫁的含义

"转嫁"由"转"与"嫁"组合而成。

(1) 关于"转"。

1) "转"的基本意义：不直接的，中间再经过别人或别的地方。如迁移、转变、转动、转化、转换、转移、转出等。

2) "转"的税收意义，如转移风险、进项税额转出、转移利润等。

(2) 关于"嫁"。

1) "嫁"的基本意义。如嫁接，即把不同品种的两种植物接在一起，把枝或芽接到另一种植物体上，以使繁殖，让它变种，达到提早结果、增加抗性、提高品种质量等目的；嫁祸于人，就是把祸害、怨恨推到别人身上。

2) "嫁"的税收意义，如将税收责任风险嫁接于合同条款之中。

(3) 关于"转嫁"。

1) "转嫁"的基本意义：指再次出嫁，又指转移灾难、祸患或危机。将自己的损失、负担等转加到别人的身上。

2) "转嫁"的税收意义，如转嫁风险、转移税负、转嫁责任、转嫁权利、转嫁义务、转换利益、转换思想等。

"转""嫁""转嫁"，在税收实践上具体选用哪一义或哪几义，因企、因人、因事而异，不可拘泥。

2. 思维拓展

以上对"转嫁"概念的理解，引发我们许多的思考，这种思考会因人的学识、经验、阅历、思维而异，产生出许多灵感来丰富转嫁的内涵，实现"子鼠想转嫁"之能事。转嫁包括公开性转嫁与隐蔽性转嫁。

(1) 因素考量。

1) 转嫁的时机：通常是在合同签订环节，通过合同条款设计进行税负转嫁或责任转嫁。无合同的可以在业务过程中，通过发布指令、要求进行转嫁。

2) 转嫁的理由：转嫁税务风险也需要合理的理由，这个理由可以是税法上的，也可以是业务上的，还可以是财务上的。

3）转嫁的证据：税务风险转嫁到最后，是需要取得证据的。只有取得预期的税务证据，才能判定风险转嫁的实现。

（2）方式方法。

1）通过管理转嫁：依托控制与被控制的关系，实现税负转嫁、风险转嫁，这是比较直接的方式。因为这种方法用在一个集团的内部，所以比较容易实现。

2）通过产业链合作转嫁：依托产业链所处位置的优势，在业务合作中居于主导地位，通过资金、资源、技术、人员、渠道、市场、购销、价格、成本等方式完成税负转嫁或风险转嫁。这种转嫁往往由具备产业优势的一方主导。

3）通过合同转嫁：通过合同条款进行转嫁，双方在税收上进行利益谈判，最后达成税务共识。相对前两种方式而言，合同转嫁比较公平。

3. 实践案例

（1）关于"转"的案例。

业务转移：W会计师事务所的业务包括审计、咨询。咨询业务增值较大，而按税法规定，事务所必须查账征收企业所得税，企业面临很高的所得税税负。如果将咨询业务（此业务不受资质限制）剥离出去，是否为一个办法呢？

（2）关于"嫁"的案例。

税务嫁接：W企业自2013年累计经营亏损5 000万元，欲注销清算。甲企业欲成立与W企业相同的经营范围的企业。双方开始谈判重组，甲企业支付一定的对价，取得W企业的全部股权。甲企业在企业重组过程中嫁接税收，将W企业不能兑现的企业所得税弥补亏损权益约1 250万元，变为自己的税收利益。

（3）关于"转嫁"的案例。

风险转嫁的方式包括：合作方需要发票的，要加收税款；通过购买中介服务转嫁税务责任；通过包税条款将实质纳税转给对方；凭借产业优势提出税收管理要求。

10.2 丑牛会调整

关于牛的趣说:"牛无齿,牛有反刍。"

"块块荒田水和泥,深翻细作走东西。老牛亦解韶光贵,不待扬鞭自奋蹄。"(引自臧克家的《老黄牛》)

牛吃的是草,挤的是牛奶,耕田犁地,默默付出。长年奔波在田间地头,用它那坚毅的脊梁,拉着笨拙的犁,来回耕耘。其精神为古今传颂。

牵住牛鼻子,抓住事物的主要矛盾,将老牛耕耘土地的方法引申到税收管理上,其启发与借鉴作用不容小觑。

将税务策划技法之调整配之于老牛,是最恰当不过了。来回耕耘,来回调整,势必对土地的墒情起到保护作用,促使作物茁壮成长。

1. 调整的含义

"调整"由"调"与"整"组合而成。

(1) 关于"调"。

1)"调"的基本意义,如调和、调剂、调解、调拨、调控、调换、协调、调制等。

2)"调"的税收意义:税收的调节作用、调和税企矛盾、内外协调来化解税务风险。

(2) 关于"整"。

1) 整的基本意义,如整齐、整个、整理、整治、修理等。

2)"整"的税收意义:化整为零、积零为整,通过适当的整理,达到预想的税务结果。

(3) 关于"调整"。

1)"调整"的基本意义,如重新调配或者整顿,使之适应新的情况或需求等。

2)"调整"的税收意义:账务调整,方案调整,次序调整,范围调整、流程调整,结构调整、人事调整、业务调整、策略调整,会计差错调整、纳税调整、市场调整等。

2. 思维拓展

（1）因素考量：调整的对象是原来已经存在的，不是凭空想象的。

（2）方式方法：需要细细考虑调整的动机、调整的位置、调整的方法、调整的时机、调整的后果。

（3）调整目的：在原有的基础上，因调整使其更加合理，更加有利。在调整中，无论是正向调整还是反向调整，都是基于趋吉避凶的考虑。

3. 实践案例

（1）关于"调"的案例。

W 房地产企业不能取得发票的成本，应如何在所得税前扣除？是调在 2018 年扣除，还是调在 2019 年扣除？虽然金额是一样的，但税收的意义绝对不一样。调在 2018 年度可能要产生实质纳税，因为 2018 年度弥补完以前年度亏损后，是有盈余的。而调在 2019 年度可能是不纳税的，因为 2019 年度企业是有亏损的。

W 企业 500 万元购买固定资产的一次性扣除，是调在购入的当年扣除，还是调在会计记账的次年扣除，在哪一年扣除最恰当？这需要反复测算。在 2018 年度扣除和在 2019 年度扣除对税收的影响，是需要综合前后期的利润状况进行判断的。扣除可以在两个年度进行调节的，具有可选择性。

（2）关于"整"的案例。

W 企业维修房屋的费用通过化整为零，一次性在税前扣除。它避免了所维修资产超过原计税基础 50%，分期扣除的规定，达到了递延纳税之目的。化整的概念在此体现了分散和拆分之内涵。

W 企业将个体工商户和自然人的服务资源进行整合，统一到线上进行，根据《中华人民共和国电子商务法》的相关规定，这些资源集中到平台所在地纳税，是典型的积零为整的纳税模式。"整"的概念在此体现了整合和整数之内涵。

（3）关于"调整"的案例。

W 企业欲进行股权转让。在自然状态下的资产总额为 1 000 万元，其中：

货币资金200万元，应收账款500万元，其他资产300万元；负债800万元，其中：银行债务600万元，股东债务200万元；所有者权益200万元，其中：未分配利润100万元，实收资本100万元。

甲公司欲以300万元的价格全额收购W企业100%的股权。W企业的股东会有100万元的溢价和100万元的利润得到实现，需要缴纳个人所得税40万元。如果我们合理地进行财务调整，情况又会如何呢？

（1）清理应收账款中的坏账损失200万元，抵减现在所有者权益200万元后，实际的所有者权益为"0"。如果还以300万元转让，转让价款为300万元，实收资本100万元，账面亏损100万元，转让所得100万元，只需缴个人所得税20万元。

（2）若再以货币资金200万元偿还股东债务200万元，股东会得到200万的债务清还款和300万元的股权转让款，共500万元的有效现金资产。

你看看，合理调整的威力有多大？

10.3 寅虎擅假借

关于虎的趣说："虎无项，不会回头，只能前扑。"

狐假虎威：老虎寻找各种野兽来吃，有一天，它捉到一只狐狸。狐狸对老虎说："你不敢吃我，上天派我做各种野兽的首领，如果你吃掉我，就违背了天帝的命令。你如果不相信我说的话，我在你前面走，你跟在我的后面，看看群兽见了我，有哪一个敢不逃跑的呢？"老虎觉得狐狸的话有道理，于是就和狐狸同行，群兽见了它们，都纷纷逃跑。

老虎不知道群兽是害怕自己才逃跑的，以为是害怕狐狸。狐狸擅长借助老虎的力量为自己立信树威，达到了自己的目的。

企业处理税收事务也可以借鉴狐狸的智慧，借助渠道的力量来实现自己的税务目标。

1. 假借的含义

"假借"由"假"与"借"组合而成。

（1）关于"假"。

1) "假"的基本意义：不真实的，不是本来的，与"真"相对。"假"，需要假力于人，凭借他人的力量，如狐假虎威。

2）"假"的税收意义：不做假账，不虚假申报。

（2）关于"借"。

1）"借"的基本意义：依托依靠。借力、借助、借势、借机。

2）"借"的税收意义：在会计复式记账法中，根据不同的账户类别，借方表示数额的增加或减少；统借统还；资金借贷；递延税款借项；借"壳"抵税；借股东大会之机提案。

（3）关于"假借"。

1）"假借"的基本意义：利用某种名义、力量等来达到目的。

2）"假借"的税收意义：假借合理之名、合法之意，达到不缴或少缴税款的目的。借助渠道的力量，化解税企争议，消除税务风险。

2. 思维拓展

（1）因素考量。

假借是有前提的，它的前提是"有"，如果一点儿也没有，就不存在假借的问题。所谓"好风凭借力，送我上青云"。我欲成仙，需要借助一点儿风的力量，哪怕这点风是吹面不寒的杨柳风。这点"风"可能微不足道，但它是起因，是源起。

借助税务证据关系，需要找到关系；借助业务流程，需要找到流程；借助税务策划，需要找到策划；借助纳税模式，需要找到模式；借助税务条件，需要找到条件；借助有利时机，需要找到时机。

（2）方式方法。

"金税三期"、大数据、互联网、税务风险评估、税制改革、减税降费等，这些客观条件的变化倒逼企业走向纳税规范，不做假账，不搞两套账，不搞逃税避税，不搞虚假申报。

3. 实践案例

（1）关于"假"的案例。

W企业是一家代理记账公司。行业的通行做法是与客户签订合同，仅就客户提供的资料、原始凭证记账，不对这些资料的真实性承担责任。如此做出来的账，我们无法判定真假。你说"真"，它有些收入可能没有包括在内；你说"假"，它的成本票据却相当的合规。用"不真也不假"来定义比较合适。因为本质上记账属于企业整体业务的一部分。

企业做假账无非有两种形式：一种是截留收入，形成"小金库"；另一种是账外经营，形成体外循环。但随着税务监管手段、监管工具的升级，这种状况定会逐渐得到扭转。而国家减税降费力度的提升，有利于从客观上起到正向助推的作用。

（2）关于"借"的案例。

W公司将银行借贷资金10 000万元支付给子公司甲企业用于周转。税务检查认为，虽然W企业没有向甲企业收取利息，但属于关联方借款。W公司应该按市场化利息确认收入，计算并缴纳相关税费，并向甲公司开具合法票据。

W公司后来对此"借款"进行了模式改变，依据《营业税改征增值税试点过渡政策的规定》（财税〔2016〕36号附件3）以及采用营业税时期的相关政策，按统借统还进行操作，成功地避免了税收风险。

（3）关于"假借"的案例。

《财政部、国家税务总局关于实施小微企业普惠性税收减免政策的通知》（财税〔2019〕13号）规定，小规模纳税人月销售额10万元以下（含本数）免征增值税。

W公司借助这个机会，将其中的现代服务业中的咨询类业务分解，外包给关联的甲咨询公司。甲咨询公司享受此增值税优惠和相关所得税的优惠，W企业以甲咨询公司的发票列成本，解决了W企业财务核算不规范的问题。

10.4 卯兔欲规避

关于兔的趣说："兔无雌性生殖器。"

云从龙，风从虎，草从蛇，避其锋芒。狡兔三窟，意在规避风险。

《战国策·齐策四》云："狡兔有三窟，仅得免其死耳。"这就是"狡兔三窟"的起源。意思是说狡猾的兔子准备好了几个藏身的窝，在危急时，才会免除一死。据观察，兔子确实是这样求生的。三个洞口实际是连通的。一个洞口有异常，它马上从另外的洞口逃走了。

人们经常用这个成语形容兔子的狡猾，其实兔子的狡猾只是为了谋生活命而已。我们不能总看到"守株待兔"的悲剧重演吧？兔子是弱小的，只能利用此法"欲"规避风险而谋生。法律是强大的，纳税人需要学习兔子规避风险的经验。

向兔子学习规避之法，在税收上有特别的风险控制意义。"规"就是不可逾越的红线。"避"就是躲开，不要触碰高压线。规避风险是本能，规避纳税是智慧。注意，这里说的是"规避"而不是"逃避"。

1. 规避的含义

"规避"由"规"与"避"组合而成。

(1) 关于"规"。

1) "规"的基本意义。《说文解字》云："规，有法度也。"《淮南子》云："矩不正，不可为方；规不正，不可为圆。"可见"规"是指规矩、规则、法度、格局、规划等。

2) "规"的税收意义：税收法规规定、行业规则、税务规划等。

(2) 关于"避"。

1) "避"的基本意义：本义是躲开、回避之意，有躲避、回避、避讳、退避三舍、避其锋芒等词语。

2) "避"的税收意义：避税、避免、避重就轻、避实就虚、反避税等。

(3) 关于"规避"。

1) "规避"的基本意义：规避的意思就是设法躲避，是遵守规则的避开。法律规避是在不违反法律的情况下，躲避某种法律的活动。

2) "规避"的税收意义：利用合法的税收业务策划方法，通过业务与税法的融合，来规避实质纳税和规避税务风险。

2. 思维拓展

(1) 因素考量。

充分考虑"规"：涉及税务的法规很多，不仅有税收法律法规、其他行政法律法规，还有行业行规、企业内部控制制度，这些都属于"规"的范畴。处理税务问题时，能够找到"规"是非常重要的。"规"就是经线与纬线，经纬再密，也有疏漏。而正是由于有疏漏，才有了"避"的时机。

（2）方式方法。

合理考虑"避"：所谓"避"，就是择其善者而从之，择其不善者而改之。善者，就是对我们有利的方式方法。在制定"避"的方式方法时，合理考虑"避"与"规"的融合，是法律的高级适用，是主动用法，而不是被动守法。

3. 实践案例

（1）关于"规"的案例。

W企业是一家国有企业。为防范日渐突出的税务风险，W企业制定了系列内部税务规范，为企业立"规矩"，如工艺损耗内部控制办法的制定为企业解决了损耗与损失的区别。因为W企业的工艺损耗没有行业标准，只能自己制定内部标准。而正是这个内部标准，将工艺损耗排除在了资产损失之外，消除了是否做增值税进项税额转出的争议。

（2）关于"避"的案例。

按规定，企业享受企业所得税免税，必须要将应税所得和免税所得分开核算，否则不能享受免税政策。W企业的经营项目有应税所得和免税所得，W企业能够将应税所得和免税所得分清核算。但是实际的情况是应税所得盈利，免税所得亏损。有没有办法避掉这个应税项目的所得税呢？

我们找到了"避"的方法，就是混合在一起核算，不申请免税。这样免税的亏损就会抵补应税的盈利，可以不缴或少缴企业所得税了。

（3）关于"规避"的案例。

原河北国税解释：单独无偿提供的货物，应视同销售货物，按货物适用税率征收增值税。

如房地产企业在销售商品房时，为促销举办抽奖活动时赠送的家电，应视同销售货物，按货物适用税率征收增值税。如果合同中规定销售商品房的价格是包括家电价值的，就不会再有对家电单独征税的情况。

W 房地产企业利用这个政策，在合同中约定：购买人所购商品房，单价为 15 000 元/平方米，总价为 150 万元。购买商品房支付全款或按揭贷款到账后，可获赠价值 2 万元的家电组合。如此约定，"赠送"的家电与购房有关，不属于无偿赠送，"规避"了无偿赠送要视同销售的税收风险。

10.5　辰龙信有无

关于龙的趣说："龙无肝，才有龙肝凤胆好吃。"

以下是小品《不差钱儿》的部分台词，请细细体会。

赵本山：澳洲鲍鱼四只。小沈阳：对不起，没有。赵本山：4 斤的龙虾一只。小沈阳：对不起，没有那么大的。赵本山：有多大的。小沈阳：有一斤多的。赵本山：一斤多的，有吗？小沈阳：有还是没有啊？赵本山：这个，我跟你说，这你开的店，有没有你还不知道哇？这不差钱。小沈阳：啊！那没有。

赵本山：来民间的，孩子，来一个小野鸡炖蘑菇。小沈阳：没有。赵本山：这个可以有。小沈阳：这个真没有。

企业的业务是有、无或可有可无的，企业的经营要素也是有、无或可有可无的。为什么要有，为什么要无，为什么要可有可无，都是根据税收需要来决策的。决策的前提是对企业是否有利，这个"利"有时体现在"有"上，有时体现在"无"上，有时体现在"可有可无"上。

对于有无，应该有个辩证的理解。我们有纳税义务，但没有多纳税的义务；我们有按时缴税的义务，但没有提前缴税的义务；我们有依法维护权益的权利，也有依法履行纳税的义务。

1. 有无的含义

"有无"由"有"与"无"组合而成。

（1）关于"有"。

1）"有"的基本意义：表示存在，如有案可查；表示发生、出现，如有益于人民；表示大、多，如你问我爱你有多深；比较，如十个指头有长短。

2）"有"的税收意义：纳税有风险，策划需谨慎；解决问题有渠道，策划方案有证据；有政策法律规定；除另有规定外；有特殊情况；发生；发现；等等。

(2) 关于"无"。

1)"无"的基本意义："无"指没有，与"有"相对。人至察则无徒，水至清则无鱼；束手无策；无关大局；无他，唯手熟耳；无害通过；等等。

2)"无"的税收意义：无票收入；无票成本与费用；无形资产；无合同；无真实交易；无纳税义务；无纳税权利；无法律责任；报废、消耗、损耗；取消；等等。

(3) 关于"有无"。

1)"有无"的基本意义：老子《道德经》中提出"有即是无，无即是有，有无相生"。无中生有，有中变无。若有若无，如"草色遥看近却无"。

2)"有无"的税收意义：税收是有时限的，在时限内有，过了时限就变无，如档案的保管期限、法律的追溯期限。税收业务本是无的，发生了经营行为就有了税收业务。法律责任原本也是无的，但有了违法行为，也就有了法律责任，而履行了法律责任，法律责任也就随之变无。

所以，"有无"既是辩证法，又是方法论。"有无"与"无有"，看似是次序排列，其实含义并不相同，在税收上应灵活运用。正如："有的人活着，他已经死了；有的人死了，他还活着。"

2. 思维拓展

(1) 因素考量。

水是有源的，树是有根的，税收有问题，那是有原因的。如何把税收权利变有，把税收责任变无，需要充分考量企业存在的各种因素，一化不利为有利，二化不利为无害，三化不利为无关。

(2) 方式方法。

"无中生有，有中生无""时有时无，可有可无""宁可信其有，不可信其无"。有无之变换，需要道具和时机。像变魔术一样，有的变无，无的变有。

3. 实践案例

（1）关于"有"的案例。

W企业本无利润，但眼看前5年的弥补亏损1 000万元要过期，于是就与客户签订补充合同，将收入提前确认在本年度，从而实现了本年利润的"有"。通过这个"有"将1 000万元亏损指标弥补完，化解了亏损即将过期这个"无"。

（2）关于"无"的案例。

W企业计划实现利润1 000万元，应该缴纳企业所得税250万元。为了实现递延纳税，W企业进行清产核资，申报资产损失800万元，结果本年只申报缴纳企业所得税50万元。这就是将利润变"无"的方法。

（3）关于"有无"的案例。

W企业是甲企业的全资子公司，现W企业根据业务需要吸收合并甲企业，合同约定的合并截止日为2018年度，但由于甲企业的房产未办完产权登记，影响了W企业与甲企业的合并进程。所以，W企业与甲企业的合并尚未完成工商登记与税务登记变更。

乙企业是甲企业的业务合作伙伴，看到报纸上关于W企业与甲企业的合并公告后，向甲企业主张债权，标的金额很大。W企业为了控制损失，切割风险，欲解除与甲企业的合并。但是，甲企业的收入已经开了发票，甲企业的人员工资费用已经计入了W企业。也就是W企业与甲企业的报表未合并，但业务提前合并了。如果要解除合并协议，W企业与甲企业之间的收入成本怎么办？

问题"有"了，如何化"无"，实现有与无的转换？

建议：①W企业与甲企业解除合并关系。②W企业与甲企业、甲企业的业务合同方签订业务合同转让三方协议。③W企业与甲企业签订委托服务协议。④甲企业的人员工资从W企业处拿回来由甲企业发放，甲企业再向W企业开具服务费用发票，W企业列入成本。如此即可化险为夷，将风险由"有"变"无"了。

10.6 巳蛇巧分合

关于蛇的趣说:"蛇无足,所以要画蛇添足。"

"分合"即分开与合并。"分合"是古代军事著作《六韬》论述的集结军队、约期会战的原则和方法。部队平时分驻各地,战时则应集结起来,这就是分合。

"凡天下大事,合久必分,分久必合。"这说明分分合合是常态。分是规模做小,精力做大;合是规模做大,能力做足。此之于蛇也,分开是为了快速前行,合拢是为了隐蔽目标。根据情况,宜分则分,宜合则合,分合并用,张弛有度,此谓之巧。

1. 分合的含义

"分合"由"分"与"合"组合而成。

(1) 关于"分"。

1) "分"的基本意义:"分",分开,划分,分界,分解。由整体中取出或产生出一部分,如分发。由机构内独立出的部分,如分会。其他词语如区分、分析、分辨、分享等。

2) "分"的税收意义:企业分立、业务拆分、费用分配、编码分类、风险分析、信用等级打分、分别核算、分期纳税、分期付款、分类管理等。

(2) 关于"合"。

1) "合"的基本意义:"合",放在一起。引申为合并,合法,合计,融合,三合六合,合情合理,分工合作,条件集合。

2) "合"的税收意义:企业合并,业务合并,费用混合,国地税合并,合理避税,混合销售,合同合作,企业整合等。

(3) 关于"分合"。

1) "分合"的基本意义:分是为了合,合是因为分,分合是事物的变化之道。这正如天之道,损有余而补不足同理。

2) "分合"的税收意义:税法对企业分立合并持鼓励态度,目的是通过税收集约社会资源与涵养税源。

2. 思维拓展

(1) 因素考量。

分合之目的,以有利于企业资源整合为主,考虑税收的影响为辅。凡做分合操作,必是企业经营之需要;凡做分合操作,条件与程序必须考虑成熟,不可主观随意;凡做分合操作,需要兼顾公司法、民商法及其他行政法规。

(2) 方式方法。

分合之法,可整体,可部分。分合的基础是存在,不存在的不能称之为分合。当然,这个存在有体积的大小、数量的多少、物体的虚实。

3. 实践案例

(1) 关于"分"的案例。

W是一老牌民营企业,经营项目繁杂。因为项目核算不清,许多税收优惠得不到。经过税收业务策划后,逐渐将业务分类,或企业分立,或业务剥离。整个企业集团享受到了足够的税收红利,如西部大开发的鼓励类项目所得税优惠、高新技术企业所得税优惠,货物与劳务分开则使劳务免了13%的增值税。"分"使该企业得到了许多政策好处,当然不仅仅是税收上的。

(2) 关于"合"的案例。

W企业与甲企业是同一集团下的两个独立企业。甲企业增值税进项税额留抵多,增值税负申报,且账面长期亏损,得不到弥补。W企业正好相反,进项税额留抵不够,增值税缴得多,企业盈利多,缴了很多所得税。后来两企业合并,通过进项税额混合抵扣,利润盈亏相抵,整体减少许多税收。"合"使企业得到了许多税收上的好处。

(3) 关于"分合"的案例。

综合的业务交易适用于分合之法。凡涉及资产、负债、权益、人员转让的一方为"分",另一方为"合"。合了可以再分,分了也可以再合。分分合合,是企业经营决策的常态,只要不违反法律法规即可。"分"可以甩掉包袱,轻装上阵。"合"可以做大做强,增加信用。"分"可以体现社会专业化,"合"可以集约社会化大生产。

所以,"分合"之法重在整合与融合社会资源。利用国家税收的鼓励政策完成业务重组，发挥社会资源效率，其意义比节税更加重要。企业改制、企业分立、产权转让、股权转让、债务重组等都属于"分合"的范畴。这里面有无数的案例，自不必一一列举。

10.7 午马求关联

关于马的趣说："马无尾，尾是线，不是肉不能上翘。"

马是人类的好朋友，它与人的联系十分密切。我们要学习马的精神，永不放弃，勇往直前。老马识途是本事，马不停蹄是精神，马到成功是自信。

我们用关联的方法处理税收事务，一定要践行"马前课"，不要甘当"马后炮"。

"联"是用耳朵听关系方的话。"联"的耳朵在前不在后，这就是提醒我们一定要事前施加影响，不要事后后悔报怨。常言说的"先入为主"就是这个意思。找对人办对事，相向而行，有利于税收目标的实现。找错人办错事，南辕北辙，不良的影响可能无法挽回。

1. 关联的含义

"关联"由"关"与"联"组合而成。

(1) 关于"关"。

1) "关"的基本意义："关"，以木横持门户也，如关口、海关、开关；事物之间相互作用、相互影响的状态，人和人或人和事物之间某种性质的联系，如关系，税务关系；关心照顾，如关照等。

2) "关"的税收意义：有关、关于、关注、关停并转、网络关闭、关税、税务关系。

(2) 关于"联"。

1) "联"的基本意义："联"，联接。如联系、联盟、联想、联合。又如失联、并联、串联。

2) "联"的税收意义：联系税务机关，处理税务关系，联合防控风险，走逃失联，风险关联。

（3）关于"关联"。

1）"关联"的基本意义：关系、联系，合并在一起就是关联。对关联的直白解释是关系联系。这个关系是密切的关系，是打开关口门闩的那根绳索。解铃还须系铃人，而关系方是那个系铃人。

2）"关联"的税收意义：关联方、关联方关系、关联方交易、关联方预约定价、关联方调查、关联方同期资料。在税收风险管理上，关联的意义还包括税务风险直接或间接影响的双方或多方等。

2. 思维拓展

（1）因素考量。

世界上万事万物都是有联系的，这些联系产生的影响就是关系。在关系中，有正向的关系，就是对我们有利的；也有负面的关系，就是对我们不利的；还有零向的关系，就是待处理的关系。在处理这些关系时，我们务必要判断清楚，这些关系是什么导向，我们要扩大有利的，控制不利的，引导中立的。

（2）方式方法。

在处理这些关系时，我们需要为关系方、关系人提出一个主导意见，以影响他们的决断。具体的方法可以参照"植入13大危机管理""理顺13大证据关系"。

3. 实践案例

（1）关于"关"的案例。

W企业是外贸出口企业，因为监管不力，2016年被甲企业带到了"假代理、真出口"的骗局中。幸亏W企业反应及时，没有去申请出口退税，否则后果不堪设想。按政策规定，出口商品逾期不申请退税的，应该按内销申报补税。

但W企业为了控制风险，不敢抵扣甲企业开来的进项税额发票，时隔3年过去，形成的事实是既没有申请出口退税，也未按规定做内销补税。

税务机关和海关经过数据对比，找到W企业，要求W企业按内销补税。因为W企业没有任何进项税额可抵扣，造成直接按17%补税并加收滞纳金的困局。数额巨大，W 企业无法承受，补不起税，最后只能"关"停了之。

(2) 关于"联"的案例。

W 企业被税务稽查要求补缴增值税和企业所得税。原因是 W 企业取得了甲企业的专用发票，已经进行了抵扣。现在，甲企业涉嫌走（逃）失联，甲企业的当地税务部门发协查函到 W 企业的税务稽查局。稽查局提取了相关证据资料，做出了如上处理决定。

这是典型的税务风险"株连"案例。如果说暂做进项税额转出，待核查清楚无问题后，再做抵扣处理，是有政策支持的。但回收滞纳金和要求补缴企业所得税的处理，就是不妥的。

(3) 关于"关联"的案例。

W 是某税务局局长，国地税合并前属于地税某局的局长，该局系房地产专业化管理局。2013 年，当地市政府（地市级）向甲房地产企业订购了一批商品房用于安置拆迁户。政府、企业、税务机关三家协商确认价格为 3 500 元/平方米。2019 年，该企业做土地增值税清算，基层税务分局认为，政府订购的商品房低于市场价格 5 000 元/平方米，要求调整价格。

该企业找出政府的合同和当时税务局出具的文书，作为合理理由，但该基层分局以执法风险过大为由，拒不承认。W 虽然是税务局局长，但并不懂业务，受基层局意见的影响，就没有了主意，也想调整价格。几经解释，无济于事。后来，我们还是从风险关联上找到了突破口：

1) 调整价格并不影响土地增值税，因为它是普通住宅。目前的增值率为 -20%，经测算调整价格后，也不会产生土地增值税。

2) 关联风险：如果土地增值税调整了价格，那么以前的营业税、企业所得税的计税基础调不调？如果不调整，就不合法；如果调了，如何追征税款？税务机关当时已经同意这个价格了，且过去 5 年了，近 2 000 万元的税款得不到追征，是谁的责任？

3) 调整的后果就是现在算好的税都征不上来，但执法风险却出现了。而不调整虽然属于"价格偏低"，不过政府为了维持社会稳定，为了民生，且房产是用于团购，价格偏低的理由不正当吗？

4) W 局长的执法风险太大了。

将风险进行关联后，W局长下定决心维持原价格不变，化解了一场不必要的危机。

10.8　未羊学补救

关于羊的趣说："羊无胆，外号小绵羊。"

"亡羊补牢"的成语，我们从小就学过。意思是发生错误以后，如果赶紧去挽救，还不为迟。丢了羊，修补羊圈，就会避免再次发生损失；如果偷懒，就会重复犯错。被一块石头绊倒两次，是愚蠢的。这个故事的寓意如下：

（1）人不怕做错事情，关键是要及时改正，否则可能连补救的机会都没有了。

（2）"补牢"的时候，要看所采取的措施是否得当，否则补救也可能无济于事。

我们做税收策划也要懂这个道理：税收出了差错，应设法及时补救。就像赵本山小品《拜年》中说的："谁一生还不犯点错误啊？犯错误就改，改完再犯呗……犯完再改，改完再犯，千锤百炼嘛！"

这话虽说是戏说，但其中的道理还是可以借鉴的：社会是包容的，是允许改正错误的。改正错误可能会得到从轻、减轻或免于处罚的处置。

1．补救的含义

"补救"由"补"与"救"组合而成。

（1）关于"补"。

1）"补"的基本意义：修补、补充、弥补、补足。

2）"补"的税收意义：补充申报、弥补亏损、财政补贴、各类补助、拆迁补偿、补提补扣、查补税款、补缴税款、补充合同。

（2）关于"救"。

1）"救"的基本意义：给予帮助使脱离危险或解脱困难，如救济、救助。救，止也，如阻止、纠正。

2）"救"的税收意义：税务救济、信用救济、纳税担保、税收代位权。

(3) 关于"补救"。

1)"补救"的基本意义：补救，指弥补，设法救助或挽回。通过补的方式进行救济、救助，挽回不利影响。

2)"补救"的税收意义：更正申报、补开发票、补充证据、弥补亏损、税务自查、一事不二罚、税务听证、复议、诉讼、税务代理制度、特殊情况例外原则。

2. 思维拓展

(1) 因素考量。

运用补救策略，最重要的是把握住给予的补救机会。争取到这个机会是非常重要的，给不给这个补救的机会，属于税收执法的自由裁量权范畴。鉴于执法人员的思想意识、执法观念、能力水平、经验阅历不同，给予纳税人的机会是不相同的。我们一定要积极争取这个机会。

纳税人在处理税收事务之前，尽管已经千方百计地找出路，但智者千虑，必有一失。能不能通过后期补救回来，考验的不仅是税务管理水平，更是综合智慧。

(2) 方式方法。

在处理瑕疵过错时，税务机关给了你补救的机会，你能不能把握住，能不能把握好？职业的敏感、集体的智慧、方法的选用、决断的能力、行动的果断等都关系到补救行为的成败。

3. 实践案例

(1) 关于"补"的案例。

W企业听说税务机关要来检查，委托税务师事务所进行自查，将三年内少缴的税款一次性补齐。税务机关对于W企业自查补的行为无法再进行处罚，W企业避免了一场税务危机。

这就是运用"补"的方法："我补了，没有少缴税款，不是偷税吧。"

(2) 关于"救"的案例。

W企业的财务人员正在接受税务机关的询问。税务工作人员做笔录如下：

"税务机关已经下达了税务责令整改通知书，但W企业未按整改通知进行纳税申报。"

W 企业的甲会计对此未做出反应，乙会计却提出异议：

"我们不是未按整改通知进行纳税申报，而是无法按整改通知进行纳税申报，理由是……"

"未按整改通知进行纳税申报"可能包括通知申报而拒不申报的意思，而"无法按整改通知进行纳税申报"则强调了我们想申报，但有客观原因可能申报不了。

这在税务的定性上区别可大了，"责令申报而拒不申报"是列入偷税行为的。几个字的改动能"救"企业于水火。

（3）关于"补救"的案例。

《国家税务总局关于发布＜企业所得税税前扣除凭证管理办法＞的公告》（国家税务总局公告2018年第28号）第十五条规定，汇算清缴期结束后，税务机关发现企业应当取得而未取得发票、其他外部凭证或者取得不合规发票、不合规其他外部凭证并且告知企业的，企业应当自被告知之日起60日内补开、换开符合规定的发票和其他外部凭证。

其中，因对方特殊原因无法补开、换开发票、其他外部凭证的，企业应当按照本办法第十四条的规定，自被告知之日起60日内提供可以证实其支出真实性的相关资料。

如果税务机关检查时出现上述问题，要求补缴企业所得税，你会"补救"吗？你因为这件事儿和税务机关打官司，没必要吧！

10.9　申猴知变换

关于猴的趣说："猴无胃，总是嚼东西。"

《易·乾》曰："乾道变化，各正性命。"变化，指人或事物产生新的状况，初渐谓之变，变时新旧两体俱有；变尽旧体而有新体，谓之化。高级的变化是由有到无，由无到有。

变化使我们的世界丰富多彩，变化使我们在做事时游刃有余。像孙悟空一样会72般变化，没有的变出来，多余的变回去，丑的变美，坏的变好，矮的变高，胖的变瘦……如此，定然会在税收事务中得心应手。

1. 变换的含义

"变换"由"变"与"换"组合而成。

（1）关于"变"。

1）"变"的基本意义：变通、变化、改变、变成、变更；以不变应万变。

2）"变"的税收意义：税法变动、政策变化、经营变化、税务登记变更。

（2）关于"换"。

1）"换"的基本意义：更换、交换、退换、转换、替换、改头换面、换汤不换药、偷换概念。

2）"换"的税收意义：资产置换、以物易物、以物换债、销售退回、产品调换、转换经营机制（企业重组）。

（3）关于"变换"。

1）"变换"的基本意义：用同类之物交换或代替，事物的形式或内容由一种改换成另外一种。同义词有变更、调换、改变、改换、转换。

2）"变换"的税收意义：纳税模式变换，经营项目变换，企业形式变换，业务模式变换。

2. 思维拓展

变的前提是想到，换的前提是相似。想到用相似的替代，利用同类事物间的差异性和同质性，完成物为我所用。通过这种方式，达到创造条件或改变条件的目的。

3. 实践案例

（1）关于"变"的案例。

W企业原是有限责任公司，主要种植人参。近年来，该企业效益良好，账面滚存利润很多。虽然种植企业增值税和企业所得是免征的，但个人所得税却是不免征的。W企业后来将有限公司"变"成了个人私营企业，从而规避了个人所得税的问题。

根据《财政部、国家税务总局关于个人独资企业和合伙企业投资者取得种植业养殖业饲养业捕捞业所得有关个人所得税问题的批复》（财税〔2010〕96号）的规定，对个人独资企业和合伙企业从事种植业、养殖业、饲养业和捕捞业（以下简称"四业"），其投资者取得的"四业"所得暂不征收个人所得税。

（2）关于"换"的案例。

W企业为了规避税务风险，找注册税务师进行全面审核，对企业存在的问题进行全面整改，其中：更换不规范合同15份，退换不合格发票99份，替换瑕疵证据49份，向税务机关申请更换资料9份。经过如此一番地"换"，W企业的税务风险得到了有效控制。

（3）关于"变换"的案例。

资产变股权、个人变公司、销售变分立、采购变合并、采购变租赁、盈利变亏损、偿债变重组、生产变委托、此税变彼税……变化的手段不胜枚举，变化的内容不计其数。变换其实是企业将业务模式自动归属于纳税模式的行为。业务模式有多种，但纳税模式有13种，想正确归类，则需要对条件进行修整，变换是条件修整的方法之一。

W企业向甲企业转让下属分公司的整体资产，作价约3 000万元，账面显示只有土地、固定资产。转让不动产的土地增值税是很高的，经测算需要缴纳土地增值税约700万元。W企业深得变换之法，将3 000万元资产转让款合理地变换为：职工安置款若干、承担银行表外利息若干、支付经营补偿若干，其余留给土地、房产。最后只缴了土地增值税约120万元。

10.10　酉鸡懂修正

关于鸡的趣说："鸡无膀胱。"所以农村有"鸡不尿尿有一便"之说。

税务工作的最终结果体现在税务证据上，而证据的提交是需要经过加工整理的。加工整理确实需要费一番脑筋，当然其中也有门道。

1. 修正的含义

"修正"由"修"与"正"组合而成。

（1）关于"修"。

1）"修"的基本意义：从容装饰，精心美化，后引申至改造、整治，又引申为学习、追求、完善等。如修饰、修改、装饰、美化。

2)"修"的税收意义：法律修订、修改文书、修理费、修缮费。

(2) 关于"正"。

1)"正"的基本意义：正面、正当、正确、正解、正常、正能量。

2)"正"的税收意义：正常、非正常、正当理由（常规与常理）、正确解释、正确定性、公正执法、税务公正、错误更正。

(3) 关于"修正"。

1)"修正"的基本意义：改正、修改使之正确。

2)"修正"的税收意义：修订合同、章程修正案、优化流程、修改制度、差错更正。

2. 思维拓展

修是修改，正是正确，修正即是向正确的方面去修改。修正不是造假，造假是无中生有、有中生无，而修正是对小毛病的修饰或清除。

3. 实践案例

(1) 关于"修"的案例。

W企业购买甲方不动产，甲方起草的合同约定：甲出售不动产交易所产生的税费，由购买方承担。W企业认为约定太笼统，建议修改合同条款为：甲出售不动产交易环节所产生的税费，由购买方承担。所称交易环节的税费包括增值税、印花税，不包括土地增值税和企业所得税、契税。如此修改合同，明确了承担税费的项目，避免了合同争议。

(2) 关于"正"的案例。

W企业分立开具发票时，错将不征税项目开成了"0"税率项目，金额约为1 000万元。W企业的老板和工作人员向税务机关咨询后，得到的答复是，开成出口业务发票的后果非常严重，也许要处罚。W企业的老板非常着急，向我说明此情况后，问我应该怎么办。我的回答很简单："作废重开就可以了，没什么大不了的。"将错误更正，法律是允许的，没有说得那么严重。

错误更正是企业经常用到的方法，只要提交引起错误的原因，并对造成的后果采取补救措施，税务机关是支持更正的。

(3) 关于"修正"的案例。

W企业修改合伙企业章程,将原来的按工商登记合伙人员持股比例进行利润分配,修正为"利润分配方式为:按合伙人利益分配方案确定的人员和比例分配利润"。

该章程修正案解决了没有在工商登记为合伙人,但合伙人同意可以分配利润人员的个人所得税问题。以前,这些人是挂靠在工商登记人员的名下,如此会导致所得"集中",个人所得税偏高的问题。现在,可以按照利润分配方案所确定的人员进行分配了,这才是真实的个人所得税税负。

10.11 戌狗要选择

关于狗的趣说:"狗无腿。"所以才有"狗腿子"之称。

选择的权利源自"法无禁止即可为",税务机关不应该干涉企业的生产经营权。税收法律法规赋予纳税人的权利,税务机关不得以任何借口推诿,因为"法定职责必须为"。

1. 选择的含义

"选择"由"选"与"择"组合而成。

(1) 关于"选"。

1) "选"的基本意义:挑选。与"择"相比,强调动作,是肢体行动。

2) "选"的税收意义:纳税遵从;选择了,就不得反悔;稽查选案。

(2) 关于"择"。

1) "择"的基本意义:挑选后取一个,有遵从之意,如择优录取、学而优则仕。与"选"相比,强调判断与决策,是思想活动。

2) "择"的税收意义:纳税遵从;选择了,做了,就不得反悔。

(3) 关于"选择"。

1) "选择"的基本意义:抉择、选取、选用、选定、挑选、决定。"选择"强调决策与行动的合一。

2) "选择"的税收意义:税法赋予纳税人的各种选择权利、税法规定选择的时间期限与要求。如《增值税暂行条例实施细则》第三十六条规定，纳税人销售货物或者应税劳务适用免税规定的，可以放弃免税。放弃免税后，36个月内不得再申请免税。

2．思维拓展

（1）因素考量。

无论是税法上赋予的选择权，还是其他法律赋予的决策权，其实都是格式契约，纳税人是有权做出选择的。不过，在实际执行税法时，选择了，就不得反悔。如果选择了再反悔，就有逃避缴纳税款的嫌疑。

（2）方式方法。

既然选择属于决策的范畴，就需要做税负测算，察看可行性。重大的税务选择还是找专业的税务顾问比较妥当。他们有着丰富的经验和实践的指导能力，可以帮助企业实现决策目标。

3．实践案例

以下是"选择"不享受税收优惠的案例。向居民供热免征增值税，但是需要作进项税额转出。某企业独立核算的供热车间的增值税进项税额和销项税额都能核算清楚。该车间当年进项税额总额为1 000万元，居民供热收入占总收入的比例为20%，进项税额转出200万元。但税务机关认为，该企业全部进项税额为10 000元，居民供热收入占总收入的比例为20%，应转出进项税额2 000万元。

可是，居民供热才免增值税500万元，转出进项税额就达到2 000万元，这个增值税是怎么免的？原来税务机关认为进项税额转出应该在一个法人主体范围内，而企业的进项税额转出是在独立核算供电车间范围做的。转出的基数不同，转出额相差巨大！

这是增值税应税与免税的兼营行为，企业核算清楚免税收入额才能够享受免税。该企业将供热车间单独建立账套，不但能够核算清楚收入，而且进项税额也是能够核算清楚的，为什么进项转出额要放大到整个企业？

我们测算，企业免税才500万元，企业营业收入为100亿元，却出现了2 000万元的税收争议。企业没必要和税务机关就此产生争议，干脆放弃免税，切割争议风险。

10.12 亥猪来增减

关于猪的趣说:"猪无耳,耳大无听力,不听劝。"

增代表增加、加大;减代表减少、缩小。而无论增加或者减少,都可以从数量、质量、体积、时间、空间、长度等方面去考虑。增减可以从量变引起质变,由一个事实变为另一个事实。产业链、业务、证据、流程、制度、人员、数量、时间、收入、成本、费用、利润等,都可以增加与减少,以达到设定的税务目标。

将增减的含义赋予猪,难免牵强附会,为了便于读者记忆知识点,可联想为猪要养肥增重又要减少多余的脂肪。

1. 增减的含义

"增减"由"增"与"减"组合而成。

(1) 关于"增"。

1) "增"的基本意义:原有基础上的增加、增添、增补。增的高级模式是倍增。

2) "增"的税收意义:增值税、土地增值税、所得税、加计扣除、转增股本、合同中增加税收条款。

(2) 关于"减"。

1) "减"的基本意义:从总体或某个数量中去掉一部分。降低、衰退。减的高级模式是取消。

2) "减"的税收意义:减计收入,减税降费,税务"放、管、服",简化手续。

(3) 关于"增减"。

1) "增减"的基本意义:增加或减少,本是两个方向。

2) "增减"的税收意义:增持减持股份,拉长或缩短产业链条,增加或减少费用,增减征税环节,追加或减少检查程序,补充税务证据,撤销交易,加计抵减。

2. 思维拓展

(1) 因素考量。

增减是在原有基础上的加大与缩小。通过量变到质变，改变了原来的状态，发生了物理的或化学的变化，如此产生出了新的纳税条件，改变了纳税模式。如：自产与委托，产业链缩短了；分包与转包，产业链拉长了，但最终的结果是税收发生变化了。

(2) 方式方法。

对于纳税人而言，无论是增加还是减少，无论增加、减少的是什么，都是为税收服务的。"鱼，我所欲也；熊掌，亦我所欲也。二者不可得兼，舍鱼而取熊掌者也。生，亦我所欲也；义，亦我所欲也。二者不可得兼，舍生而取义者也。"增亦我所欲也，减亦我所欲也，二者不可得兼，舍增而取减者也。

增之法在于加、累加、倍增。减之法在于除、分解、切割。

3. 实践案例

(1) 关于"增"的案例。

W企业出售旧房，用重置成本法评估扣除成本，增加了扣除额度，就是用"增"的方法，重置成本一定会比账面成本高。可扣除的成本高了，出售房屋的增值额就会降低，税率会降低，土地增值税自然也会降低。

(2) 关于"减"的案例。

W企业将酒店经营资产对外出租，合同约定总租金为1 000万元，需要缴纳房产税120万元。如果将物品、设备单独出租，从总租金中减除，金额为300万元，可以节约房产税36万元。这是"减"的方法。

(3) 关于"增减"的案例。

W企业所得税汇算清缴，将收入分为不征税收入、免税收入、减计收入，减计应纳税所得额，是用"减"。而适用的加计扣除、追补以前年度应扣未扣除成本费用，是用"增"。简单的业务可以选增或减中的一种方法，而复杂的业务可以同时适用于增和减，通过双向调节，实现纳税基数的缩小，达到节约税款的目的。

10.13 人人能创造

"创造"由"创"与"造"组合而成。

"希望是本无所谓有,无所谓无的。这正如地上的路;其实地上本没有路,走的人多了,也便成了路。"这句话说的其实就是创造梦想,心想事成。

1. 创造的含义

"创造"由"创"和"造"组合而成。

(1) 关于"创"。

1) "创"的基本意义:开始,开始做。创办、创建、创立、创始、创新、创意、创作、创收,诸如此类。多指以前没有做过的。既然没做过,当然可能会付出代价,所以有创伤之说。

2) "创"的税收意义:创建税务风险管控模式,创设税务策划之法。

(2) 关于"造"。

1) "造"的基本意义:制作,做。制作的方法有很多,如:造就、造化、造假、大良造、中国制造、改造、伪造、营造、捏造、制造、乱造、仿造、再造、编造、打造,等等。

2) "造"的税收意义:打造税收业务策划模型,打击财务造假与税务造假。

(3) 关于"创造"。

1) "创造"的基本意义:创造就是把以前没有的事物产生出或者制造出来,这明显是一种典型的人类自主行为。因此,创造的一个最大特点是有意识地对世界进行探索性劳动。

2) "创造"的税收意义:创造条件,适应纳税模式,实现税务策划目标。

2. 思维拓展

考虑企业的因素,考虑方案的可行性,考虑方案的合理性,考虑成本与效益。在此基础上,我们再考虑发明与创造。企业想少缴税,想控制风险,想享受优惠,起初的条件可能是不具备的,但是经过一番努力,条件会逐渐符合。这个努力的过程,就是条件创造的过程。

3. 实践案例

(1) 关于"创"的案例。

W企业是生产酒的,有一个品种利润很高,要缴很多消费税,就想找方法可以少缴一点儿。于是集思广益,找人出点子。甲点子:先出厂,再包装。乙点子:成立独立销售公司,低进高卖。丙点子:重新打造一款产品,通过"第三方"委托加工。

(2) 关于"造"的案例。

接上例,W企业选择了丙点子:重新打造一款产品,通过"第三方"委托加工。这需要设计详细的实施方案:这个产品叫什么,市场定位是什么,如何委托生产,是甲提供材料、商标,还是大包生产。将这些细节都考虑在内后,设计一个流程,评估各节点的纳税问题,设定各种税务证据要求,如此,完成一个"新业务模式",去适应"新纳税模式",才是真正的税务策划。

在税务策划中,"创"很重要,"造"更不可或缺。

综上,13大策划技法中有正面交锋的方法,有奇袭突围的计策,体现出正反相兼、奇正为用的实用主义思想。习者宜灵活运用,不可拘泥僵化。

在税务策划实践中,税务策划师一定要和企业管理层、财务计划部、广告策划部、生产经营部、产品营销部等部门多多联系和沟通,听取他们的宝贵意见。其实,他们才是真正的策划大师。

应用13大策划技法时,请一定注意以下几个方面的问题:

首先,我们所提出税务策划的13种技法,本质是创造的过程。只不过是在"有"的基础上"创造",还是在"无"的基础上"创造"。但无论是以"有"为基础,还是以"无"为基础,本质上都离不开"创"和"造"。

其次,有些事务非一种方法而能为之,需融合几种方法。建议在学习时要分清方法间的区别。在实践中,只要好用,可不必去区分是哪一种方法。学起来方法很多,用起来其实就是一种方法。这种方法就是:凡事、凡物、凡人为我所用,只要能"用"即可。

再次,凡税务策划要讲度、量、衡、理。度是限度,不可以无度,要把握好平衡点。量是计量，注意点、钱、面、体的概念。衡是矢量，是重量、金额、流程、流量、流向。理是常理，税务策划要符合经营常规，并且理由合理。

最后，子鼠想转嫁，不可蔓延鼠疫；丑牛会调整，不可耕无条理；寅虎擅假借，不可擅自主张；卯兔欲规避，不可求稳保守；辰龙信有无，不可丢弃信用；巳蛇巧分合，不可张弛无度；午马求关联，不可强人所难；未羊学补救，不可于事无补；申猴知变换，不可变无章法；酉鸡懂修正，不可浓妆淡抹；戌狗要选择，不可游离不定；亥猪来增减，不可无限肥瘦；人人能创造，不可粗制滥造。

第 11 章
植入 13 大危机管理

> 税务危机公关共 13 个步骤，分列如下：①定问题；②判性质；③察权责；④找渠道；⑤辨混淆；⑥知程序；⑦链风险；⑧提主张；⑨能救济；⑩求豁免；⑪行义务；⑫做调整；⑬懂切割。

本书中将税务危机管理、税务风险管控、税收业务策划并列为三大课题。而税务危机管理是新课题，以前为大家所忽视。为什么我要讲述这个课题？在税务风险控制与税收业务策划之后，在税务检查时不可避免地还会"发现"问题。因为无论是税务风险控制还是税收业务策划，都不是万能的，做不到理论上的"0"风险。

即使努力做到了"0"风险，在税务检查时，也一定会存在争议事项，只是大小、多少的区别而已。因为税务上的某些问题可能是税收法制造成的，不是某个企业或某个人造成的，但无论是什么原因造成的税务问题，当这些风险被揭示出来后，确定它到底是不是真正的税务"问题"，对征纳双方而言都特别重要。

税务机关与纳税人共同确认税务"问题"是不是真问题的过程，就是税务危机管理。税务危机管理贯穿于税务检查介入到税务检查结束的全过程。它包括做出税务结论、执行税务结论两个方面。

税务危机管理又称税务危机公关，基本的程序是沟通、协商、听证、复议、诉讼、补税、处罚。这个过程关系到对纳税事实的认定，没有切实可行的应对机制，有可能会被税务机关误判。误判包括将合法定性为违法，将轻微定性为严重，将行政定性为刑事。无论纳税人、税务师，还是税务机关，都不可不察也！

为了帮助纳税人与税务机关沟通，化解税务危机的过程分为 13 个步骤，经过对各个步骤的剥茧抽丝,最后还原事实真相。是问题的,甘愿受罚;不是问题的,放下包袱。

"锁定13大合同要素"研究的是如何与业务方打交道。"植入13大危机管理"研究的是如何与税务机关打交道。这两个交道打好了,企业的税务工作就平安无事了。

"剥茧抽丝笋去皮,拔出萝卜带出泥。原本以为分量足,上称约约没东西。"这正是纳税人在税务危机公关中所期望的结果。

11.1 定问题

面对税务检查,纳税人的第一反应是"怕"。怕什么?一怕自己的小伎俩被揭穿,坐以待毙;二怕工作疏漏被放大,有口难辩;三怕应对不力引起误判,自添烦恼;四怕对方企业出问题,引火烧身;五怕税上本无事,庸人来扰之。

所谓的"怕",无非是纳税人怕税务上出问题。这个出问题可能是真问题,因为纳税人本来就有税收隐患;这个问题也可能根本就不是问题,但是被税务机关误判为问题。税务机关三年不检查,一查查三年,谁能保证不查出点问题?那么,被查出的问题,归根结底是真问题还是假问题,需要反复确认。

定问题,就是判断税务检查时,查出的是真问题还是假问题。这个一定要搞清楚,光害怕是没有用的。既然税务检查并不是百分之百地正确,纳税人就有百分之一的分辩机会。所以"是不是"问题的分辩、"责权利"的度量、"补证据"的举措,将成为纳税人的常态。

1. 是不是

"是不是"指税务检查时发现的"问题",需要企业进行专业的核实,以确认到底是不是真问题。对于税务问题,我们既不能蛮横无理、死不认账,也不能听之任之、引颈受戮。学习了那么多的税法知识,做了那么多的风险控制,请了那么多的专家顾问,搞清问题的真相,判断是不是真问题,应该不是太难。

谁主张谁举证。如税务检查时认为企业有问题,是依据什么证据定性的呢？

谁主张谁举证。纳税人认为没有问题，是依据什么证据定性为没问题呢？

检查人员不能有惯性思维，认为纳税人总是故意偷税。纳税人也不能仅凭主观臆断，认为税务检查就是整人。没有了这些偏见，双方才能平和相处，将工作目标指向揭示税务风险，化解税务风险。因为税务风险才是征纳双方的共同敌人。

2．责权利

向税务检查人员申明自己的主张，是纳税人的合法权益。根据责权利对等的原则，纳税人可以主张自己的观点，即使观点错误，主张也是不加罪的。即使有"坦白从宽，抗拒从严"，但也是指在刑法层面。问题刚开始有争议时，远远没到"坦白或抗拒"的那个程度。

本环节的责权利是：提出自己的主张。可是从哪里找到主张呢？

纳税人经常感觉到税务检查说得不一定对，但又说不清为啥不对，自己找不到"理"在哪儿。纳税人的理在哪儿呢？可以尝试在责任、权利和做法上去找。

我的纳税义务足够吗？我的经营权力还在吗？我的操作有错吗？问自己三遍，就找到"理"了。有"理"走遍天下，无"理"寸步难行，"理"就是税务证据。可是我的证据都去哪儿了？

3．补证据

在"理顺13大证据关系"中，将协调关系、制作证据作为主题，详细讲述了税务关系如何理顺，税务证据如何取得。纳税人制作证据，税务检查提取证据，你制作的他不一定提取，他提取的你不一定存在。"植入13大危机管理"中所说的补证据，是在原"有"证据的基础上，通过完善与补充，重新提交证据。

补证据，是补充支持纳税人观点的证据，而不是补充支持税务观点的证据。除非税企已经沟通协商一致，否则税务证据的补充提供还真是一个伤脑筋的事儿。当然常规的证据、程序必需的证据、公开的证据，如财务报告、纳税申报表、营业执照等，正常提供即可，无须多虑。

通过补证据，可以弥补与校正税务人员事实调查不清的缺憾。

4. 危机案例

W 公司是生产电解铝的企业，税务检查时认为：该企业在生产铝的过程中，产出的铝灰属于副产品，不能白白"送"给别人，应该视同销售。我建议企业这样处理：

（1）自我定义无问题。如果你自己都认为把生产的副产品无偿赠送给他人了，这个问题就是真问题了。

（2）搞清凭啥无问题。问自己三遍："纳税义务足够吗？经营权力还在吗？业务操作有误吗？"这样，思路是不是打开了？从业务上找到了铝灰不是副产品，而属于危废品的依据。

（3）证明没有问题。找到合适的证据支持我的观点：第一个证据，2018年国家已经将其列入危废品管理；第二个证据，是按规定交给有危废品资质的公司进行无害化处理的，不是"送"给他；第三个证据，这样操作不属于税法规定的无偿赠送给他人，需要视同销售的情形。

把你的态度、理由、证据提交给税务检查人员。你不陈述、不提供，检查人员就不知道。

纳税人与税务机关分辩是不是问题的时候，税务机关讲税法，纳税人讲业务。关键要点是判断税法与业务能否对应，即税法是否能够适用业务，业务是否能够应用税法。

11.2 判性质

税务检查出的问题，如果确认不是问题的，我们在前面已经排除了。那么如果确实是问题的，又该如何处理呢？就需要判断它属于什么性质了。提前预判问题的性质，对纳税人而言是十分重要的。通过对性质的判断，可以评估税务事件的影响程度，从而采取必要的补救措施。

比如：有没有潜在因素可以消除误判？发现影响定性的证据了吗？有没有可以从轻减轻或者免除责任的例外规定？对此确实需要三思。在这个阶段，纳税人不要缩手缩脚，需要积极面对。问题已经有了，要以良好的心态争取最好的结果。

税务机关在判定问题的性质时会给纳税人公开陈述的机会，纳税人必须抓住这个机会。

1. 大不大

如果税务检查发现的"问题"属实，就要判断它到底属于什么性质的问题。确认是补税，还是加罚款与滞纳金，是行为罚、行政罚，还是刑事罚，大致的金额是多少，企业能不能够承受风险。

小的问题，考虑到税收成本效益，纳税人可以主动承受；大的问题，提出申辩意见，也是纳税人应有的权利。但是何为小、何为大，需要纳税人自己进行判断。

我的建议是，如果不大，纳税人就不要与税务机关打官司了，企业是讲成本效益的，只要花钱能办到的事儿，那都不是事儿；税务机关也别总以为纳税人能把我怎么样，目前，起诉税务局的不少，税务局败诉的也不少。

2. 责权利

如何去影响定性，以减轻自己的税务责任呢？这是纳税人一定要知道的。只要税务机关还未予以定性，纳税人就有机会影响定性。一旦错过时机，再想挽回就比较难了。

本环节的责权利是：税务定性最终会以《税务事项通知书》《税务处理决定书》《税务行政处罚决定书》的形式送达。接到这些税务文书时，万不可大意。《税务处理决定书》《税务行政处罚决定书》要求纳税人3日内申请听证，逾期视为放弃权利。

纳税人在收到以上文书时，如果有异议，则应该立即申请组织听证，争取自己宝贵的权利。许多纳税人收到税务文书后，要么置之不理，要么忙于去找熟人，却错过了3日申请听证的时间。对此，千万别留下遗憾。

3. 补证据

在税务机关未定性之前，纳税人要主动陈述事实情况，提交相关证明。法律讲的是证据，不是事实。没有证据的事实是苍白无力的，没有事实的证据却可能赢得胜诉。比如：W向甲借了10 000元钱，后来钱还给甲了，欠条却没有收回来。时间长了甲突然发现了W的欠条，向W索要，双方发生争执，诉讼到法院，法院当然判甲胜诉。

税法也是法律，纳税人向税务机关提出异议，光靠喊是没有用的，需要及时补充证据，用证据说话。如果没有证据可提供，请到"理顺13大证据关系"中找方法，相信能够找到证据的。

4. 危机案例

前文曾讲过这个案例，此处再提，是想告诉大家，当我们遇到这样的风险时，该如何进行危机公关。

W公司是一般纳税人，接到税务稽查通知，其从甲企业取得的5张增值税进项发票，进项税额为85万元，现甲企业已经走逃失联，税务机关要求W公司做进项税额转出，补缴增值税、企业所得税，并加收滞纳金。W公司该如何突破重围，影响税务机关改变定性？

W公司意识到了有问题，判断这是个真问题，而且问题还不小。但W公司不想承受补缴增值税、企业所得税，并加收滞纳金的税务后果。

W公司从责权利角度判断，税务机关的定性一定是基于虚开增值税专用发票。而这个业务到底是不是虚开，这是问题的关键。如果是虚开，就要承认。如果不是虚开，则应该提交以下证据：①银行转账流水。②货物入库验收报告。③货物运输凭证。

W公司做得很规范，以上证据都有。税务机关也只好作罢，暂时不再坚持要求补税加收滞纳金。但是如果W公司以上证据缺失或者不规范，又如何能改变税务机关的意见？如没有货物运输凭证或者支付的是现金，那就另当别论。

所以说，同样一件事，因为做法不一样，税收结果是不一样的。经常有纳税人不服气："我们都是做一样的买卖，为啥他没事，专找我的事？"请问你知道人家是怎么做的吗？

11.3 察权责

税务局各部门的职责是不相同的，并不是说税务局的人员来了，眉毛胡子一把抓，什么都查。部门职责不同，本次任务不同，检查的事项、范围、重点都是不同的。纳税人一定要知道本次检查的权力范围，检查人员肩负的责任。这叫知己知彼，百战不殆。

1. 有没有

对于所检查的问题，是否属于检查单位、检查人员的职责范围，要判断他们有没有该职权。如果属于其职权范围内的，纳税人要认真应对；如果不属于职权范围内的，心中有数就行了。其实，这也是很考验才智的。总不能直接问："领导，你没有权力查这事啊！"这需要旁敲侧击，心明眼亮，观察与思考。

税务检查时双人以上入场，亮工作证，出示检查通知书，这都是正常程序。纳税人要格外关注的是有无越权，有无越界。如检查企业的生产成本时要企业提供工艺流程、设计图纸，给还是不给？不给，说纳税人不配合税务检查；给了，这可是企业的经营秘密。

2. 责权利

说到提交资料，这里要提个醒儿：什么资料可以提供，什么资料不可以提供，是不是得有个档案制度？企业的经营秘密是受法律保护的。税务检查也是有保密规定的，国家税务总局制订的《纳税人涉税信息管理暂行办法》中也涉及了，但是机要资料、秘密文件如何提供，还是需要考虑的，是给看一眼，还是给复印件，或是传电子文件？

在税务检查时，纳税人既要考虑配合，又要保护企业安全。税务机关既考虑办案需要，又不能无限度地要求配合。尤其是在税务资料的提交上，双方都要把握好度。

3. 补证据

税务检查人员无权或越权，纳税人可以延缓提交证据；税务检查人员要求提交的资料涉密，纳税人可以找替代的证据。如果技术图纸不能提供，就提供预算定额。如果预算定额也涉密，就提供财务成本。

不过，纳税人不能认为什么都涉密，什么都不提供。涉密范围是有限的，提供财务管理制度、经济合同，纳税人总不能也说涉密吧。

4. 危机案例

纳税评估要求企业提供10年的数据，凭什么？税务检查要求核实7年的数据，凭什么？纳税人要求自开发票，税务工作人员说怕虚开不给权限，又是凭什么？这些都是明显超越权限的行为。纳税人不敢得罪检查人员，不敢正面应对，背后发牢骚有什么用？

W 是某税务机关风险科的工作人员。一天，他到企业核查发票。他发现甲企业开具的发票中有个别的项目在工商营业执照中没有明确。他认为，企业属于虚开发票。虚开发票，尤其是虚开增值税专用发票，这还了得？

甲企业立即找来税务顾问研究对策，税务顾问找到国民经济行业分类（GB/T654-2011）中的子行业，证明所开发票的项目是包括在营业范围所在行业的子行业的。W 的执法行为明显超越执法权限。

11.4 找渠道

找渠道：寻找、查找。

在税务危机公关管理中，与税务机关进行接洽、沟通、协商、提交证据，是纳税人必须做的。不过事情并不是仅靠一己之力就能够解决的。更多的时候还需要找一些渠道，借船出海，借力打力。

因为办案人员不同，或限于其能力、认知、心态，可能无法直接解决问题。这时，纳税人需要借助一些渠道，通过侧面的影响，得到一些帮助。

渠道有很多，有官方的，如上级或平级；有民间的，如专业机构；有公开的，如听证复议；有朋友的；当然还有纳税服务等。通过这些渠道或许有助于问题的解决。

提出这样的做法，绝不是拉关系、走后门，其实是唤起当事人"兼听则明，偏听则暗"。我们不断找渠道的过程，其实也是达成共识的过程。

1. 要不要

找到税务机关的上级部门、政府部门或第三方机构，这些渠道可以帮助澄清问题。遇到问题找渠道，确属无奈之举。要不要通过渠道协助解决问题，纳税人需要斟酌。因为找渠道有时会有反作用。

找还是不找？要还是不要？我认为还是要找。真理越辨越清，我们找渠道，就是要大家一起来分辨。有则改之，无则加勉。不过在找渠道之前，一定要有充分的事实依据，否则，结果会很难堪的。

2. 责权利

陈述意见是纳税人的权力，找渠道解决也是纳税人的权力。但要获取这些权力，是有前提的，那就是必须如实客观地反映情况，这是责任。因为除专业机构除外，其他人很少去做尽职调查，一切都是听信陈述的事实，凭借提交的证据。如果陈述与事实不符，提交的证据存在瑕疵，最后可能适得其反。

找渠道看似简单，但包括责权利的对等要求。

3. 补证据

找渠道是解决问题的一种方式。但无论找到哪个渠道，提交证据都是必需的。证据的提交包括：证明你对的证据，证明他错的证据。提交的证据需正式，条理清晰，言简意赅，签字盖章为最好，有第三方的报告更好。

当然，找的渠道可能不是专业税务部门，他们可能并不需要证据，不过提供总比不提供好。

4. 危机案例

W公司是一家出口企业，自营出口兼营代理出口。2016年，W公司与深圳甲公司签订代理出口合同，发现甲公司出口额度异常，就没有为其办理出口退税。目前，W公司与甲公司已经失联。2019年，税务机关通过海关信息比对，认为W公司需要做出选择：第一，办理出口退税；第二，如不办理出口退税，甲公司按出口转内销处理，由W公司补缴增值税约为800万元。W公司百般解释，但税务机关坚持己见。

W公司通过朋友找到一家税务师事务所代理此事，该所进行了详细的调查之后，提出如下意见：①鉴于W公司已经与甲公司失联，出口退税之事暂不办理。②税务机关要求补税事宜暂缓，需要确认谁是真正的纳税义务人后再处理。目前正在调查核实中，相信事实很快会调查清楚。

11.5 辨混淆

因为长得像所以才混淆。混淆是指两个类似的业务、两个类似的税法、两个业务关联的企业纳税义务相混淆。当我们与税务人员争执不休的时候，双方头脑的潜意识当中的第一反应一定是："你错了。"笼统地说谁对谁错，其实可能没有说到点子上。因为我们完全有可能混淆了一个事物但一直坚持。这是由于过于自信而麻痹大意造成的。

在税收上，因错误导致的坚持和因混淆导致的坚持，性质是不相同的。

给个人的广告业务宣传品是费用还是赠送，混淆过没有？承包经营企业所得税的纳税义务人和个人所得税的纳税义务人，混淆过没有？自营出口退税与代理出口退税的税法规定，混淆过没有？

以上混淆是很要命的，它可以指鹿为马、张冠李戴、混淆视听、白马非马，它还可以风马牛相及。遇到这种情况是比较棘手的，想搞清楚很难。

很难搞，也得搞清楚。当我们知道谁混淆了，混淆什么了，其实就好办了。难就难在，对方把谁搞混淆了我们不知道，混淆什么了我们也不清楚。混合销售与兼营、业务接待与赠送、损耗与损失、企业所得税与个体工商户所得税，这些税收问题其实是很容易混淆的，但只要掌握了其中细微的关键差别，想区分也是很容易的。

1. 清不清

为了避免混淆的发生，如果税企之间有争议，首先要想到的是，其中的一方是不是混淆了什么，排除混淆之后，再找其他的原因。

经常，纳税人不知道税务人员在说什么，税务人员也不知道纳税人在说什么，反正都强调自己的正确。但公说公有理，婆说婆有理，好像都有道理。这个时候就要考虑是不是谁混淆了什么。

2. 责权利

分辨混淆事件，需要耐心解释、时间沉淀。税务机关在混淆了事实、法律、纳税义务时，会导致运用法律不当。

3. 补证据

对于混淆，纳税人的应对之法就是找税法证据对比、找业务证据对比。这时需要提交两种证据：一种是税务人员认为的证据；另一种是纳税人认为的证据。这两种证据的差异在哪里？没有比较就没有差异，有了比较自然明晰。

混淆税法的，要讲清混淆的税法各自适用什么情形。混淆业务的，要讲清混淆的业务各自适用什么税法。混淆纳税人的，要讲清"人"与"人"的不同。

4. 危机案例

W企业是一家银行，税务检查认为其送给客户的宣传用品属于"将自产、委托加工或购进的货物无偿赠送给其他单位或者个人"，需要视同销售缴纳增值税。

税务人员：这个业务宣传品是你们分行专属定制的，对吧？

银行：是。

税务人员：专属定制是不是委托加工？

银行：是。

税务人员：这些东西送给谁了？

银行：客户。

税务人员：是不是没有收钱？

银行：是。

税务人员：没有收钱就是无偿赠送，要视同销售，销售货物增值税税率为17%（税率未变前）。

银行：……

以上混淆了三件事儿。①物品的性质。业务宣传品与货物是不同的，与其说业务宣传品是物，其实它已经转化为费用了，但货物是还没有进行用途转化的。②宣传品发放与无偿赠送。这不是赠送，是发放；这不是无偿，是给客户。③一般纳税人与小规模纳税人。金融企业的税率为6%，不经常发生的销售（即使视同销售）货物的行为，也应该按小规模简易征收率3%计算增值税。

如此将混淆的事项一一厘清，危机自然消除。

11.6 知程序

税法的法律适用原则有个规定：实体从旧，程序从新，程序优于实体。这就是税务界常说的程序不对，努力白费。

如有税务工作人员在执法时图省事儿,将《税务事项告知书》与《税务处理决定书》在同一天下发,不给纳税人申辩的机会,从而导致税务机关败诉。

《税收征管法》明确规定,税务检查应该从最近 3 年查起,如果有特殊情况,再向前追查到第 5 年,只有涉及偷税行为的,才可以无限期追缴。这个程序应该是从后向前的。可是有的税务检查人员却说:"把 2010—2019 年的账全都拿来!"

为什么要从头查 10 年?取得纳税人偷税的证据了吗?

1. 错不错

税务机关和纳税人都应该关注税务稽查的程序有没有错误,程序是不是合法。

税务检查审理多是研究纳税人是否违反实体法,但也得评判执法人员的程序是否合法。因为一个程序的问题导致税务执法败诉的案例并不少见。

2. 责权利

税务机关和纳税人都要重视税收法律程序,共同遵守程序法的规定。实体法的应用体现执法是否有水平,程序法的应用决定执法是否文明。我们在研究实体法与程序法的关系后,得出结论:文明决定水平。这个结论不奇怪吧?在税务界,有多少因为程序不对、努力全废的案例发生啊。

纳税人想维护自己的税收权益,更得讲程序,不能认为有理就随心所欲,必须遵守程序法的规定。在什么时间听证,什么时间复议,在什么情况下诉讼,都得有章法。本来有理的事儿,因为不重视程序,变得没理了。3 天的听证时间置之不理,3 天过后,得交完税款才有资格复议,这样的规定要注意遵守。

3. 补证据

税务机关提取证据要讲程序,纳税人提供证据也要讲程序,到哪个步骤就提供哪些证据。检查人员不能说,把 2018 年度以前所有的"账"都拿来。这太笼统了。2018 年度的"账"包括的东西太多了。有些"账"与本次检查有关,有些则无关,为什么都提供?纳税人不能说:"我的账都在这儿(或者都在电脑里），爱咋看咋看吧。"然后就不见影儿了。

在提供税务证据上，大多数人犯的毛病有两种：要么像挤牙膏，今天要这个，明天要那个，后天又要那个；要么像要彩礼，一大堆的清单，林林总总，恨不得把档案都搬来。其实，无论是检查提取证据，还是维权补充证据，都应该根据需要列好清单，列个计划，有序提供。

提供证据讲程序，也是我们的新思维。养成好的习惯是会提高工作效率的。事先安排证据清单，这个过程看似费工，其实是在做检查计划，拟订检查方案，所谓磨刀不误砍柴工。

4. 危机案例

W是一家酒店，税务机关认为W少申报了房产税，经过核查之后，确认三年应补交金额250万元。W认为少缴房产税是事出有因的，对检查结果持有异议，一直未按要求补报补缴。税务机关于是停供了酒店的发票。百般协商后，税务机关同意以其他关联企业的房产提供纳税担保。纳税人同意后，发票解锁。

但是税务机关要求，提供担保的房产必须过户到W名下才可以。W认为提供纳税担保的房产不应该过户，于是税务机关二次停供发票。后来，担保资产过户到W名下了，税务机关又要求W缴这个担保资产的房产税。我们重新捋一下事件经过：

（1）税务机关下达了税务事项告知书，要求补缴三年的房产税。（注：税务机关程序无误）

（2）纳税人在规定的3日内提请听证。（注：纳税人程序无误）

（3）听证并未支持纳税人的意见，税务机关规定了缴纳时限。规定时限内，纳税人无力支付税款，税务局停供了发票。（注：税务机关程序无误。但纳税人应该申请缓缴税款）

（4）纳税人提供了纳税担保，税务机关供应发票了，但要求第三方所担保的房产要过户到W名下。W不同意，税务机关再次停供了发票。（注：税务机关程序错误。此时税务机关应该启动扣押担保物程序，而不能强制要求纳税担保资产过户）

（5）W被迫将第三方提供的担保资产过户了，税务机关要缴这部分担保物的房产税。担保物需要缴房产税吗？（注：税务机关程序错误。这部分资产虽然名义上属于 W，但本质上属于第三方担保物。如果缴税也是由于强制要求过户造成的）

11.7 链风险

链风险：链接、关联。

风险是会向上下左右传导的。上下传导就是在合作方之间传导，如虚开发票，开具的一方是虚开，接受的一方是善意或非善意取得。左右传导就是在平行机构间传导，如税务检查发现的问题，既可能是纳税人的原因，也可能是税务机关的原因。

所以，一旦出现风险，应该先判断风险的第一传导点。我们找到这个点，通过合作共同化解这个风险点。在这个点上设一个风险开关，切割风险。

我有纳税风险，他有执法风险；我有纳税风险，你也有纳税风险；我有纳税风险，你有其他风险。我们可不可以共同合作，来抵制与化解这个风险呢？

1. 好不好

有人说，将风险链接到别处，是不是风险转嫁？我说不是。风险转嫁是将风险转移给别人，而风险链接是在风险的传导点上共同防控。风险转嫁是事先的，风险链接是事后的。

我们链接风险的时候，首先可能会想，我这样做好不好？链接风险并不是去陷害谁，而是共同想办法化解风险，是在找一个化解风险的渠道，仅此而已。只是这个渠道目标更明确，我们属于城门，他们属于池鱼。我城门失火了你不救，会殃及你家池鱼的。

2. 责权利

征纳双方彼此都应该思考："在税务风险爆发的一刻，我们共同的责权利是什么？"双方应该共同去化解这个风险，因为风险是双方共同的敌人。三个臭皮匠，顶一个诸葛亮嘛！双方在税务风险这张网上，保持着最近的距离。只要充分发挥各自的主观能动性，一定会有办法消除风险、化解危机。

3. 补证据

链接风险也需要补充证据。这些证据，有些时候是书面的，有些可能就是一种心理共识。链风险环节的补充证据，本质上是多方联手，增大税务信用。

4. 危机案例

W 是某企业的老板，业务之余还做融资服务。他将代理记账公司甲会计的 100 万元拿去理财。结果，投资的企业跑路了，甲会计的 100 万元投资款要不回来了。甲会计向 W 追讨未果，就举报 W 所经营的企业偷税。W 公司的会计账务以前是甲会计经手的，她知道内情，举报 W 的企业偷税，W 被立案调查。

税务机关稽查后，将案件移交给了公安经侦。最后这个案件到了检察院，检察院认为：W 虽有偷税嫌疑，但甲身为代理记账的会计公司，为 W 的企业实施虚假申报，应该列为共犯。甲会计引火烧身了，税务风险链接到了她。这就是 W 老板和甲会计都不懂税务风险的缘故。

如果双方都懂危机公关的风险链接之道，相信他们做不出如此糊涂之事。因为知道风险链接的人，一定会格外重视风险的管控与税务危机的转化。

11.8 提主张

其实，纳税人没有必要把税务局想得太神秘，也没必要把税务高手想得太神奇。所谓："闻道有先后，术业有专攻。"干的时间长了，耳濡目染多了，经验多点也就是了。

所以和税务机关的人员打交道，一个必备的能力是学会提出主张。什么是提出主张？就是提出自己的想法、看法、做法。"嘤其鸣矣，求其友声"，纳税人得学会率先发出信号，以求共识。

税务检查人员有时想帮助你，但受思想、知识、能力、职责的限制，可能办不到。这时就得我们自己提出主张，看看是否能够达成共识。

1. 对不对

提出主张是将我们的工作变被动为主动。本来我们在税务机关面前是被动的，但是通过提主张，陈述自己做法，提出自己的想法、意见或方案，是可以起到影响、启发或认同作用，变被动为主动的。通过提主张，谋求同频，达成共识，有助于解决问题。

提主张的时候，需要多征询一些人的意见。考虑不成熟的主张，纳税人万不可随意提出。只有相对成熟的方案，才可以作为主张提出，否则降低了威信，就没有人再相信你了。

千万不要说自己不会做方案，自己没有主张。三百六十行，行行有状元，可以请专业机构来帮忙。

2. 责权利

有人问我："我们提主张可以吗？税务人员会听吗？我们是被检查的对象，税务局怎么会听我们的主张？"

《纳税人权利义务公告》（2009年第1号）、公司法、宪法、《全民所有制工业企业转换经营机制条例》中都有涉及。

提不提是你的权利，本期不用，下期作废；听不听是他的选择，本次不听，下次可听。陈述事实不可以吗？反映情况不可以吗？说说想法不可以吗？

3. 补证据

纳税人要提出自己的主张，其实就是提出解决方案。纳税人要先提出，然后准备证据去证明它。口头上提是征得认同，交付证据才切实可行。但如果是仅交付证据，不会提也是不行的。证据是死的，纳税人需要借助证据，把想法、做法、章法说通，得到税务认同。

有一个财务总监的观点可以供参考。他说："遇到税务问题，我们先不去辨别它是黑猫还是白猫，我们先把它变成灰猫。黑猫还是白猫，是谁对谁错的辩论，而灰猫是自己提出的主张。"这是把一个被定义为违法的问题，变成一个有争议的问题，再另图良策。

无论是黑猫还是白猫，先把它说成灰猫。灰猫不是黑猫，灰猫也不是白猫。在税收上对待黑猫、白猫、灰猫的态度是不一样的。你说它是灰猫，先要找找它哪点像灰猫。

4. 危机案例

W 企业是房地产开发公司，2015—2018 年向外借款的利息支出没有取得发票。税务机关责令其调整应纳税所得额，补缴企业所得税，并加处 0.5 倍罚款及加收滞纳金。W 企业不服，向法院起诉，最终法院判决 W 败诉，维持税务检查结论。

向税务机关提的主张就是起诉吗？W 的正确主张应该是："税务机关，我可以将未取得的发票补回来吗？"这个才是离你最近的权利啊！亲戚有远近，朋友有厚薄，纳税人的权利也是有亲疏的！

11.9 能救济

"植入 13 大危机管理"中讲的全是有关于税务救济的理念、思想与方法。本节主要是从法律层面上讲救济，其他节多是从沟通协商的角度上讲救济。

救济就是有困难寻求帮助，法律层面上的救济帮助包括税务听证、税务行政复议、税务司法诉讼。我们倡导的税收法律救济，多是主张要从听证层面上解决，最多到复议层面，很少到诉讼层面。

纳税问题与企业的业务模式有关，与企业的操作方法有关，还与企业的管理有关。税务问题属于个性化的问题，个性化的问题多需要在税务的行政层面解决。上升到司法层面，我认为并无太大的必要。

目前，我国的税收司法非常不完备，纳税人虽然也可以通过司法程序主张权益，但是税收司法制度不完备，没有专业的税收法官，想打赢一场税务官司，并不容易。税法也规定税收司法仅是程序性合规审查，所以打赢税务官司的多是因为税务程序有错误。

1. 行不行

启用听证、复议、诉讼程序行不行呢？当然可以，那是纳税人的权利。听证程序为上策，复议程序为中策，诉讼程序为下策。上策、中策、下策，并没有好坏之分，能解决问题的都是良策。我们对行不行的考虑，主要是对复议程序和诉讼程序的考虑。因为这两个程序有成本，只有听证程序成本为零。

实践中，大量的税企争议是通过听证或复议程序解决的。纳税人很少用到诉讼程序，除非涉及重大的金额、重大案件或涉及刑事责任。

2. 责权利

遇到税务问题解决不了，还是建议纳税人先找专业税务师咨询，看看问题出在哪儿，问题有多大，有没有解决之道。

税务执法越来越严格，越来越规范，税务风险事项越来越多，仅靠财务部门显然是力不从心的，依靠税务关系也是靠不住的。关于税务问题，如果是真问题不是假问题，不从"根源"上入手，其他任何解决方法都是隔靴搔痒。"根源"是什么？就是业务链条、业务流程、业务证据。

3. 补证据

当然了，想通过法律层面进行税务救济，大量的证据提供是不可避免的。如果想提出自己的主张，大量的证据核实、证据推理、证据论证也是不可避免的。

假如想通过法律层面解决税务争端，是需要准备证据的，且证据应该全面、有效、无瑕疵。尽量不要简单地复印一下，不讲次序和主题就提交出去。有自己的主张，向税务机关提交证据时也需要有理有据。

有理有据，就是有理由、有证据。不是因为有理由才有证据，而是因为有证据才有理由。为了你的"理由"罗列一大堆证据，和罗列一大堆证据得到一个理由是不一样的。对证据的组织是有逻辑的。

4. 危机案例

W是某所的注册税务师，为甲企业代理行政复议。复议会上，W摆事实讲道理，口吐莲花，既肯定了税务检查人员维护国家税收利益的辛苦付出，也表达了纳税人坚持纳税无瑕疵的坚定立场，受到税务机关和纳税人的称赞。

W的复议材料足足准备了50页，装订整齐，骑缝盖章，正规正式。前面是申诉意见，后面是证据链。申诉意见引经据典，旁征博引。前后逻辑关系清晰，证据链条清楚。证据链既有税收相关法规，又有相关业务法规，还有企业的业务流程。用证据得出的结论已经让人无法反驳。最后税务机关支持了企业的意见。

11.10 求豁免

税法有一定的豁免政策。豁免包括法律豁免和政策豁免。豁免是指发生了纳税义务，根据法律规定，可以免除纳税义务。

(1) 法律豁免。

1) 税法未规定对于一般违规的处罚期限，如未按规定取得发票，未按规定开具发票，未及时申报等不涉及税款的违规处罚期限。根据《中华人民共和国行政处罚法》，此类违规行为在两年后发现的，不能再进行处罚。

2)《税收征管法》第五十二条规定，因税务机关的责任，致使纳税人、扣缴义务人未缴或者少缴税款的，税务机关在3年内可以要求纳税人、扣缴义务人补缴税款，但是不得加收滞纳金。此种情况超过3年就不能追缴了。

3)《税收征管法》第五十二条所称特殊情况，是指纳税人或者扣缴义务人因计算错误等失误，未缴或者少缴、未扣或者少扣、未收或者少收税款，累计数额在10万元以上的。这种情况超过5年就不能再追缴了。

(2) 政策豁免。

如《关于豁免东北老工业基地企业历史欠税有关问题的通知》（财税〔2006〕167号）。

(3) 企业破产。

按破产法规定的清偿程序，如果税款得不到清偿，纳税责任灭失。

1. 有没有

如果企业存在税务问题，法律是否已经过了追溯期呢？或者法律是否有豁免的规定呢？这是针对税务检查向前追溯纳税义务而提出的。我们应该密切关注2年、3年、5年和无限期追缴的政策界限，密切关注税务机关的定性，只要不是偷税的行为，最长5年，责任就结束了。

注意区分：税收豁免和减免税是不同的概念。减免税是对行业、地区、行为、产品等的照顾。税收豁免是应该缴纳税款，但由于过了法律追溯的情形，或者政策给了饶让，不用缴了。

税收执法经常忽略税收豁免，纳税人要提高警惕。相信在新的征管法出台后，会有更多的法律豁免措施。豁免条件也可能更加宽松，更加人性化。

2．责权利

如果属于此类豁免，则对豁免限期和行为有具体的要求。凡是纳入豁免范围的，一视同仁。这个相对而言是公平的。不过需要提醒的是：豁免虽然是免除纳税义务的一种途径，但更是不得已而为之，遇上只能算幸运。

为什么有的人饿死不吃救济粮，穷死不领救济款？怕人家说他没有骨气。顺其自然尚可理解，挖空心思想这些就不是正道了。正道是不犯错误，不求豁免。

但是如果真不幸遇上了，试一下，也不为过。纳税人已经"求"豁免了，税务检查还要"追"税款，也是不可取的。虽说"天网恢恢，疏而不漏"，不是还有"法外开恩，网开一面"吗？

3．补证据

如果遇到这种情况，想利用一下，是正常权利。提交相关的证据，证明你是符合这个豁免条件的。

4．危机案例

W企业是一家有限责任公司，注册资本为1 000万元。该企业无力经营，累计亏损800万元。2015年，该企业注销了，包括工商营业执照和税务登记证全部注销。注销是走正常清算程序的。清算总额为－850万元。本以为注销了，没想到屋漏偏遭连夜雨，却被人举报了，说2013年、2014年有偷税行为。

税务稽查一介入，果真发现两年少缴增值税50万元。税务机关的有些人认为：该企业已经注销，纳税义务已经灭失，不能再追缴。有些人则认为：偷税无限期追缴，企业注销了，找股东啊！偷税无限期追缴不是这个意思。无限期追缴是在企业存续状态下。

11.11 行义务

纳税人要自觉意识到应该履行纳税义务，并采取切实可行的措施来履行。这是对"行义务"包含的关键词的解读。我们用了很多种方法向税务机关维权,不是问题的问题都饶让了,是问题的问题不能再抵赖了。

1. 够不够

问题无法规避时,要按照税法的要求、税务的结论去补税,将原来不足的纳税义务补足。

会计法与税法都是法,凡是法都是重要的。但税法有百万税务大军在监督,"金税三期"大数据在监督,所以税法就显得特别重要。正因为有人无时无刻地检查监督,纳税人才会时刻关注自己的纳税义务是否足够履行。

纳税义务是否足够履行,一是靠纳税自觉,二是靠税务监督。寓监督于自觉,融自觉于监督。目前,国有企业、上市公司、上规模的民企的纳税意识越来越强,自我规范的意识也越来越强。对于小微企业,国家一直在鼓励,有"金税三期"风险预警,相信其纳税义务也不会有太大的误差。整体上,纳税义务履行正在向自觉与规范趋近。

在税务检查后,大部分的大问题都消除了,纳税人将剩余的义务尽快补足是明智之举。

2. 责权利

把不该有的、强加的纳税义务去掉,把应该的、不足的纳税义务补足,这其中既包含权利的行使,也包含义务的履行。纳税人的权利与义务是同时存在的,没有义务就没有权利,有了权利才可以消除义务。在一定程度上,履行义务就是行使权利。

3. 补证据

在履行义务的环节,补证据就是获取补充申报,完成申报的证据。证据包括获取的税务处理决定书、编制的申报表、会计记录、税款缴纳凭证、罚款缴纳凭证、滞纳金缴纳凭证,等等。

11.12 做调整

调整是讲方式方法的,也是大有可为的。调整有自觉调整,发现错了纠偏一下;调整有监督调整,不改不行。自觉调整成本低,监督调整代价大。在税务危机管理中,将强迫调整的事项转变为自行调整的项目是可行的。为什么要调整？调整其实是改变了纳税的某个条件，纳税条件改变了，对应的纳税模式自然就改变了。

1. 会不会

大多企业都是想做调整的，只是苦于能不能、会不会、敢不敢的问题。能，学完"植入13大危机管理"你就能。会，这是个技术工作，稍加指点马上可悟。敢，任何事情看懂了、想通了，就不会在敢与不敢之间纠结了。

（1）好多税收的问题是需要在财务层面做处理或做调整的。有些税收是时间性差异，本期补税，以后期会抵回来的。不会做调整，就可能多缴税。

（2）业务模式如果老旧，不适应经济发展，是不是也可以调整？业务模式调整了，税收就改变了。同样是销售，销售的方法有多少种，你用了哪几种？为什么你用这种，他用那种？能不能变换一下？

（3）管理方式方法能不能调整？自营可不可以转外包，总包可不可以变转包？

（4）业务差错、会计差错、合同差错，可以调整吗？这些差错你可以自己主动调整。

2. 责权利

在调整的问题上，纳税人是绝对有权力的。只是税务机关认不认可你的调整，给不给你调整的机会而已。

《税收征管法实施细则》第八十二条规定，《税收征管法》第五十二条所称特殊情况，是指纳税人或者扣缴义务人因计算错误等失误，未缴或者少缴、未扣或者少扣、未收或者少收税款，累计数额在10万元以上的。

那么，什么是计算错误，什么是累计数额，都有很大的伸缩空间，能否把握，要凭纳税人对责权利的理解。

3. 补证据

纳税人都有一个梦想："税务检查如果让我自己调整补税，不罚我该多好！"梦想总是要有的，万一实现了呢？如果有这个可能，如何调整纳税呢？总不能凭空想象去调整，还需要有证据支持才行。所以补证据非常重要，它给了调整一个足够的理由。

4. 危机案例

W企业的政府补助计入资本公积了。税务师甲为W企业提供税务咨询时，认为W企业的税务处理存在瑕疵。W企业找到了所有政府补助的相关资料，税务师甲经过审核，也确认应该是不征税收入，但是核算有点问题。因为计入资本公积并不能反映专款专用的全貌。会计核算不符合税法的规定，存在纳税风险。于是甲建议W企业自行完善单独核算的要求，否则这个风险是致命的。

W企业请来注册会计师乙来查账，注册会计师乙出具了《关于政府专项资金财务处理意见的专项报告》，确认W企业的账记错了。W据此报告调整了账务处理，可谓有理有据。

11.13 懂切割

切割是一种取舍，所谓有舍才有得，想得就需要舍。切割不仅是一种方法，更是一种哲学。舍就是切割本属于自己的，会有舍不得的阵痛，也是需要痛下决心的。

要做好税务风险控制，必须懂切割的法则。税收利益出去，税务安全回来，对不对？你要发票，却不给人家税点，怎么可以？人家不给发票，你还到税务局告人家，是何道理？

1. 可不可

涉及税务处罚，需要合理切割风险，不至于城门失火，殃及池鱼。此犹壁虎断尾，以求再生。

树林着火了，通常要围出一块林带，这块是隔离带，就是让它烧的。非此不能控制火势蔓延。这个时候，一定要根据火的特性，找到风险切割之法。

2. 责权利

懂切割纯属于对自己的利益的取舍行为，与有没有权利关系不大。

3. 补证据

懂切割既需要技巧也需要证据。也就是说，如何切割的，需要有文字记载。如捐赠属于切割利益，要有合法的手续和合法的票据。再如你把别人的税代缴了，风险切割了，税票发票得给对方。

证据的取得是切割风险时需要注意的。不同的税务事项，不同的切割之法，证据可能是不同的，但是取得证据的税法要求是相同的。

4. 危机案例

例1：W企业与甲企业签订合同装修费100万元，合同上没有说明发票的事。甲企业不给开发票，W企业就不付尾款。其实，发票的事宜应是双方谈判的结果，而不仅仅是凭法律规定的。增值税是价外税，不一定包含在价格里，更多时候是需要双方协商解决的。

经过协商，W企业同意支付些税点，甲企业见好就收。如果双方都不懂切割利益，风险不可能控制，互相告状只会引起风险爆发。

例2：W企业被税务抽查，财务总监找到税务局表态："按正常程序，该咋查咋查。我们积极配合，在配合中，我们也自查。如果你们有查不到的，我们就自查补齐。"后来，W企业自查补税100万元。你可能会说："W企业咋用这么个不明白事儿的财务总监呢？"其实，W企业的财务总监才最懂危机公关的切割之法。

例3：W公司被税务稽查，总经理指令会计销毁账簿。其实W公司是想切割风险的，只是手段违法，切割之法不符合税务风险控制之道。

第 12 章
解析 13 大税务规律

> 对税务规律的分析有 13 部分,具体是:①解析 13 大税法原则;②解析 13 大易混淆事项;③解析 13 大企业身份;④解析 13 大出资标的;⑤解析 13 大报表项目;⑥解析 13 大分配方式;⑦解析 13 大重组行为;⑧解析 13 大客观因素;⑨解析 13 大发票风险;⑩解析 13 大不罚情形;⑪解析 13 大异常事项;⑫解析 13 大注销事项;⑬解析 13 大税务时态。

12.1 解析 13 大税法原则

税务原则就是税务起点的法则。自从有税收开始,这个法则一直在起作用。我们总结了 13 大税务原则,如果在遇到问题找不到根据时,可以遵循这些原则,做出基本的判断。执行税法,说到底就是行使自由裁量权,你的定性是裁量,同事的定性是裁量,领导的定性是裁量,即使到总局去定性,其实也是裁量。

既然都是裁量,为什么有些事情我们不能定性,而他们就能定性呢?除了职权、能力外,其实有一个我们看不见的东西在起作用,它就是税务原则。

税务原则可以起到规律性的作用。我们把税务原则视同税务规律,并列于所有税务规律之首。希望它能起到主心骨、定盘星、指南针的作用。

1. 税收立法原则

税收立法遵循从实际出发的原则,公平的原则,民主决策的原则,原则性与灵活性相结合的原则,法律的稳定性与废、改、立相结合的原则。

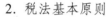

2. 税法基本原则

税法基本原则包括税收法定原则、税收公平原则、税收效率原则、实质课税原则。

3. 税法适用原则

税法适用原则包括税法优位原则、新法优于旧法原则、法律不溯及既往原则、实体从旧程序从新原则、特别法优于普通法原则、程序优于实体原则、上位法优于下位法原则。

4. 财务核算原则与税法核算原则

(1) 财务核算原则：客观性原则、实质重于形式原则、相关性原则、一贯性原则、可比性原则、及时性原则、明晰性原则、配比原则、历史成本原则、划分收益性支出与资本性支出原则、谨慎性原则、重要性原则、权责发生制原则。

(2) 税法核算原则：客观性原则、相关性原则、一贯性原则、及时性原则、明晰性原则、配比原则、历史成本原则、划分收益性支出与资本性支出原则、重要性原则、权责发生制原则、收付实现制原则、权责发生制与收付实际制结合的原则。

(3) 税法核算原则与财务核算原则的最大差异是：税法核算原则没有谨慎性原则和重要性原则。

5. 税务信息原则

税务信息原则包括合法性原则、合规性原则、真实性原则、及时性原则、有效性原则。

6. 财务管理原则与税务管理原则

(1) 财务管理原则：货币时间价值原则、资金合理配置原则、成本与效益原则、风险与报酬原则。

(2) 税务管理原则：全面管理的原则。

7. 自由裁量原则

税法的自由裁量原则要求：公正、善意、合乎情理；目的要正当；合乎立法宗旨；规范自由裁量行为。

如：建立回避制度；建立执法责任制度；依据过罚相当原则；定期跟踪检查；公开裁量标准；加大司法审查力度。

8．法律界限原则

法律界限原则包括分清税法与其他法律间的界限，分清各职能部门及人员的权利界限，分清执法与纳税服务的界限，分清行政违法与刑事违法的界限。

9．税法豁免原则

《税收征管法》中有关的责任豁免规定和《刑法》中的有关责任豁免规定。

10．税务证据原则

税务证据原则包括谁主张谁举证原则、税务机关举证原则、税务证据制作原则。

11．税收执法的原则

（1）税收执法遵循合法性原则与合理性原则。

（2）税收执法中对自由裁量权的行使也必须遵循行政合理性原则，做到适宜、恰当、公正、合情、合理。

如：行政行为应符合立法目的；行政行为应建立在当前考虑的基础上，不得考虑不相关因素；平等适用法律规范，不得对相同事实给予不同对待；符合自然规律；符合社会公德。

12．控制风险的原则

（1）税务机关的执法风险控制，如不作为，作为不当，滥作为。

（2）纳税人的纳税风险控制，如少缴税的风险控制、多缴税的风险控制、纳税操作不规范的风险控制。

13．税收司法原则

税收司法的基本原则包括税收司法独立性原则和税收司法中立性原则。

税收司法独立是指税收司法机关依法独立行使司法权，不受行政机关、社会团体和个人的干涉。

税收司法中立是指法院在审判时必须处于裁判的地位，不偏不倚，认真听取诉讼双方的意见，然后做出公正、正确的判断，不得偏向诉讼的任何一方。

（1）税务行政诉讼原则。

税务行政诉讼原则包括被告必须是税务机关，或经法律、法规授权的行使税务行政管理权的组织，而不是其他行政机关或组织；税务行政诉讼解决的争议发生在税务行政管理过程中；因税款征纳问题发生的争议，当事人在向人民法院提起行政诉讼前，必须先经税务行政复议程序，即复议前置。

（2）税务行政诉讼的原则。

税务行政诉讼的原则包括人民法院特定主管原则、合法性审查原则、不适用调解原则、起诉不停止执行原则、税务机关负举证责任原则、由税务机关负责赔偿的原则。

12.2 解析13大易混淆事项

真假美猴王因为易混淆，所以真假难辨，最后还得如来佛祖帮忙识别。如果对于税法中易混淆的事项分辨不清，会导致纳税人受到错误处罚。

1. 混合销售与兼营行为

（1）混合销售：如果一项业务取得的收入从属于另一项业务，则属于混合销售行为。混合销售是指在一项销售行为中发生两个纳税事项。

（2）兼营行为：纳税人从事不同业务取得的收入之间没有从属关系，属于兼营行为。兼营行为是指发生的多项销售行为互不关联，发生的纳税事项互不关联。

2. 免税、不征税、政府补助、零税率

（1）免税：纳入征税范围，但税收有优惠，可以全额免税或减半征收。

（2）不征税：不属于该税种的征收范围。目前不征税事项可以开具不征税发票。

(3) 政府补助：在企业所得税上，纳税人可以在征税与不征税之间自行选择。

(4) 零税率适用于出口货物或劳务，虽然没有税率，但与不征税是有区别的。

3. 视同销售与进项税额转出

(1) 增值税视同销售时计算销项税额。增值税视同销售的第八种情形是：将自产、委托加工或购买的货物无偿赠送他人。这个最容易与混合销售、兼营、混业经营相混淆。

如销售房产时赠送家电，因广告宣传时提及了向客户送礼品。这些不是无偿的，而是将价款包括在货物的价款中了。没有前因就没有后果，所以不是视同销售的行为。视同销售的无偿赠送是与销售没有任何关系的赠送。

(2) 进项税额转出是指取得增值税进项税额的货物或劳务用于非应税或者免税项目时，转出已经抵扣的进项税额。

(3) 其他税种的视同销售行为参照增值税去理解。

4. 告知、备案与审批

随着税务"放、管、服"的推进，会有更多的审批事项或备案事项下放，不需要审批与备案。所有的企业所得税优惠都改为"自行判别、申报享受、相关资料留存备查"。①税务行政告知通知书具有法律效力。密切关注告知的权利与义务，不要过期。②备案是提交资料，不需要税务部门出具文书，但税务机关有核查权。③税务审批事项需要有审批文书。

5. 财务列支与税法扣除

(1) 列支属于财务术语，如成本列支、费用列支。列支是本期的，是实际发生的。

(2) 扣除属于税务术语，如企业所得税扣除、土地增值税扣除。扣除既可以是实际发生的，也可以是税法规定的，如加计扣除。扣除可以是本期的，也可以不是本期的，如追补扣除、分期摊销扣除。

(3) 如果将这两个概念混淆了，把"不得扣除说成不得列支"，对税务机关而言，属于越权行为；把"不得扣除理解成不得列支"，对企业而言，属于误解税法。

6. 销售退回与折让、折扣

（1）商业折扣：团购商品总价价格的打折，与税收没有关系。

（2）销售折让：因为产品质量问题而给予的价格折让，而质量问题并不影响使用。

（3）销售折扣：按合同约定的条件付款给予的总价折让。它计入财务费用，税前可以扣除。

（4）销售退回：销售退回冲减营业额。对方按合同约定的退货行为的处理同销售退回。本年度的销售退回冲减本年营业额，以前年度的销售退回冲减相关年度的营业额。

7. 价格偏低、无价格

（1）价格偏低且无正当理由的，做调整纳税。价格偏低但有正当理由的，不必调整纳税。纳税人要密切关注各税种关于价格偏低的规定。

（2）有关联方关系的无偿使用，需要调整纳税；无关联方关系的无偿使用，税法没有规定调整纳税。

（3）如果涉及价格偏低又无正当理由的，可以核定征收。

8. 有偿赠送与无偿赠送

有偿赠送：赠送与交易密切相关，没有交易就没有赠送。而无偿赠送正好相反，或基于市场营销推广，或基于公益捐赠。总之就是送给与交易无关的人，至少是目前没有交易。

9. 价外费用、佣金与手续费、服务费、进场费、平销反利

（1）价外费用参见增值税关于价外费用的规定。

（2）企业所得税中对于电信、保险、房地产等行业和向个人支付佣金与手续费有明确的金额与要求。

（3）关于服务费的支付，如果不是关联方，则无价格限制。

（4）关注进场费是否是为平销返利，平销返利需要做进项税额转出。

10. 税收征收与政府规费的混淆

税是税，费是费；税有法，费有规。政府委托税务机关代收的费用，是不可以用税收征收管理来进行约束的，否则，税务机关属于越权执法。

11. 税收优惠与政府优惠

（1）税收优惠是国家税法法定的。只有国务院及授权的部门才能制定，地方政府无权给辖区内的企业税收优惠。

（2）政府给企业的优惠只有补助或提供资源。一切打着给税收优惠的旗号招商引资的，都不是税收优惠。

12. 损失与损耗

损耗在规定的范围内就是合理的，是不涉税的。但是如果超过了标准，尤其是超过行业标准的，损耗是要按损失进行税务处理的，涉及增值税进项税额是否转出，企业缴纳所得税前是否能扣除的问题。

13. 税目、税率的混淆

全面征收增值税后，税目很多，税率也很多，注意不要混淆税目与税率。税率错了，后果很严重；税率没错，税目错了，后果也很严重。所以合同中要规定好税目和税率，开发票时要选择对税目和税率。

12.3 解析 13 大企业身份

不同身份的纳税人，其纳税义务和纳税事项是不同的。择其重点将纳税事项总结概括如下。

1. 股份有限公司

（1）生产经营同有限责任公司。

（2）对外投资同有限责任公司。

（3）代扣代缴：工资薪金个人所得税的代扣代缴、证券市场派发股息红利的个人所得税代扣代缴、股份支付和股权激励的个人所得税的代扣代缴。购买自然人股东的股权支付时，按规定在股权所在地代扣代缴。

2. 有限责任公司

（1）生产经营：独立的企业所得税纳税义务人。其他税种，根据其经营项目进行税种认定。

（2）对外投资：居民企业直接投资于其他居民企业取得的投资收益免企业所得税，但免税的投资收益不包括连续持有居民企业公开发行并上市流通的股票不足12个月取得的投资收益。

（3）代扣代缴：工资薪金个人所得税的代扣代缴、股份支付和股权激励的个人所得税的代扣代缴、股东分红的个人所得税代扣代缴。购买自然人股东的股权支付时，在股权所在地代扣代缴。还涉及非居民企业企业所得税和增值税的代扣代缴义务。

3. 一人有限公司

采用与有限责任公司相同的原则，不同于独资企业。

4. 母公司

（1）生产经营：同有限责任公司。

（2）集团管理：对持股51%以上股权的企业，考虑执行统一的税务风险控制制度。

（3）代扣代缴：同有限责任公司。

（4）对外投资：同有限责任公司。

5. 子公司

（1）生产经营：同有限责任公司。

（2）代扣代缴：同有限责任公司。

（3）独立纳税：对持股51%以上股权的企业，考虑执行统一的税务风险控制制度。

（4）对外投资：同有限责任公司。

6. 总公司

（1）生产经营：同有限责任公司。

（2）汇总缴纳：对下属分公司汇总申报企业所得税。增值税缴纳经申请由税务机关批准可以实施汇总缴纳。

（3）代扣代缴：同有限责任公司。

（4）对外投资：同有限责任公司。

7. 分公司

（1）生产经营：同总公司，除与房产相关的税种外，均在注册经营地缴纳。

企业所得税：设立不具有法人资格的分支机构的，除另有规定外，实行"统一计算、分级管理、就地预缴、汇总清算、财政调库"的企业所得税征收管理办法。所谓"就地预缴"，是指总机构、分支机构应按规定分月或分季分别向所在地主管税务机关申报预缴企业所得税。

（2）不动产涉税：与不动产有关的税收均在不动产所在地申报缴纳。

8. 办事处

（1）居民纳税人的办事处，如果仅是联系，不具体承办业务，纳税在机构所在地，不在办事处所在地。

（2）非居民纳税人：非居民企业是指依照外国（地区）法律、法规成立且实际管理机构不在中国境内，但在中国境内设立机构、场所的，或者在中国境内未设立机构、场所，但有来源于中国境内所得的企业。例如，在我国设立的代表处及其他分支机构等外国企业。

9. 独资企业

同个体工商户。

10. 合伙企业

同个体工商户。

11. 个体工商户

（1）生产经营：按个体工商户生产经营所得计算缴纳个人所得税，不缴企业所得税。其他税种可以参照有限责任公司，根据所经营的项目确认。

（2）对外投资：

1）投资行业：对个人独资企业和合伙企业、个体工商户从事种植业、养殖业、饲养业和捕捞业（以下简称"四业"），其投资者取得的"四业"所得暂不征收个人所得税。

2）股权投资："四业"外的投资收益，按20%计算个人所得税。

12．组织

组织包括政府机关、事业单位、社会上的其他组织。

（1）销售旧货：4%减半缴纳增值税。未达起征点的，不缴增值税。企业所得税多有免税政策。

（2）个人所得税代扣代缴：工资薪金。

（3）买卖不动产：增值税、土地增值税、印花税、所得税、契税。

13．自然人

自然人涉税业务如下：

（1）销售货物或提供劳务：未达到起征点，不缴纳增值税。达到起征点的，按3%计征增值税。个人所得税按各地方规定可以核定征收。

（2）买卖不动产：销售方有增值税、土地增值税、印花税、个人所得税，多适用于简易征收或核定征收。购买方有印花税和契税。

（3）个人偶然所得：20%个人所得税。

（4）资金借贷：3%增值税，20%个人所得税。

（5）取得工资薪金：免征额为5 000元，再扣除五险一金和专项扣除计算，由发放单位代扣代缴。

12.4　解析13大出资标的

对外投资时，因标的物不同，涉及的税收也是不同的。在出资时，纳税人要考虑不同出资标的物的税务问题，避免因操作失误造成纳税风险或者影响投资成本。

1．货币

货币出资仅涉及万分之五的印花税。

2．存货

（1）视同销售，一般纳税人依13%的税率，被投资企业可以抵扣。小规模纳税人依 3% 税率计算增值税。

（2）企业所得税以及个人所得税，区分公司制企业还是个体工商户性质的企业，区分是查账征收还是核定征收进行计算。

（3）印花税：依万分之五计算。

3. 设备类资产

同存货。

4. 不动产（房屋土地）

（1）投资方：增值税（2016 年 5 月 1 日前的可适用于简易征收或差额征收）、土地增值税、印花税、所得税（按企业性质判断缴企业所得税还是个人所得税）。

（2）被投资方：印花税、契税。

（3）资产涉及过户登记。

5. 构筑物附着物

（1）投资方：增值税（2016 年 5 月 1 日前的可适用于简易征收或差额征收）、印花税、所得税（按企业性质判断缴企业所得税还是个人所得税）、土地增值税。

（2）被投资方：印花税。

（3）因构筑物、附着物多不涉及产权问题，所以没有土地产权过户和契税问题。

6. 林权矿权

（1）林权矿权如果是在国有土地上，参照不动产计税。

（2）林权矿权如果是在集体土地上，不涉及土地增值税。但土地增值税法正在修订中，未来转让集体土地可能也要征收土地增值税。

（3）林权矿权也涉及过户问题，但没有契税。

7. 无形资产

（1）商标权、专利权、著作权、专用技术出资：一般纳税人增值税税率为 6%，小规模纳税人增值税税率为 3%。

（2）企业所得税和个人所得税根据相关规定或查账或核定计算。

（3）印花税按万分之五计算。

8. 劳务或信用

合伙人以劳务出资的，其评估办法由全体合伙人协商确定，并在合伙协议中载明。有限责任公司中的"干股"相当于劳务，但实际中容易出现纠纷。

（1）如果用劳务或信用出资，也是需要评估价值的，涉及税收参照提供劳务处理。一般纳税人增值税税率为6%，小规模纳税人增值税税率为3%。

（2）企业所得税和个人所得税根据相关规定或查账或核定计算。

（3）印花税按万分之五计算（此处不要与提供劳务混淆，提供劳务是没有印花税的，但涉及实收资本增加就有了）。

9. 第三方股权

（1）同现金出资。

（2）以持有的第三方股权出资涉及股权登记变更。

10. 转增股本

（1）资本公积、盈余公积、未分配利润转增股本，个人股东按利润分配，代扣代缴个人所得税。

（2）法人股东无上述规定。

（3）印花税按万分之五计算。

11. 债权转股权

印花税按万分之五计算。

12. 减资

（1）现金减资不涉税。

（2）以实物减资涉税问题：因资产不同，涉税不同，参照出资进行税务操作。

13. 认缴制

（1）未实际出资时不涉及税收。

(2) 到出资期限未收到出资不涉及印花税。

(3) 到了出资期未出资，借款利息扣除会受到影响。

(4) 无限制认缴出资，会有承诺出资的法律责任。

12.5 解析 13 大报表项目

会计报表中的项目，根据其性质、企业的经营状况、其账面余额的前后期变化、其当期借方与贷方发生额的变化，能为税务风险评估提供许多涉税线索。

1. 货币类

货币资金科目关注以下重点事项：

(1) 现金税目余额有无红字，现金交易金额是否与企业经营相匹配，现金余额是否长期过大。

(2) 银行存款余额是否与银行相符，其他货币资金有无长期占用情况等。

(3) 货币类资产本身不涉税，但可以从其变化异常中发现税务疑点。

2. 应收类

应收类包括应收账款、应收票据、其他应收款等科目。

(1) 账龄分析，有无长期挂账三年、五年甚至更长时间的应收款项。评判无法回收的应收款项是否符合资产损失处理的规定。

(2) 查验应收款项有无虚开发票产生的挂账，抽查合同对比开票金额，并分析长期挂账不进行处理的原因。

(3) 关注已经处理的坏账，没有进行资产损失申报也未扣除的原因，不能因为做了纳税调整没有扣除，就认为没有问题，有可能出现第（2）种情况。

(4) 关注股东及关联方借款往来情况。

3. 存货类

(1) 存货成本的结转是否符合规定。

(2) 存货实物与账面实物是否一致。

(3) 存货损失的所得税处理和增值税处理是否正确。

（4）非销售用途的存货是否存在视同销售的情况。

（5）无发票的成本是否已经计入产品销售成本。

（6）是否存在异常的借方或贷方金额。

（7）存货明细有无红字出现。

4．房产类

（1）房地产增加与持有的涉税问题：

1）房地产增加的契税、印花税的缴纳是否正确。

2）折旧年限与残值的确定以及折旧的提取是否正确。

3）是否取得了合规的发票。

4）与房地产相关的修缮费用的处理。

5）房产税的计税原值是否正确，有无少缴或多缴房产税的情况发生。

6）房产税出租的税务处理，包括增值税、出租的房产税、开具发票是否符合规定。

7）土地使用税是否足额缴纳。

8）土地价值是否按规定计入房产原值缴纳房产税。

（2）房地产减少的涉税问题：

1）因处置、抵债、投资原因减少。分析其涉及增值税、土地增值税、企业所得税、印花税的处理情况。

2）因分立、产权转让原因减少。分析其涉及增值税、土地增值税、企业所得税、印花税的处理情况。不征税的处理和开具发票是否正确。

3）停用、危房、报废的处理是否妥当。

5．设备类

（1）取得时的计税成本是否正确。

（2）发票是否及时取得。

（3）折旧扣除是否正确。对一次性扣除、折旧年限、折旧方法进行检查。

（4）销售、抵债、损失的处理涉税是否正确。

（5）融资租赁与经营租赁是否正确。

6．权利类

（1）关注股权变更的计价是否存在偏低且没有正当理由的情况。

(2) 正确计算初始投资成本。

(3) 关注股权变更是否涉及个人所得税代扣代缴的情况。

(4) 股权的工商登记变更与税务登记变更。

(5) 专利权、商标权的涉税处理是否正确。

7. 负债类

(1) 关注各类负债余额的合理性。

(2) 关注各类负债余额的可偿还性。

(3) 关注股东及关联方借款往来情况。

(4) 关注专项应付款的形成、使用与结余情况。

8. 资本类

(1) 实收资本的增减变动情况。

(2) 实收资本的构成性质,是现金还是实物,或者是权利。与资本公积、盈余公积、未分配利润对应,查看是否存在转增股本的情况。

9. 公积类

(1) 资本公积的增加原因分析,查看是否有应纳企业所得税的项目。

(2) 分析资本公积、盈余公积减少的原因,查看有无涉及利润分配,涉及个人所得税的情况。

(3) 企业注销破产后,各类公积是否并入清算所得。

10. 利润类

(1) 关注利润分配——本年利润的形成与减少是否真实,利润分配是否应该纳税。

(2) 关注利润分配——未分配利润的调整、弥补亏损是否正确。

(3) 关注实物利润分配是否足额计算各种税收。

11. 调整类

(1) 会计差错调整是否影响纳税。

(2) 会计政策变更调整是否影响纳税。

(3) 会计影响以前纳税的,处理是否正确。

12. 披露类

(1) 从会计报表附注披露的重大信息中发现涉税疑点。

(2) 从会计报表分析中发现涉税疑点。

(3) 从公开披露的同行业报表信息中发现疑点。

13. 审计类

(1) 从会计审计报告中发现涉税疑点。

(2) 从税务鉴证报告中发现涉税疑点。

(3) 从资产评估报告中发现涉税疑点。

(4) 从行政监督报告中发现涉税疑点。

(5) 从司法文书中发现涉税疑点。

12.6　解析13大分配方式

无论是出资于企业，还是服务于企业，都需要合理的回报。国家是以税收的方式图回报，股东是以利润的形式图回报，职工是以工资的形式图回报，供应商是以差价的形式图回报。而无论哪种形式的回报，除了国家本身，都涉及纳税问题，各利益拥有者不得不察。

1. 工资形式

员工工资是需要缴纳个人所得税的，采用3%～45%的七级累进税率。尽管有5 000元的起征点，还有社会保障费以及6大项专项扣除，但高收入者的纳税还是蛮高的。不仅如此，附加在工资上的各项收费，如"五险一金"、工会经费等也加大了企业的负担。同时个人所得税的源泉扣缴制度加大了支付者的税收风险。

2. 福利形式

凡涉及福利费用，无论是现金还是实物，只要是人人有份儿的，都视同工资一并计算个人所得税。

3. 年薪形式

年薪制是对高收入纳税，是比较平均的一种方式，先预缴后补缴，节省一定的资金成本。它似乎是对管理层人员的一种照顾。但是这种照顾还是无法体现出脑力劳动与体力劳动的差别化。与劳务相比，税负似乎也偏重。

4．劳务报酬

劳务的种类很多，尤其是营业税改征增值税之后，除了销售货物与不动产，其余都属于劳务。10万元以下的劳务增值税是免的，但个人所得税还是要征。劳务的个人所得税是很高的，由于有加成征收的制度，劳务报酬所得实际上适用20%、30%、40%的三级超额累进税率。

5．现金分配

自然人获取股息红利，要由支付单位扣除20%的个人所得税。比起个体生产经营者获取经营利润而言，获取利息、红利相对还是很轻松的。多缴点税似乎也合情合理。

6．实物分配

实物分配利润，一方视同销售，根据分配的标的物，计算相关税收；另一方按20%股息红利计算个人所得税，由分配方代扣代缴。实物分配时，要充分考虑代扣代缴个人所得税的现金流问题。

7．权利分配

如果有单位给"干股"，得到分红自然要有20%的分红个人所得税。如果赠送股份，赠送当时就有20%的偶然所得个人所得税，得到了该股份的分红时，还要有20%的分红个人所得税。

如果是股权转让，所得也是需要缴纳20%个人所得税的，只是需由资金支付方代扣代缴。

8．债权分配

如果没有现金分配，也没有实物分配，但给了部分债权，包括应收款项，其实也相当于得到了分配。虽然不是现金，但得到利益就要纳税。

9．期权分配

期权分配是需要在变现时缴纳个人所得税的。有限责任公司支付需要代扣20%，上市公司流通股减持需要代扣10%。

10. 转增股本

以资本公积、盈余公积、未分配利润转增股本，是视同分配的，需要对自然人股东代扣20%的股息红利个人所得税。一定要引起足够的重视，千万不要忽略，要准备足够的代扣代缴个人所得税的现金流。

11. 境外支付

《中华人民共和国个人所得税法》第七条规定，纳税义务人从中国境外取得的所得，准予其在应纳税额中扣除已在境外缴纳的个人所得税税额。但扣除额不得超过该纳税义务人境外所得依照本法规定计算的应纳税额。

12. 增资减资

增资是一种权利，但增资是投资成本，所以增资本身除了印花税，其他是无税的。不过如果以实物或其他权利做增资，就会有增值税和个人所得税等。在这种情况下，产生的税收不是增资本身引起的，而是视同销售引起的。不想缴这个税就要以现金方式出资。

这种增资不包括以资本公积、盈余公积和未分配利润转增股本。

减资只是收回投资成本，不涉税。但如果附带利润分配，就有20%的个人所得税了。

13. 清算分配

企业清算了，缴纳完清算企业所得税，会分配给股东。法人股东分回这个利润是不需要再补企业所得税的，但自然人股东和合伙企业、独资企业分回这个利润就要缴20%的红利税。

12.7 解析13大重组行为

企业重组行为是税收鼓励的，只要符合免税的规定，就应该能得到免税，但操作失误或者假借重组之名享受免税的除外。既然是对行为的鼓励，就是符合条件都可以享受。企业重组实行备案制度，在税务策划中经常会用到重组的方式。企业重组的形式分以下几种，现就纳税状况分述如下，为税务策划画龙点睛。

企业重组业务涉及的税收大部分是有优惠的，但纳税人是可以在应税与免税之间做出选择的。选择应税还是免税要根据企业的具体情况进行分析，并不是免税才对企业最为有利。

1. 法律形式变更

法律形式变更不涉及税收，如股份制改造。但合伙企业、独资企业、个体工商户与有限责任公司之间互转，工商和税务视同原企业注销，重新成立新企业，按企业清算进行税务处理。

2. 企业合并

企业合并涉及流转税、土地增值税、企业所得税、契税、印花税。以上税收均有税收优惠政策。但一方是房地产企业的，土地增值税不在税收鼓励的范围。

3. 企业分立

企业分立涉及流转税、土地增值税、企业所得税、契税、印花税。以上税收均有税收优惠政策。但一方是房地产企业的，土地增值税不在税收鼓励的范围。

4. 债务重组

（1）根据债务重组的形式判定纳税。

（2）债务饶让的，债权人由于发生了损失，按资产损失处理。债务人减少的应付债务并入应纳税所得额。

（3）以非货币性资产抵债的，抵债方所抵债的资产按销售进行处理，计算缴纳相关税费。但企业所得税可以分5年并入应纳税所得额。

5. 资产置换

资产置换属于非货币性资产交易，可以分五年并入应纳税所得额。但双方转出资产需要视同资产销售，计算缴纳各项税费。

6. 长期投资

（1）参照出资标的物涉税进行税务处理。

(2) 持有期间的投资收益属于免税所得，根据情况分别做纳税调增处理和纳税调减处理。它包括：权益法核算的投资收益和成本法核算的投资收益。

7．股权收购

（1）万分之五的印花税。

（2）股权收购如果是非货币支付的，非货币性资产视同销售。

（3）股权收购的成本就是下次股权转让的成本。

（4）收购股权时含有未分配利润的，从股权收购成本中扣除，需要单独计算企业所得税（注意：这个投资收益不免税）。

8．资产收购

（1）单项的资产收购按销售对待。

（2）综合的资产收购按产权转让对待。产权转让是资产、负债、人员一并转让的行为，有相应的免税政策。

9．股权与资产划转

属于非货币性资产交易的，可以分五年并入应纳税所得额。但资产转出方需要视同资产销售，计算缴纳各项税费。

10．股权转让

（1）法人股东要缴纳企业所得税，与投资分红不同。

（2）自然人股东个人要缴纳个人所得税，由股权收购方代扣代缴。

（3）股权转让的双方都按万分之五计算印花税。

11．注销清算

（1）税务清算要做三个企业经营年度的。

（2）清算期间处置资产和负债涉及的销售货物、处置不动产，都需要缴纳相关税费。

（3）计算清算期间的企业所得税。

（4）清算工资薪金代扣代缴个人所得税。

（5）代扣清算剩余资产分配的个人所得税。

12. 非居民企业股权转让

非居民企业股权转让涉及非居民企业所得税、印花税。

13. 产权转让

（1）增值税、企业所得税、契税、印花税等。产权转让是资产、负债、人员一并转让的行为，有相应的免税政策。

（2）土地增值税：政策不明。

12.8　解析13大客观因素

以下存在的客观因素会影响税务风险，甚至会导致企业税务管理方式的改变。这些因素多是客观存在的，对于有些因素，纳税人是无法凭借单一力量改变的，而这些因素会引发系统性的风险。

如同样一件事情，甲地税务机关能通过，乙地税务机关就可能通不过；同样一件事情，甲地税务机关处罚轻，乙地税务机关处罚就重；同样一件事情，甲地税务机关征税，乙地税务机关不征税。纳税人应该将这些因素在税务风险控制中一并考虑。

1. 税收制度

税收制度包括税收立法、税收执法、税收司法。我们首先得承认，税收制度不同，优劣性不同。纳税人要了解我国税收制度的优势和劣势，要主动地适应，而不是被动地适应。

2. 税制要素

税制要素包括纳税人、征收范围、税率、税目、纳税环节、纳税地点、税收优惠、纳税期限、税务处罚等。税制要素就是税收生成器的触点，这些触点与企业的经营要素紧紧捆绑。某一经营要素的变动就会引发税制要素的变动，从而产生纳税。关于税制要素，请参见"评估13大税法要素"。

3. 征管模式

征管模式包括征管环境、征管手段、征收方式、管理方式、稽查方式等。

目前是以风险为导向的税收征管模式。企业数量越来越多,企业体量越来越大,混业经营越来越复杂,但税收的征管力量却明显不足。为了应对这种局面,国家借助互联网、大数据,推出风险导向的税收征收管理模式。纳税人一定要主动适应,积极应对。

4. 经济法律

税法是征税的,征税的前提是有经济行为,而经济行为的产生不是依托税法,而是国家的其他经济法规,如公司法、个人独资企业法、合伙企业法、破产法、劳动法等近百部经济法规。企业的经营行为首先受经济法规的调节,然后才是税法的适用。所以,处理纳税的问题首先要研究经济法规,然后才是税法。

5. 经营要素

经营要素包括人、财、物、供、产、销、管理行为等。这些要素具体到每个企业,在静态、动态、数量上都各不相同,对税收的影响也不相同。纳税人要调动、引导这些要素的主观能动性,趋向于有利于纳税人的角度。

6. 经营状况

同处于一个行业,但企业的经营状况不同,产生的税收结果也是不同的。"金税三期"有整个行业的平均数据,对行业平均数据赋予一个范围值,以此预警,就是风险评估的原理。所以不要试图去比较两个企业的纳税:"为什么他不缴税,让我缴税?"这没有可比性,因为企业的经营状况并不相同。

7. 经营行为

没有经营行为,就不会产生经营结果,当然也不会产生纳税。经营行为就是企业的做法。各家做法不同,税收结果不同。为什么甲企业出风险,乙企业却无问题?因为经营行为的不同导致结果的不同。纳税要规范操作,就是要通过经营行为固化税收结果。

8. 纳税环节

税法对纳税环节是有设定的,但并不是不能改变。在税法的纳税节点上,纳税人通过合理地前移与后置,可以起到递延纳税的效果。

9. 效力与范围

都是有效的税法，为什么执行时效果却不一样？这与执法环境、当地的人文环境、执法的综合素质有关。征不征、管不管、严不严的问题，在各省、市、县都是不一样的。但有一点要明白：其实大家都是遵守法律的。

10. 税法与适用

纳税人要主动地应用税法，不要被动地适应税法。税法就像橡皮筋一样有弹性，主动应用就感觉舒服些，被动适应就不考虑你的感受了。这正如鞋子合适不合适，只有脚知道一样，不能削足适履。

11. 模式与条件

业务模式不同，纳税结果不同，要想改变纳税结果，就得创新业务模式。

12. 合同与法律

合同要素绑定经营要素，经营要素绑定税制要素，经营要素与税制要素联动，触发税收生成器。所以，合同是经营要素与税法要素的触点。

13. 策划与反制

自古兵来将挡，水来土掩；道高一尺，魔高一丈。税务策划既然是企业的决策行为，是企业的权利行为，就会产生多方的利益博弈。不策划就会吃亏，这个自不必细说。

12.9 解析13大发票风险

国家以票控税，发票既控制增值税，也控制企业所得税。而企业不仅是以票控税，还以票控款。这导致发票的身份与地位骤然上升。在一定程度上说，不重视发票管理，就是不懂税收管理。发票是税收管理的基础，做好发票管理，就控制了绝大部分的税收风险。

1. 没有取得发票

不能取得发票，而是以评估价格取代发票，这是不符合税收规定的。

2. 发票开具错误

发票开具错误时，建议及时作废。为了防止发票填开错误，纳税人可以从发票的信息、税目、金额、税率、备注、开票人、复核人、收款人、附件等方面进行形式复核，必要时还要与合同进行复核。千万不要认为细枝末节无关大局。

3. 取得不合规发票

纳税人取得不符合规定的发票是要受处罚的。严重的可能不允许抵扣进项税额，或者导致不能税前扣除。对外来发票一定要严加审核，发现问题及时退回补救。

4. 未及时取得发票

不仅开具的发票要正确，而且取得一定要及时，尽量杜绝跨期取得发票。如果无法控制迟延取得发票，一定要遵守以下原则：货物类、费用类的发票要在次年汇算清缴结束前取得；固定资产发票要在投入使用后的12个月内取得。

由于税法处于极速变化期，双方合同如存在纠纷，未及时取得发票，拖延太久可能会无法取得。

5. 不需要发票的情形

以下是从外部取得凭证不需要发票的情形：

（1）对方为依法无须办理税务登记的单位，其支出以税务机关代开的发票或者收款凭证及内部凭证作为税前扣除凭证，收款凭证应载明收款单位名称、个人姓名及身份证号、支出项目、收款金额等相关信息。

（2）对方为从事小额零星经营业务的个人，其支出以税务机关代开的发票或者收款凭证及内部凭证作为税前扣除凭证，收款凭证应载明收款单位名称、个人姓名及身份证号、支出项目、收款金额等相关信息。

（3）国家税务总局对应税项目开具发票另有规定的，以规定的发票或者票据作为税前扣除凭证。

（4）企业在补开、换开发票、其他外部凭证的过程中，因对方注销、撤销、依法被吊销营业执照、被税务机关认定为非正常户等特殊原因无法补开、换开发票、其他外部凭证的，可凭以下资料证实支出真实性后，其支出允许税前扣除。

1）凭劳务分割单及相关资料在税前扣除。

2）凭水电气等分割单及相关资料在税前扣除。

6. 发票备注的重要

需要在发票备注栏注明的业务有：货物运输，建筑劳务，销售不动产，出租不动产，保险交强险，铁路代征印花税，单/多用途卡收取销售款开具普通发票，个人保险代理人汇总代开增值税发票，差额征税业务、税务机关为小规模纳税人代开异地不动产租赁，建筑服务，税务机关代开销售不动产或出租不动产以及按核定征税等。

7. 取得走逃（失联）发票

（1）走逃（失联）企业开具的增值税专用发票将被列为异常凭证。

（2）增值税抵扣的处理：先做进项税额转出，然后根据情况核实符合抵扣规定的，可继续申报抵扣。

（3）补缴增值税款的暂不得处罚与加收滞纳金。

（4）可以在企业所得税前扣除。

8. 虚开与取得虚开发票

（1）虚开增值税专用发票或者虚开用于骗取出口退税、抵扣税款的其他发票，是指有为他人虚开、为自己虚开、让他人为自己虚开、介绍他人虚开行为之一的，违反有关规范，使国家造成损失的行为。

（2）虚开增值税专用发票，可能会获罪。该罪定罪起点低，量刑重。纳税人不要为了小利去做违法的事情，否则要承担法律后果。

（3）善意取得虚开增值税专用发票，进项税额可以转出，不做处罚，不加收滞纳金。

9. 开具发票的时间

一般纳税人必须按照以下规定的时限开具增值税专用发票，不得提前或滞后。

（1）采用预收货款、托收承付、委托银行收款结算方式的，为货物发出的当天。

（2）采用交款发货结算方式的，为收到货款的当天。

（3）采用赊销、分期付款结算方式的，为合同约定的收款日期的当天。

（4）将货物交给他人代销，为收到受托人送交的代销清单的当天。

（5）设有两个以上机构并实行统一核算的纳税人，将货物从一个机构移送其他机构用于销售，按照规定应当征收增值税的，为货物移送的当天。

（6）将货物作为投资提供给其他单位或者个体经营者，将货物分给股东或投资者的，均为货物移送的当天。

10．开具发票的禁忌

（1）忌各种理由推诿，不给开具发票。

（2）忌开发票不合理加税。价外加税是合理的，但是按税率来加的，不能多加。

（3）忌开发票加企业所得税或个人所得税。

（4）忌为调节进项税额互开专用发票。

（5）忌没有真实业务虚开发票。

（6）忌在真实业务的基础上多开发票。

（7）忌不及时开具发票。

11．以票控税的风险

不开发票不纳税也是纳税人的通行做法，但这种做法似乎并不可取。纳税不纳税有时与发票还真没有关系。开了发票不一定就纳税，不开发票不一定就不纳税。纳税是看纳税义务时间何时发生，发票仅仅是纳税义务发生的一种形式而已。

如果纳税人想以票控税，最好在合同中设计好条款。

12．以票控款的风险

不给钱不给票的做法虽然是无奈之举，但可能却是违反税法的。钱与票的交割应该在合同中予以明确，否则，人为去调控，可能会导致违反税法，形成税收风险隐患。

如果纳税人想以票控款,最好在合同中设计好条款。

13. 发票风险的计算

以下都属于可以计算的发票风险:增值税进项税额转出,补缴增值税;连带补缴企业所得税;连带补缴其他税;对取得或未按规定开具发票的行为本身进行的处罚。

12.10 解析13大不罚情形

不罚的13大情形,列举的是不按偷税或者虚假申报处以0.5~5倍的罚款的情形,不包括对按征管法规定对纳税人行为的处罚。也就是说在此处研究的是不受"大罚"。不罚的情形是很多的,列举以下13种不罚情形,并不能包罗全部,但可以起到启发作用。

1. 计算错误

《税收征管法》第五十二条第二款规定:"因纳税人、扣缴义务人计算错误等失误,未缴或者少缴税款的,税务机关在3年内可以追征税款、滞纳金;有特殊情况的,追征期可以延长到5年。"

2. 税务机关的责任

《税收征管法》第五十二条规定:"因税务机关的责任,致使纳税人、扣缴义务人未缴或者少缴税款的,税务机关在三年内可以要求纳税人、扣缴义务人补缴税款,但是不得加收滞纳金。"

3. 监管失效

虽然因税务机关的责任导致少缴税款对纳税人是不处罚的,但确定税务机关的责任很难。有税务文书记载的,直接能分清是谁的责任,但那些无文书的,如何分清责任?

4. 关联调查

关联交易特别纳税调整不需缴纳滞纳金和罚款。税务机关行使核定权,核定纳税额，补缴增值税及其附加税费和企业所得税时，纳税义务时间发生，纳税人按规定补缴税款，不需缴纳滞纳金和罚款。

企业在《特别纳税调查调整通知书》送达前缴纳或者送达后补缴税款的，应当自税款所属纳税年度的次年6月1日起至缴纳或者补缴税款之日止计算加收利息。

5. 中介担责

《税收征管法实施细则》第九十八条规定，税务代理人违反税收法律、行政法规，造成纳税人未缴或者少缴税款的，除由纳税人缴纳或者补缴应纳税款、滞纳金外，对税务代理人处纳税人未缴或者少缴税款50%以上3倍以下的罚款。

6. 裁量权限

在税务机关的自由裁量权限内，允许纳税人自行更正的，不进行税务处罚。但这个机会与尺度需要好好把握。

7. 限期改正

税务机关责令整改期间，纳税人按要求进行改进的，不进行处罚。《税收征管法》第六十二条规定，纳税人未按照规定的期限办理纳税申报和报送纳税资料的，由税务机关责令限期改正。对不申报的行为进行2 000～10 000元的罚款，不按未申报的税款罚款。

8. 善意违规

根据《国家税务总局关于发布＜税务行政处罚裁量权行使规则＞的公告》（国家税务总局公告2016年第78号）规定："第十四条　不予行政处罚：违法行为轻微并及时纠正，没有造成危害后果的；不满十四周岁的人有违法行为的；精神病人在不能辨认或者不能控制自己行为时有违法行为的；其他法律规定不予行政处罚的。"

9. 自查自纠

企业自己复核，自查出来的少缴税款，补税并加滞纳金就可以了，税务机关发现了这个补税的行为，也不再按偷税处罚。当然，在税务稽查已经下达了检查通知书后,这种突击补税的情形例外。

10. 税务败诉

税务机关如果败诉了,无论是程序违法,还是处罚不当,本次处罚决定法院决定撤销的,纳税人不接受处罚。需要税务机关重新做出税务处罚决定。

11. 税务评估

税务机关的纳税评估本质上属于纳税服务的范畴,没有税务执法权的,也没有税务处罚权,所以少缴税款只是补税加收滞纳金,不作处罚。

12. 过追溯期

除了偷税无限期追缴外,其他行为导致的少缴税都是有追溯期的,过了追溯期,就不能再追溯了。即使是偷税,如果追查偷税时,有限责任公司已经破产了,原则上也不能再向股东追缴"偷税"。因为税是有限责任公司偷的,不是股东偷的。当然缴纳个人所得税,承担无限责任的个体工商户、独资企业、合伙企业除外。

13. 破产豁免

破产企业欠税,如果按照破产法规定,得不到清偿的税款、滞纳金、罚款,属于法律豁免,随企业破产而消亡。

(1)在企业破产法下,破产企业因欠税而形成的税收债权,税务机关也需要在破产债权申报期内向法院进行申报。

(2)税收债权的清偿顺序。根据《税收征管法》第四十五条,税务机关征收税款,税收优先于无担保债权,法律另有规定的除外。

12.11 解析 13 大异常事项

异常事项分为两种:一种是财务报表或者申报表反映出来的,通过看账能直观地发现;另一种是"金税三期"系统中"发现"的数据对比异常。异常并不一定都是问题,有问题的也不一定都异常。

在通常情况下,有异常就是有问题的概率很大,所以税务机关很重视数据异常的核查。"金税三期"是个工具,它将纳税人的行为规范得一样,不允

第 12 章 解析 13 大税务规律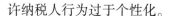

许纳税人行为过于个性化。

纳税评估有多种指标，既有通用的，如利润率，也有专用的，如个税多处取得工资，还有常用的，如税负率，另有特殊的，如房产地单位建造成本。这里不一一细讲。

1. 资产科目大量红字

规范的企业一定很少出现这种情况，不规范的企业，尤其是中小企业喜欢事后平衡利润，导致"顾头不顾脚"，会出现这种情况。这样做有问题，但并不一定影响税收。

2. 利润与经营状态不符

规模大，利润低；行业好，利润低；长亏不倒，持续经营；总是微利，不断扩大。上述都属于这种情况。拿企业历年的会计报表一比较就知道。税务风险预警中已经有这个指标，企业要千万注意。

3. 成本费用支出超常规

成本费用支出超常，一是金额大，比例高，二是支出不是生产经营必须发生的。无论是人工检查，还是计算机分析，发现这些问题并不难。牛吃的是草，挤出的是奶，是正常的；企业喝的是奶，生产出的是牛，是不正常的。

4. 关联交易超常

一是交易额度比重偏大，超过 30% 以上，具体根据税务指标设定；二是交易价格偏低或偏高。关联交易很容易考察，目前的企业信息一眼就能看穿所有层级的关联方。

5. 服务有无结果

现代服务业越来越发达了，服务结果也成为税务机关考虑业务真实性的重点。服务商向购买商提供了什么？服务是"虚"的，没有"实物"，那么是不是就不可查？不是的，服务是有结果的，提供的服务是什么，用什么方式提供的，纸质的、电子的、线下的、线上的内容都可查。

6. 应收应付常年挂账

应收应付常年挂账，且有越滚越大的趋势，是什么原因？需要分析。这个分析很重要，可能将虚开发票、虚列成本的行为一并牵扯出来。

7. 某个科目变动异常

报表上的某个科目发生异常变化是很容易被监控的。每个企业不是都需要上报财务报表嘛。第一，税目发生额过大；第二，税目余额过大；第三，变动比率过大。根据检查人员的经验或者计算机设定的预警值可以做出判断。

8. 会计调整或记账依据不足

会计记账或者调整没有依据或者依据不足，其实也就是税务证据不足。税务检查抽查凭证时很容易发现这个问题。证据不足一定要补齐，临时找肯定是找不到的。

9. 合同与会计不符

合同、业务、财务、申报在对比时，会发现不对应。不是按操作流程做的，没有部门配合，怎么能对得上？对不上，找原因；找不着，去补税。

10. 资产与实物不符

只要做盘点，就什么都发现了。若分析是什么原因造成的，是很不好解释的。解释不清就补税吧！如将其和往来挂账结合起来，就全露馅了。

11. 预收账款长期挂账

大量的预收账款长期挂账，非常容易引人注意。税务机关非常重视这点，结合库存稍加对比，就发现问题了。

12. 企业物流数据

现代物流数据很重要。各种物件是怎么"来"的，又是怎么"没"的，运输工具、运输方式、运输能力、运输金额能符合吗？

13. 能源数据异常

生产经营必备的要素缺少或者不足，就是异常。如企业生产用的水、电、汽、油等能耗数据不符合经营常规，马上就被发现有问题。

12.12 解析 13 大注销事项

企业注销的形式主要有：①企业重组下的企业注销。②根据《中华人民共和国企业破产法》规定的企业破产。③被上级公司要求注销。④公司到经营期限，股东决定清算。⑤被市场监管管理部门吊销营业执照。

1. 前期工作

（1）成立清算组，确定清算期间。清算开始日前，所有税费均按正常生产经营期间进行申报缴纳。

（2）清算前清税：对清算日前三个年度的税收进行清查，补缴所欠税款。当年 1 月 1 日至清算日算作一个企业所得税申报年度，按正常企业所得税申报进行纳税调整后，完成企业所得税申报。

2. 资产处置

（1）应收款项：收不回来的做资产损失处理，抵减清算所得。

（2）实物及无形资产处置：按正常销售对待，根据资产类型判断涉税及其处理。

3. 负债处理

（1）货币资产清偿，不涉及税收。

（2）以物抵债的，抵债物按销售处理，涉及税收的及时计算缴纳。

（3）不需要清偿的债务，增加清算所得。

4. 人员处理

安置职工的费用，包括工资、社会保障费、劳动补偿金作为清算费用。

5. 欠税清偿

（1）税款：按企业破产法规定，根据税法优先的原则，清算收入应该先补缴生产经营期间的税款和支付清算期间产生的税款。清算收入不足以清偿的税款，不再缴纳。

（2）滞纳金：进入清算日后，企业原生产经营期间所欠税款不再计算滞纳金。

（3）罚款：税款和滞纳金作为普通债务清偿，不按税款优先的原则进行清偿。

6. 清算所得

清算所得是进入清算后，收入抵减各项支出后的余额。如果为正，需要按25%计算缴纳企业所得税，没有任何优惠。清算开始日至清算截止日作为一个清算年度进行所得税申报，无论时间跨度多长。

7. 权益处理

（1）清算盈余：清算所得缴完清算企业所得税后，即是清算盈余。按公司法和公司章程的规定，它可以由股东做最终分配。

（2）清算亏损：清算亏损的，亏损额冲减实收资本、资本公积、盈余公积和未分配利润。

（3）股东回收投资：股东回收投资可以是现金，也可以是企业未处置的非货币性资产。股东收回非货币性资产的，企业应做销售处理。如果清算亏损的，未得到回收的投资，由投资者作为投资损失。法人股东可以税前扣除这个损失。

8. 代扣股东个人所得税

分配清算利润需要代扣代缴个人股东20%的股息红利所得税。

9. 税务注销

按流程注销税务登记。目前，注销税务登记是注销工商登记的前置程序。

10. 工商注销

按流程注销工商登记。如果是非正常清算，则可能会被工商局吊销营业执照。

11. 清算策划

企业拟进行清算，要在以下几个方面进行税务策划：

（1）实物性资产尽可能在清算日前进行处置，因为进入清算日后，就不

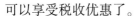

可以享受税收优惠了。

（2）预估正常经营期间的利润和清算所得，以确定个人股东分配的期间。如经营期间盈利，若清算期间预计亏损，可以将经营期间的利润合理转化到清算期间，反之如是。

12．其他事项

其他事项包括：①协助资产购置方办理产权转移。②向有关部门报送清算资料。③注销银行账号等。

13．股东责任

（1）有限责任公司（包括一人有限公司）注销后，法律主体灭失，股东无连带责任。再发现企业注销前有欠税、偷税的，不再追缴。

（2）个体工商户、合伙企业、独资企业承担无限连带责任。再发现企业注销前有欠税、偷税的，依然可以向股东追缴个人所得税。

（3）企业重组或者上级公司要求清算的，重组方和上级公司承担被注销企业未履行纳税义务的连带责任。

12.13 解析13大税收时态

税法上的时间规定很多，时间决定着纳税义务，所以时间特别重要。在规定的时间内完成规定的税务事项，就会规避风险。超过法律追溯的时间，虽然没有完成纳税义务，但是可以规避责任。可见知晓纳税上的各种时间规定，无论对纳税人还是对税务机关，都是非常重要的。

税务上的时间有长有短，以时间点、时间段形式体现。如发生纳税义务，是时间点的概念；追缴偷税是射线概念；纳税申报是线段概念。

1．偷税、骗税的追缴期

《税收征管法实施细则》第五十五条规定，纳税人、扣缴义务人和其他当事人因偷税未缴或者少缴的税款或骗取的退税款，税务机关可以无限期追征。

2．非偷骗税行为

（1）因纳税人、扣缴义务人计算错误等失误，未缴或者少缴税款的，税务机关在 3 年内可以追征税款、滞纳金；有特殊情况的，追征期可以延长到 5 年。

（2）因税务机关的责任，致使纳税人、扣缴义务人未缴或者少缴税款的，税务机关在三年内可以要求纳税人、扣缴义务人补缴税款，但是不得加收滞纳金。

（3）《税收征管法》第八十九条规定，违反税收法律、行政法规应当给予行政处罚的行为，在五年内未被发现的，不再给予行政处罚。

3. 折旧与摊销期

（1）折旧年限：除另有规定外，固定资产计算折旧的最低年限分别如下：房屋、建筑物为 20 年；飞机、火车、轮船、机器、机械和其他生产设备为 10 年；器具、工具、家具等为 5 年；除飞机、火车、轮船以外的运输工具为 4 年；电子设备为 3 年。

2018 年 1 月 1 日—2020 年 12 月 31 日新购进的设备、器具，单位价值不超过 500 万元的，允许一次性扣除。

（2）摊销年限：

1）无形资产摊销年限的基本规定是有合同按合同，无合同按法律，合同和法律均无规定，摊销年限不得低于 10 年。

2）企业外购的软件，凡符合固定资产或无形资产确认条件的，其折旧或摊销年限可以适当缩短，最短可为 2 年（含）。

3）长期待摊费用的支出，从次月起，摊销年限不得低于 3 年。

4）开办费可以选择一次性或分三年摊销扣除。

4. 减免税

（1）长期减免。如：农业初级产品免征增值税、减免企业所得税；直接用于种植养殖生产土地和房产减免税；等等。

（2）期间性减免。如：企业所得税西部大开发税收优惠；企业重组减免契税。

（3）临时减免。如：困难企业减免土地使用税和房产税。

（4）放弃税收优惠。如：36 个月不得改变。

5．小规模纳税人超标准

小规模纳税人在连续不超过 12 个月的经营期内，累计销售额达到增值税一般纳税人标准，要认定为增值税一般纳税人。

6．租赁期限

《中华人民共和国合同法》有关于最长时间的限制，规定最高为 20 年，到期可续租。

7．企业重组日

企业重组后的连续 12 个月内不改变重组资产原来的实质性经营活动。

（1）债务重组，以债务重组合同或协议生效日为重组日。

（2）股权收购，以转让协议生效且完成股权变更手续日为重组日。

（3）资产收购，以转让协议生效且完成资产实际交割日为重组日。

（4）企业合并，以合并企业取得被合并企业资产所有权并完成工商登记变更日期为重组日。

（5）企业分立，以分立企业取得被分立企业资产所有权并完成工商登记变更日期为重组日。

8．权利维护

（1）听证时间：要求听证的当事人，应当在《税务行政处罚事项告知书》送达后 3 日内书面提出。

（2）复议时间：公民、法人或者其他组织可以自知道侵害的具体行政行为之日起 60 日内提出；但是法律规定的申请期限超过 60 日的除外。

（3）诉讼时间：收到复议决定书之日不服的，可在 15 日内起诉。对其他具体行政行为不服的，6 个月内直接起诉。由于税务机关的原因，起诉时间最长可延长至 2 年。

（4）改正时间：

1）汇算清缴期结束前，要求对方补开、换开发票、其他外部凭证。

2）汇算清缴期结束后，自税务机关告知之日起 60 日内可以补开、换开符合规定的发票或其他外部凭证。

9. 纳税义务发生时间

牢记各个税种、各个税种不同业务情形的纳税义务发生时间，明确自己的纳税义务。

10. 纳税申报时间

纳税义务发生时间和该义务申报时间是不相同的。对于纳税申报时间，不同税种的规定并不相同。有按次申报的，有按月申报的，还有按季申报的，也有按年或经营期间申报的。发生了纳税义务，并在规定的申报时间进行申报，且及时缴纳了税款，提交了各项税务资料，纳税义务才算完成。

11. 税收管理时间规定

从事生产、经营的纳税人，税务登记内容发生变化的，自工商行政管理机关办理变更登记或注销登记之日起三十日内，向税务机关申报办理变更或者注销税务登记。

12. 评估的时点价格

评估价格是市场销售价格和市场成本价格的参考价格。如果税务机关要求纳税人完全按照评估价格来调整纳税，是显失公允的。

13. 刑事责任

虚开增值税专用发票最高可判处无期徒刑，如果是虚开普通发票，最高可以判处七年有期徒刑；骗取出口退税最高可判无期徒刑；逃税罪最高判七年。

后　记

以下三个方面的心得作为书后感悟,与读者分享。

第一,本书的核心秘密就是坚持写了三件事:一是税务策划,二是风险控制,三是危机管理。

税收策划的实质:通过改造条件,实现预设的纳税模式。将企业的业务模式归属于纳税模式,纳税模式是预先设定好的。归属的方法和过程就是税务策划。它核心的秘密在于改造有瑕疵的条件。

风险控制的实质:为已确定的纳税模式完善必要条件。用纳税模式来修正企业的业务模式,业务模式是正在实施中的。修正的方法和过程就是风险控制。它核心的秘密在于完善关键的证据。

危机管理的实质:对已发现的风险制定万全保护措施。采取一切手段保护企业的纳税模式,纳税模式是已经申报完的。保护的方法和过程就是危机管理。它核心的秘密在于找到沟通渠道。

第二,本书的努力方向就是竭力让每位财务人员都成为税务策划师。为了这个共同的梦想,本书坚持以下目标,并不离不弃、不偏不倚:

本书以合法为前提,以制度为保障,以管理为导向,以风险为主线,以策划为手段,以具体业务为入手点,以合理税负为关注点,以企业利益最大化为最终目标,考虑企业经营及政策变化,实现税务风险的可掌控、可利用。

本书力求解决企业在税收管理中的以下痛点:①对税收法律法规政策不理解、不会用;②对税收风险找不到根源;③对税务风险不会管控;④对税务策划找不到方法;⑤对税务危机事件不会应对。

本书力求总结税务风险与税务策划的规律性。使读者从繁杂的税法中解脱,不必沉溺于日常事务性的研究,而是潜心思考与研究税务策划的方法,做好策划方案的设计和税务风险的防控。

　　本书力求告诉读者税务策划的思维方法，包括思维的过程与思维的结果。专家告诉你的策划方法可能只是一个结果，这个结果其实真的不重要。专家的策划思维方法是怎么想出来的，这才是最重要的。

　　本书力求将税务策划的思维方法以系统化、体系化、全面化的方式展示给大家。规律技法，悉心总结，唯恐挂一漏万；模式条件，细心润色，笔墨毫不保留。知识和智慧属于社会，岂可独吞？

　　第三，本书所述的理念和方法，需要在税务界持续实践，相信更多有识之士的参与，将会使税务风险控制与策划的内容更加丰富精彩。

　　我们要客观地看待以下矛盾：

　　我能不能不缴税？你凭什么不缴税！

　　我能不能少缴税？你凭什么少缴税！

　　我能不能晚缴税？你凭什么晚缴税！

　　我能不能让别人缴税？你凭什么让别人缴税！

　　我能不能不挨罚！你凭什么不挨罚！

　　如果你有信心和勇气，就可以挑战税务风险管控与策划。如果你尚有迟疑或犹豫，就要重新学习本书中的法则。

　　以上感悟是为后记。

王作君

2020 年 1 月 1 日